Maximilian Janisch

Mit zehn Jahren an die Uni:

Der Sternenhimmel eines Hochbegabten

HOCHBEGABUNG
Biographisch

Band 2

LIT

Maximilian Janisch

Mit zehn Jahren an die Uni:

Der Sternenhimmel eines Hochbegabten

Unter Mitarbeit von Thomas Drisch,
Vater von Maximilian

LIT

Umschlagbild: Andreas Bretscher

Mit Dank an Annette, die mir den Rückenwind gab,
und an Camillo, der das „Mathekind", also mich, ernst nahm

Bibliografische Information der Deutschen Nationalbibliothek
Die Deutsche Nationalbibliothek verzeichnet diese Publikation in der Deutschen Nationalbibliografie; detaillierte bibliografische Daten sind im Internet über http://dnb.d-nb.de abrufbar.

ISBN 978-3-643-80250-7

Klosbachstr. 107
CH-8032 Zürich
Tel. +41 (0) 44-251 75 05 E-Mail:
zuerich@lit-verlag.ch http://www.lit-verlag.ch

Auslieferung:
Deutschland: LIT Verlag Fresnostr. 2, D-48159 Münster
Tel. +49 (0) 2 51-620 32 22, E-Mail: vertrieb@lit-verlag.de

E-Books sind erhältlich unter www.litwebshop.de

INHALT

Vorwort des Direktors der Schule Maximilians

Mich beschäftigen nach der Lektüre des Buches gleich mehrere Gedanken – und eigentlich auch Emotionen.

Ich bin hin und weg, dass diese Biografie zu Stande kommt und möchte den Eltern und Maximilian ganz herzlich zu diesem wichtigen Dokument gratulieren. Umso mehr, als es ausschliesslich darum geht, zu zeigen, was ist – und vor allem: wer ist. Es geht darum, dass ich, wenn ich nur will, etwas über ein Kind mit einer wunderbaren Begabung lesen kann; über seinen Weg und über die Art, wie es die Welt sieht. Ich lese etwas darüber, wie sich Maximilian durch seine Art zu denken, zu fühlen und sich zu artikulieren, eben gerade nicht antreffen lässt von den klischeegetränkten, erfahrungsenthobenen Kommentaren, die Greti und Pleti sich vom Stapel zu lassen genötigt fühlen. Ich bin als Leser auf jeder Seite und durch alle Seiten hindurch eingeladen, zu verstehen, worum es hier eigentlich geht, und worum nicht.

Als Rektor des Gymnasiums, welches Maximilian besucht, konnte ich sehr aufmerksam mitverfolgen, mit welchem Aufwand es für die Eltern und ihren Sohn verbunden war (und ist?), diese für Maximilian so selbstverständliche Begabung einfach auszuleben. Ich habe realisiert, mit welchen Frustrationen und Spiessrutenläufen dies verbunden war, und mit welcher Herzlichkeit, Authentizität und Durchhaltevermögen die Familie dies auf sich genommen hat. Ich bewundere diese Geschichte, die sich da beharrlich und leise schreibt.

Zum anderen beeindruckt mich die Offenheit und Direktheit, die sowohl den Ghostwriter als auch Maximilian selbst auszeichnet; eine

Offenheit, die nie mit Bitterkeit oder Sarkasmus einhergeht. Das scheint mir – so wie ich die Familie kennen gelernt habe –, deren Handschrift zu sein. Ganz persönlich gefällt mir der Stil des vorliegenden Buches, gefällt mir die feine Ironie, und natürlich immer wieder die Klarheit, mit der die Phänomene auf den Punkt gebracht werden.

Was mich erschüttert, ist das, was ich im Spiegel sehe. Da schreibe ich selbst voller Engagement und auch mit Wut im Bauch ein Buch über den Missstand der gymnasialen Bildung – und finde mich wenig später in der Leitung einer Institution wieder, die ins gleiche Horn bläst. Es ist eine schlimme Erfahrung für mich gewesen, dass mir die Hände fast immer gebunden waren und ich die Mühen und die Kämpfe der Familie untätig wahrzunehmen hatte. Ich konnte aus meiner Sicht viel zu wenige Steine aus dem Weg räumen, weil ich in der Funktion eines Rektors zur Loyalität dem System gegenüber verpflichtet war. Wenn ich ein Resümee aus meiner Zeit in der gymnasialen Bildung ziehen soll, dann dieses: Gymnasien haben bis heute nicht verstanden, was junge Menschen brauchen, wenn es um ihre Bildung geht – egal auf welchem Niveau deren Begabung anzusiedeln ist.

Meines Erachtens lässt sich die Qualität eines Gymnasiums vor allem daran ermessen, wie es mit dem Thema der Begabung und deren Förderung umgeht. Hier ist dem System selbst kein gutes Zeugnis auszustellen. Nicht erst dem der höheren Bildung. Das vorliegende Buch zeigt eindrücklich, dass die allgemeinbildenden Schulen auf eine hartnäckige Art unwissend und blind sind, wenn es um die grundlegenden Fragen ihrer Funktionen und Aufgaben im 21. Jahrhundert geht. Dabei stellt die angewandte Forschung seit vielen Jahren schon entsprechende Erkenntnisse und Erfahrungen zur Verfügung, die nur darauf warten umgesetzt zu werden. Aber dafür braucht es Mut, und der fehlt meines Erachtens im Bildungssystem auf eine beängstigend durchgehende Art.

Die Begegnungen mit Maximilian und seinen Eltern haben mich jeweils sehr berührt und fasziniert. Ich bin froh, dass er sich diese Eltern ausgesucht hat und ich freue mich, wenn ich die Familie nicht aus den Augen verliere, denn ich habe den Eindruck, dass wir in Sachen Menschenbildung einiges gemeinsam haben und vielleicht – mit anderen zusammen – auch etwas erreichen könnten.

Ich wünsche dem Buch eine aufmerksame, wertschätzende Leserschaft, die sich von der Energie anstecken lässt, die aus jeder Zeile sprüht.

September 2014

Dr. Christoph Schmitt
Direktor der Gymnasiums Immensee,
der Schule Maximilians

Auszug aus einer Mail des Übersetzers

05/12/2014 – 18:15
Von: Thierry Benziger

Monsieur Drisch, merci pour le livre, ... je le trouve très intéressant, je trouve votre postface pertinente, elle montre bien la perception adulte, le texte de Maximilian en devient plus fort, plus personnel encore. ...

Mes félicitations à "‘vous"’, mes remerciements également pour l'expérience de traduire ce texte, je ne peux pas vous expliquer pourquoi, mais je suis différent depuis.

Plus léger. J'ai gagné en optimisme. Et je regarde mes élèves différemment.

En été, je me demandais ce que deviendrait cette traduction. Je trouve l'ouvrage très réussi et j'espère pour vous que les lecteurs suivront et feront de ce livre un succès commercial, un livre lu par de nombreuses personnes. ...

***

Herr Drisch, danke für das Buch [gemeint ist die französische Version des Buches], ... Ich finde es sehr interessant, und ich finde Ihr Nachwort zutreffend, es zeigt deutlich die Wahrnehmung des Erwachsenen; der Text von Maximilian wird dadurch stärker, noch persönlicher. ...

Meine Glückwünsche an Euch [gemeint ist die Familie], und gleichermassen mein Dank für die Erfahrung, die ich mit der Übersetzung des Textes machen konnte; ich kann es Ihnen schlecht erklären, aber ich fühle mich anders seitdem.

Leichter. Ich habe an Optimismus gewonnen. Und ich betrachte meine eigenen Schüler anders als zuvor.

Im Sommer fragte ich mich, was aus dieser Übersetzung werden würde. Jetzt finde ich das Buch sehr gelungen, und ich hoffe für sie, dass die Leser diesem Eindruck folgen, und dass sie dieses Buch zu einem kommerziellen Erfolg machen, ein Buch, das von vielen gelesen wird. ...

NOTIZ DES GHOSTWRITERS

Dieses Buch wurde im Frühjahr 2014 als gemeinsamer Text von mir und unserem Sohn Maximilian geschrieben; er war zu diesem Zeitpunkt 10 Jahre alt. Zunächst wurde eine französische Version veröffentlicht. Das Buch gibt die Beobachtungen, Erfahrungen und Erlebnisse Maximilians in dem Schweizer Schul- und Hochschulsystem in knapper Manier wieder. Zusätzlich kommentiert Maximilian seine Erlebnisse und beurteilt seine Umwelt, insbesondere seine Schule; solche Passagen sind eingerückt und in der Regel durch vorgesetzte Punkte gekennzeichnet. Der Text analysiert nicht das „Innenleben" Maximilians; er gibt nur wieder, was Maximilian preiszugeben bereit ist.

Über Erziehung, Bildung und Schule ist unendlich viel geschrieben worden, jedoch fast durchweg von Erwachsenen. In diesem Buch kommt jetzt ein betroffenes Kind zu Wort; es erreicht uns gewissermassen eine Botschaft von der anderen – unbekannten – Seite des Mondes. Die Botschaft gibt zu Diskussionen Anlass, wie z.B. das Vorwort des Direktors der Schule Maximilians sowie die Notiz des Übersetzers, eines Lehrers Maximilians, belegen.

Eine weitere Besonderheit des Buches ist das Bestreben Maximilians, den Leser/die Leserin an seiner Leidenschaft für die Mathematik teilhaben zu lassen. Entsprechende Abschnitte sind bisweilen „echte" kleine Versatzstücke mathematischer Argumentationen, jedoch stets auf verständlichem Niveau.

Der Text weist weitere Eigentümlichkeiten auf, wie die Stakkato-Sprache Maximilians, die von derjenigen eines Erwachsenen abweicht. Ausserdem habe ich verstreute Bemerkungen Maximilians zu längeren Passagen zusammengefasst, um seine Gedanken und

Argumente für den Leser verständlicher zu machen. Eine vorsichtige Glättung der Sprache Maximilians und die Gruppierung seiner Argumente zu gedanklichen Einheiten machen den Text etwas „altklug“. Ich konnte es als Amateur des Ghostwritens nicht besser. Mein eigener Einfluss auf den Text kann jedoch – wie derjenige eines jeden Ghostwriters – nicht geleugnet werden.

Der Text folgt der zeitlichen Abfolge der Ereignisse in den beiden Jahre vor seiner Herstellung. Wichtige Erlebnisse Maximilians zuvor werden durch Rückblenden berücksichtigt. Ganz anders verhält es sich mit Maximilians Gedanken: Sie werden als Absätze an „zufälligen Positionen“ eingefügt, so wie sie Kindern eben eher assoziativ in den Sinn kommen.

Die Ausführungen Maximilians sind nicht vollständig selbsterklärend. Daher habe ich auf Wunsch des französischen Verlegers ein Nachwort beigesteuert. Zudem habe ich einige weitere Zusätze gemacht, z.B. eine Reihe von Fussnoten, meist Verweise auf die von Maximilian zitierten Literaturstellen, aber auch eine Synopse des deutschen, französischen und Schweizer Schulsystems. Denn das Buch ist zunächst in Lausanne publiziert worden (Dez. 2014), dann in Paris (Jan. 2015), bevor jetzt, teilweise „rückübersetzt“, die deutsche Version erscheint.

November 2016

Dr. Thomas Drisch
Vater Maximilians

Vorrede: Aline, mein Ghostwriter und ich

Maximilian, neu im Gymnasium (Foto: S. Kneuenbühl)

Aline sei Dank

Mein Name ist Maximilian. Ich bin 10 Jahre alt[1]. Ich besuche das Gymnasium Immensee, zweite Klasse (also die „achte", vom Schul-Anfang an gezählt[2]). Vor einem Jahr habe ich die Matura[3] in Mathematik bestanden. Ich danke meiner Schule, dem mir unbekannten Erziehungsdirektor und insbesondere der Mathematik-Lehrerin der Oberstufe, Frau Bettina Bieri, sehr dafür, dass ich an der Matura-Prüfung teilnehmen durfte. Es lief nicht schlecht. Die Universität Zürich hat daher ein „Förderprogramm" für mich entwickelt[4], ein grosses Glück für einen kleinen Schüler. Ich bin der einzige Student in diesem Programm.

11. März 2014: Ihr Name ist *Aline*[5]. Sie ködert mich mit einem Buch über Dinos und einem Buch über Luxuswagen: Sie fragt sich, ob ich nicht meinen „Parcours" durch Schule und Uni zu Papier bringen möchte. (Aline schreibt auf Französisch.) Sie darf auch mich fragen.

– Dinos und Luxuswagen spielen in meinem Leben zwar nur eine untergeordnete Rolle. Eigentlich gar keine. Weder den einen noch den anderen bin ich schon mal begegnet. Aber was nicht ist, kann ja noch werden. Ich schwanke zwischen Bentley und Tyrannosaurus Rex. Unsere Garage eignet sich bestens für den Bentley, unser Garten bestens für den Rex.

Andererseits: Wer kriegt schon aus heiterem Himmel ein Geschenk-Paket? Eigentlich sollte das misstrauisch machen, auch wenn es nur Bücher enthält. Den Kindern wird doch eingeschärft: Nimm keine Geschenke von Fremden an, zumindest dann nicht, wenn dir die Geschenke gefallen! Aline hat Glück: Gefallen hätte mir zwar eher ein Mac Pro als ein neues Buch. Hätte sie mich doch gefragt! So ist

---

1 Zur Zeit der Abfassung des Buches.

2 Die zweite Klasse des „Untergymnasiums" in Schweizer Terminologie. Siehe auch Anhang: Synopse der Schulstufen verschiedener Länder.

3 Das Schweizer Abitur heisst „Matura".

4 Siehe Kap. 19: Presse-Erklärung der Universität Zürich.

5 Aline ist eine Herausgeberin des Verlags Favre, Lausanne/Paris.

mit ihrem Geschenk was schief gelaufen; also darf ich es annehmen. Naja, die Logik!

– Ich überlege mir noch, ob ich jetzt die geschenkten Bücher lesen sollte, statt Minecraft zu spielen. Das ist nämlich der Nachteil der Bücher: Man kann nicht gleichzeitig Bücher lesen und Minecraft spielen. Noch nicht. Auch der USB-Anschluss am menschlichen Körper fehlt noch.
– Die Evolution wird diesen Konstruktionsfehler des Menschen schon noch beheben. Da bin ich mir sicher. Aber es wird dauern. Die Evolution wusste bis vor Kurzem nicht einmal, dass Minecraft erfunden wird.
– Für mich jedenfalls kommt die Evolution zu spät. Sie ist bekanntermassen eine Schnecke. Zumindest im Vergleich zur Evolution der Computer-Spiele.

Minecraft ist ein Computerspiel, dessen Ziel es ist, aus erst mal kostenlos zur Verfügung gestellten „Ressourcen" Bauten und Geräte herzustellen[6]. Das Spiel ähnelt etwas der Mathematik: Diese stellt Bauten und Maschinen im Kopf her, so wie Minecraft auf dem Bildschirm.

Aline – Wer weiss, ob sie überhaupt schon mal was vom Mac Pro gehört hat? Nicht unwahrscheinlich, dass *nicht*, jedenfalls wenn sie schon über 20 ist. Jedenfalls: das falsche Geschenk, aber trotzdem ein ganz schön heftiger Wunsch: Ich solle, wie gesagt, meinen „Parcours" durch Schule und Uni zu Papier bringen. Das sei für viele Leute etwas Neues.

– Da hat sie Recht. Nicht jeder kann im Alter von 10 Jahren auf einen Parcours durch Schule und Uni zurückblicken.

Aber interessiert mein Parcours irgendjemanden? Da habe ich meine Zweifel.

– Immerhin scheint es Aline zu interessieren. Bestimmt ist sie eine lustige, aufgestellte und interessante Person. Ich schicke ihr mal mein schönstes Portraitfoto. Mit einem einzigen Blick wird sie

[6] Siehe Kap. 2.

feststellen, dass ich mich als Mister Schweiz eigne. Vielleicht noch nicht gerade jetzt.

- Und ich werde umgekehrt Aline mal fragen, ob sie sich schon bei Heidi Klum angemeldet hat. Heidi moderiert bekanntlich eine Fernseh-Serie, in der zwei Dutzend Models in spe, meist Teenies unter 20, ihre langen Beine zeigen und Spinnen auf sich herumkrabbeln lassen[7]. In der Hoffnung, dass ein Fotograf vorbeikommt und ein Foto von ihnen für das Titelbild von *Cosmopolitan* macht. Damit sie berühmt werden.
- Es geht in der Sendung zu wie bei den „Zehn kleinen Negerlein“, was man gemäss meiner Mutter nicht mehr sagen sollte; aber wie klingt die korrekte Formulierung: „wie bei den zehn farbigen Kindern mit Migrationshintergrund“? In jeder Folge muss das eine oder andere hoffnungsfrohe Model seine Koffer packen. Das ist der Moment, auf den die Zuschauer warten: Allgemeines Geheule setzt bei den Models ein, denn alle anderen Girls bemitleiden die Arme, die jetzt nach Hause muss: Sie sind aber eigentlich von Herzen froh, dass wieder eine ausgeschieden ist. Und das ist der Moment, in dem ich auf Zuruf meiner Mutter zur Sendung hinzukomme.
- Ansonsten sagt mir das Fernsehen Nichts, und ich gehe wieder zu meiner eigenen DVD-Sammlung über, z.B. zu *Wicki*, *Loriot* oder der *Kosmologie*.
- Wenn Aline allerdings über 20 ist, was ich zu ihren Gunsten lieber nicht annehme, dann wird aus ihrer Kandidatur bei Heidi vielleicht Nichts. Über 20? Wer über 20 ist, der hat nicht nur bei Heidi, sondern ganz allgemein das Nachsehen. Als Gesangstalent z.B. muss er/sie vom Pop zur Oper wechseln. Und verkauft nur noch einen Bruchteil der bisherigen CDs. Mal sehen, wie Justin Biber sich als Rigoletto macht.
- Ich bin entschlossen, unter 20 zu bleiben. Allerdings bin ich mir

[7] Es handelt sich um die Casting-Show *Germany's Next Topmodel*, die seit 2006 jährlich auf dem deutschen TV-Sender *ProSieben* ausgestrahlt wird. *Heidi Klum* ist ein international bekanntes deutsches Model. Sie ist ebenfalls TV-Moderatorin und Filmschauspielerin.

noch nicht ganz sicher, ob mir das gelingt. Ich baue fest auf den Fortschritt der Wissenschaft.

***

Doch Alines Anliegen geht weiter: Ich soll den geneigten Lesern Einblicke in mein tägliches Leben geben. *Denn ich sei ein „Garçon hors normes“.*

– *Ich hoffe, sie hält mich nicht für einen Alien, der hektisch durch die Uni saust.*

Mein tägliches Leben ist nämlich wie das aller anderen Kinder. Jeder war oder ist Kind, zumindest ist das meine Meinung. Und zu dem Leben eines Kindes weiss ich Nichts beizutragen, was nicht alle schon kennen, weil sie selber Kind sind oder mal waren.

– Ich verliere ständig meine Jacke wie die anderen Jungen. Ich habe mir den Arm gebrochen wie viele andere Kinder. *„Da kann ich jetzt Nichts darüber schreiben, denn es ist ganz normal."*

Ein Zitat, aber von mir selber. Aus einem meiner unzähligen Interviews. Ich bin der Liebling der Presse.

– Vielleicht eine einzige Besonderheit von mir: „Ich bin eben etwas abstrakt gebaut." (Auch ein Zitat aus einem meiner Interviews.) Ansonsten bin ich stinknormal. Vielleicht nicht auf den Kopf gefallen, aber hoffentlich nicht schräg. Es passiert mir nicht, dass ich vergesse, meine Socken anzuziehen. Ich hoffe, Aline ist deswegen nicht allzu enttäuscht.

– Und eine Besonderheit meiner Eltern: Sie halten mich für etwas Besonderes. Das Besondere an mir scheint zu sein, dass mir die Mathematik leicht fällt. Das ist nicht mein Verdienst. Vielleicht das meiner Gene. Sie und ich wissen nicht so genau, bei wem sie sich bedanken könnten.

– Die meisten Eltern glauben, dass ihre Kinder etwas Besonderes sind. Und da tun sie gut daran. Zumindest ist das meine Meinung.

Vielleicht weiss Aline sogar, dass „Mathematik die Gabe hat, wie die Liebe und die Musik, Menschen glücklich zu machen". Das habe ich aus einem schlauen Buch[8]. Gerne trage ich zum Glück von Aline bei, so gut ich kann.

***

[8] Christian Hesse, *Warum Mathematik glücklich macht*, Verlag C. H. Beck, München 2010.

Mathematik ist nicht Rechnen

Was ist der Unterschied zwischen Mathe und Rechnen? Hierzu eine Diskussion aus meinem Mathe-Kurs; Thema: das Kopfrechen-Genie *Daniel Tammet*[9]:

– Daniel rechnet fast so schnell wie ein Computer. „Der Spiegel"[10] schreibt, er sei „der Mann, *der* π *war*." (Sprich: „pi"; warum „war"?) Mein Vater gab mir die Reportage zu lesen. Naja, da kann ich mich ja auch für Pythagoras ausgeben.
– Ich weiss immerhin, Daniel kennt zumindest die ersten 22'514 Nachkommastellen von π. Denn er hat sie am π–Day, dem 14. März[11], im „History of Science"-Museum der Uni Oxford auswendig aufgesagt, vor ungläubigem Publikum. Der Saal war rappelvoll. Vorwiegend wohl mit Leuten, die keine Ahnung haben, wie sich die erste Nachkommastelle von π errechnen lässt. Nach dem Vortrag waren sie wohl auch nicht klüger[12].
– Daniel sagt, *Sinnlosigkeit sei eine Beleidigung des Geistes.* Wohl wahr! Er gibt gewissen Ziffern-Sequenzen von π einen Sinn. Sogar jede Zahl habe einen Charakter[13]. Die „Neun" sei kobalt- oder indigo-blau. Sie sei mehr für Schatten als für Umrisse geeignet. Deshalb würden wir nicht sehr oft mit der „Neun" rechnen, was mir noch nicht aufgefallen war.

---

9 Daniel Paul Tammet ist ein britischer Savant. „*Savants*" sind Personen mit sogenannten „Inselbegabungen." Daniel kann beispielsweise umfängliche Rechnungen in Sekundenschnelle im Kopf bewältigen und auf über 100 Stellen angeben.

10 Deutsche Wochenzeitschrift, Ausgabe 9/2014.

11 In US-Schreibweise: 3/14 ($\pi = 3{,}14\ldots$).

12 Daniel gibt keinen Hinweis auf eine π-Berechnung. Sein Vortrag ist eine künstlerische Darbietung: „Bald gibt es nur noch Stehplätze. ... Ich tauche immer tiefer in die bewundernswerte Zahl π ab und lege Anstrengung, Rhythmus und Präzision in jeden Atemzug. ... Im Gehirn des Zahlenkünstlers wird π auf eine Reihe von Phrasen reduziert. In meinem Kopf dagegen bin ich es selbst, der reduziert wird, nicht die Zahl. ... Ich darf nicht innehalten, nicht einmal angesichts der atemberaubendsten Ausblicke auf die Schönheit der Zahl."

13 Siehe sein Buch: *Born on a Blue Day*, Hodder & Stoughton, London 2006.

– Ich bewundere die Fähigkeit Daniels, jeder Zahl ein Aussehen und einen Charakter zu geben. Da kann ich nicht mithalten. Mir fehlt leider schon ein „Gefühl" für π.
– *Meine Mutter sagte zu meiner Überraschung, die „Sieben" sei staubig und die „Siebzehn" unsympathisch. Das habe sie schon als Kind so empfunden.*

– Ich zum Beispiel bin ihr Kind. Und ich weiss von Nichts. Höchste Zeit, dass sie sich mit Daniel verabredet.
– Fünf Stunden und neun Minuten dauerte seine Vorstellung. Dann wurde das verblüffte Publikum vermutlich ungeduldig. Es wollte endlich zu McDonalds, denke ich[14]. Die Japaner scheinen geduldiger zu sein: Akira Haraguchi trug die ersten hunderttausend

---

[14] [*Akira Haraguchi*] „from Chiba Prefecture, on Wednesday broke his own world record, reciting the value of pi ... to 100,000 digits, a feat that took 16 hours" (The Japan Times, Thursday, Oct. 5, 2006).

Nachkommastellen von π vor. 16 Stunden[15]. Mich würde noch interessieren, ob Akira gleich anschliessend in die Psychiatrie eingeliefert wurde.

- Der Tag wird kommen, an dem ein Gedächtniskünstler die ersten 100 Millionen Nachkommastellen von π aufsagt, wozu er dieses oder jenes Jahr benötigen dürfte[16].
- Daniel: Wir haben noch „niemals bis unendlich (und darüber hinaus!) gezählt ... " Da wird er Mühe haben. Denn die Unendlichkeit braucht viel Zeit, vor allem gegen Ende hin. Ich glaube, das sagte Woody Allen. Und schliesslich wird das Universum untergehen. Vielleicht schon bald, in 22 Milliarden Jahren. Bis dahin wird selbst Daniel nicht weit gekommen sein, mit den Nachkommastellen von π. Jedenfalls werden wir nie erfahren, ob Daniel alle Nachkommastellen kennt.
- Vielleicht hat er deswegen darauf verzichtet, weiterhin π zu sein. Mein Vater schenkte mir Daniels Buch *Die Poesie der Primzahlen*[17]. Darin heisst es doch etwas feiner als im *Spiegel*: „Eines Tages begann ich zu erkennen, wozu diese Zahl werden konnte, wenn ich sie und sie mich verwandelte."
- Die Show des Pythgoras, des Mathe-Stars seiner Zeit und seiner Stadt, war meines Erachtens noch unterhaltsamer als die Daniel-Show: Es ging nicht nur ums Kopfrechnen, sondern auch um Musik und Philosophie. Das Fernsehen gab es merkwürdigerweise noch nicht, aber vermutlich haben sich endlos viele Bürger persönlich eingefunden. (Bürgerinnen waren weniger gefragt, wie mein Geschichtslehrer mitteilte.) Denn es gab wichtige Themen, natürlich vor allem Mathe – und noch etwas: Die Show war kosten-

---

15 Maximilian: „Wie gut, dass es die Spracherkennung gibt. Denn ein Computer wird die Überprüfung der Litanei des Japaners vornehmen müssen. Die Leute gehen schliesslich abends ins Bett. Der Japaner wird gewiss Millionär werden. Denn es können fortlaufend Tickets seiner Show verkauft werden. Das Fernsehen wird die Lotto-Zahlen durch aufregende Zahlenfolgen im Dezimalbruch von π ersetzen."

16 Siehe auch: Joshua Foer, *Moonwalking with Einstein: The Art and Science of Remembering Everything*, Penguin Press, New York 2011.

17 Carl Hanser Verlag, München 2014.

los. Keine Tickets. Keine Rundfunkgebühren. „Der Kapitalismus," sagt mein Ghostwriter, „war noch nicht in Mode."

***

- Daniel ist ein „Poet", der Zahlen liebt. Ich habe zu keiner einzigen Zahl eine gefühlsmässige Beziehung. Meine Mutter findet, wie gesagt, die Siebzehn unsympathisch. Ihre Empfindung erstaunt mich dann doch.
- Ich bewundere nicht einmal π, obwohl π die schicke Eigenschaft hat, *transzendent* zu sein. Das ist seit 1882 bekannt[18]. Eine Zahl heisst „transzendent", wenn sie nicht Nullstelle eines Polynoms mit ganzzahligen Koeffizienten ist. Der Beweis, er stammt von Lindemann, zuletzt Professor in Königsberg, ist für mathematische Knirpse wie mich unlesbar, erledigt aber nebenbei die über 2000 Jahre alte Frage, ob sich der Kreis „quadrieren" liesse, d.h. mit Zirkel und Lineal in endlich vielen Schritten in ein Quadrat gleicher Fläche verwandeln liesse: *Es geht nicht.*
- *Anaxagoras* hat dieses Problem vor fast 2500 Jahren gestellt. Kein Wunder, dass er wegen Gottlosigkeit angeklagt wurde. *Archimedes* führte die Frage auf die Konstruierbarkeit von π zurück, was eben gemäss Lindemann nicht möglich ist. Womit sich die Sache erledigt hat.
- Mein Vater gab keine Ruhe. Schliesslich hat er wenigstens einen lesbaren Beweis für die Irrationalität von π ausgegraben[19]: Sie besagt, dass π kein Bruch ist. Das ist eine weniger schicke Eigenschaft einer Zahl als die Transzendenz.
- Die Methode besteht darin, den Tangens in einen unendlichen Kettenbruch zu entwickeln. Kettenbruch? Ein *Kettenbruch* ist ein „gemischter" Bruch, d.h. eine Zahl der Form $a + b/x$ (a, b ganze Zahlen). x wird dann durch einen Bruch $c + d/y$ ersetzt. Und

[18] Ferdinand von Lindemann, *Über die Zahl* π, Mathematische Annalen 20, 213–225 (1882). Siehe: *www.Digizeitschriften.de.*

[19] Miklós Laczkovich, *On Lambert's proof of the irrationality of* π, American Mathematical Monthly 104 (1997), (5) 439–443.

y dann entsprechend wieder. Und das wiederholt man unendlich oft. Kettenbrüche wurden prominent, weil man mit ihrer Hilfe von wichtigen Zahlen zeigen konnte, dass sie transzendent oder wenigstens irrational sind. Insbesondere das von uns allen geliebte π.

– *Der Kettenbruch des Tangens:* Hier sind b und d usw. keine Zahlen, sondern Quadrate der Variablen z. Setzt man für z links wie rechts dieselbe Zahl ein, erhält man den Tangens dieser Zahl, wenn auch nur als Grenzwert, d.h. wenn man nach vielen vielen Schritten mit der Rechnung abbricht, hat man eine Näherung von tan(z).

$$\tan(z) = \cfrac{z}{1 - \cfrac{z^2}{3 - \cfrac{z^2}{5 - \cfrac{z^2}{7 - \cfrac{z^2}{\ddots}}}}}$$

Worauf ich hinaus will? Mathematik hat ganz wenig mit Rechnen zu tun. *Ich selber zähle nicht, ich rechne nicht.* Das Auswendiglernen des Einmaleins machte mir keine Freude.

Das erste Deutsche Fernsehen hat mich als Rechenkünstler ins Samstag-Abend-Programm eingeladen[20]. Ich habe allerdings nicht den Ehrgeiz, die vierte Wurzel aus 260 144 641 zu berechnen. (Du kennst das Ergebnis? (Man nimmt zunächst die Wurzel und erhält 16 129; erneutes Wurzelziehen ergibt 127.)) Mein Gegenvorschlag war: ein Duell gegen einen Mathe-Prof. Thema: Die Mathematik des *Archimedes.* Er machte nicht nur Mathe, wie oft vermutet wird. Er machte sich auch sonst Gedanken. Mathematik ist, so bringt es mir mein Mathe-Kurs bei, eine kulturelle und auch philosophische Sache. Mal sehen, ob ich ausgeladen werde.

20 ARD, Einladung vom 28. Sept. 2013.

Zu meinem neuen Buchgeschenk, Daniel's *Poesie der Primzahlen*: Ich kenne zwar nicht die tausendste Nachkommastelle von π, aber ich kann sie herausfinden (Kapitel 24). Der blitzgescheite und π-verliebte Daniel scheint sich mit dieser Frage nicht abgeben zu wollen. Er scheint sich einfach nicht so sehr für Mathematik zu interessieren. In Daniels Buch kommt die Mathematik eigentlich nicht vor. Die „*Schönheit und Emotion*“ der Primzahlen interessieren ihn mehr. *Cedric Villani*, der letzte „Nobelpreisträger“ der Mathematik, also der letzte Träger der Fields-Medaille[21], sagt es so: „Tammet zeigt, was Zahlen und Menschen miteinander verbindet.“ Zahlen, nicht Mathematik.

Und ich, umgekehrt, interessiere mich eigentlich nicht für Zahlen, jedenfalls nicht fürs Kopfrechnen. Ich weiss dagegen, wie man „riesige“ Primzahlen finden kann. Die Primzahlen selber sind mir auch egal. Es geht um die Methoden, sie ausfindig zu machen.

– Ein Mönch aus dem 17. Jahrhundert wies einen sehr schönen Weg: *Marin Mersenne*[22] behauptete, 2^{127}-1 sei Primzahl[23], was richtig ist. Die Zahl hat 39 Ziffern[24]. Ich glaube nicht, dass Mersenne versuchte, auszuprobieren, ob seine Zahl tatsächlich prim ist, d.h. keinen Teiler (ausser 1 und sich selber) hat. Man muss alle Primzahlen bis etwa 10^{20} testen. Im Kloster hat man vermutlich viel Zeit, aber das Leben dauert wohl auch dort kaum länger als 4 $\cdot 10^7$ Minuten.

---

21 Die Fields-Medaille (*International Medal for Outstanding Discoveries in Mathematics*) wird alle vier Jahre von der Internationalen Mathematischen Union verliehen. Sie gilt als ein Ersatz für den nicht existierenden Nobelpreis für Mathematik. *John Charles Fields* war ein kanadischer Mathematiker, der sich mit der Theorie der *algebraischen Funktionen* befasste.

22 Marinus Mersenius (Paris) war ein prominenter Verfechter der aufkommenden Naturwissenschaften (Mechanik, Optik, Akustik).

23 *Cogitata Physico-Mathematica. In quibus tam naturae quam artis effectus admirandi certissimis demonstrationibus explicantur.* Bertier, Paris 1644: Bemerkung in der Einleitung (*Praefatio generalis*, Nr. XIX). Mersenne suchte *perfekte* Zahlen, d.h. solche, die Summe ihrer echten Teiler sind (Beispiel: 6=1+2+3). Denn diese Zahlen seien Gott wohlgefällig. Sie stehen in eineindeutiger Beziehung zu seinen Mersenne-Primzahlen.

24 2^{127}-1 = 170 141 183 460 469 231 731 687 303 715 884 105 727.

– Ich bin mir daher sicher, dass er jedenfalls nicht beweisen konnte, dass seine Zahl prim ist (was erst 1876 gezeigt werden konnte). Kopfrechnen nutzt Nichts. Mersenne behauptet nämlich dasselbe für 2^{257}-1 (78 Stellen), was 1922 von einem belgischen Mathematiker widerlegt wurde: Denn diese Zahl ist teilbar, und zwar durch 535 006 138 814 359. Das ist sehr leicht nachzurechnen, aber schwer herauszufinden.
– In diesem Augenblick fahnden eine vermutlich siebenstellige Zahl von Computern im Rahmen von GIMPS („Great Internet Mersenne Prime Search“, seit 1996) nach Primzahlen vom Typ des Mersenne, d.h. vom Typ 2^p-1, p Primzahl[25]. Und zwar mithilfe eines Programms, das (alle GIMPS-Computer zusammengenommen) an die hundert Trillionen Kalkulationen pro Sekunde durchführt. Man ist in der Grössenordnung achtstelliger Zahlen für den „Exponenten“ p der untersuchten Zahlen angekommen[26]. Das macht etwa 10 Millionen Stellen für die Zahl 2^p-1 selber.
– Sobald ich *Python* erlernt habe, ein Programm, das zu Verblüffung angeblich mit sehr grossen ganzen Zahlen rechnen kann, werde ich ebenfalls auch einmal mitrechnen.

„Ich, ein Phänomen?“ Das ist der Titel, den Aline für die französische Ausgabe meines Buches erfand. Hoffentlich spekuliert Aline nicht darauf, ich, das Phänomen, würde mich für „i“, die *imaginäre Einheit*, halten. So wie Daniel sich angeblich für π hält oder hielt.

– Daniels Buch ist ein Renner. Hoffentlich wird es mein Buch auch. Ich werde auf Anraten meines Ghostwriters ein Kapitel zur „Romantik“ der Mathematik aufnehmen. Zur Sicherheit[27]. Romantik tut dem Verkauf vielleicht gut. Denn die Mathematik selber scheint weniger Anklang zu finden.

---

25 Beispiele: $7 = 2^3$-1 ist eine Mersenne-Primzahl; 11 ist eine Primzahl, doch keine Mersenne-Zahl; $15 = 2^4$-1 ist vom Typ 2^n-1, doch keine Mersenne-Zahl (denn n ist nicht prim), $2047 = 2^{11}$-1 ist eine Mersenne-Zahl, doch keine Primzahl, denn $2047 = 23 \cdot 89$.

26 $2^{57,885,161}$-1 (ca. 17 Millionen Stellen) ist die grösste bekannte Mersenne-Primzahl, was 2013 bewiesen wurde, und diese Zahl ist auch die grösste bekannte Primzahl. Siehe www.mersenne.org.

27 Kapitel 25.

– Nicht immer. Auch Bücher, die nicht auf Mathematik verzichten, können sich manchmal gut verkaufen. „Homers letzter Satz", die gesammelten Beiträge der *Simpsons* zur höheren Mathematik, haben eine Auflage von mehr als hunderttausend[28]. Ein Hundertstel dieser Auflage würde mir genügen.
– Ich hoffe, Aline hat den richtigen Riecher. Ich drücke ihr, und selbstredend vor allem mir, die Daumen.

Vielleicht wird das Buch ja auch ein Ladenhüter. Alles hängt vom Marketing ab. Gerne stehe ich für Dichterlesungen zur Verfügung. Meine Eltern sagen, im Worst Case entstünden immerhin Geschichten *„gegen das Verschwinden der Erinnerung"*. Das sei der Mühe wert.

***

Mein Ghostwriter

Nichts sei unverzeihlicher, als den Leser zu langweilen, behaupten diejenigen, die neue Romane im Fernsehen vorstellen.
– Ich weiss, wovon sie reden. Nach vielen langweiligen Leseerfahrungen habe ich mich auf *LTBs* spezialisiert[29]. Es geht um das Leben einer allseits bekannten Entenfamilie, Donald, Dagobert und manch andere. Jede Seite ein neues Erlebnis, das mich zum Lachen bringt. Mit den LTBs bin ich auf der sicheren Seite: Keine Künsteleien. Alles wie aus dem wahren Leben. Keine überflüssigen Sätze.
– Man vergleiche mal mit *James Joyce*: Urwälder voller Wörter, durch die man sich kaum hindurchschlagen kann, und mittendrin fragt man sich erschöpft: Wohin geht die Reise eigentlich?

---

[28] Simon Singh, *Homers letzter Satz*, Carl Hanser Verlag, München 2013. In der Episode *Im Schatten des Genies* (1998) schreibt Homer an die Tafel: $3987^{12} + 4365^{12} = 4472^{12}$. Nehme deinen Taschenrechner! Und vergleiche mit Kapitel 18!

[29] Walt Disney, *Lustiges Taschenbuch*, Egmont Ehapa Media, Berlin.

– Woher ich James Joyce kenne? Mein Vater hat mir vor einiger Zeit den *Ulysses*[30] gegeben, aber nur, weil mein Schultest zur Komma-Setzung enttäuschend ausfiel. James ignoriert die Kommata souverän. Ein Buch zum Trost wegen des verlorenen Kampfes gegen die Komma-Setzung? Kein schlechter Trick.

– Der Ulysses rutscht im Romane-Ranking immer auf Platz eins. Meine Voraussage: Es werden noch LTBs gedruckt werden, wenn der letzte James Joyce-Leser das Handtuch geworfen hat. Donald Duck ist schliesslich schon 83. Wusstest du das?

– *Aline schreibt, ich sei vielleicht ein „Phänomen". Schwer zu glauben.*

30 Vom Verfasser autorisierte deutsche Übersetzung von Georg Goyert (1927), revidierte Ausgabe, Suhrkamp, Frankfurt am Main 1977.

Daniel Tammet ist ein Phänomen. Du wirst vermutlich niemals einem Menschen begegnen, in dessen Kopf die Zahlen farbig sind und schön riechen. Dagegen wird es zehntausend oder hunderttausend Kinder und Jugendliche geben, die in der Mathe mehr Talent als ich haben. Bei vielleicht zwei Milliarden Kindern und Jugendlichen weltweit.

Meine Vorteile sind: Ich habe genug zu essen, ich bewege mich in gesichertem Umfeld, ich besuche eine „Schule für Begabte", ich darf jeden Abend den Schnellkurs „Mathe für Maximilian" meines Vaters besuchen. Sein Kurs über die Mersenne-Primzahlen war ein Erlebnis für mich. Die Besteigung des Mount Everest ist Nichts dagegen.

Und meine Eltern lieben mich. Und sie erziehen mich zur Angstfreiheit. Ich habe keine Angst vor der Schule, und keine vor der Infinitesimalrechnung.

– Kein Wunder, dass ich mit neun Jahren die Matura in Mathe machte.

Kein Wunder aber auch, dass zehntausend oder hunderttausend Mathe-Talente auf der Strecke bleiben. Kaum eines von ihnen hat die Chance, die Matura mit neun Jahren zu machen, und die allermeisten werden die Matura überhaupt nicht ablegen können. Und nie Bekanntschaft machen mit der Schönheit der Zahlentheorie.

– Bei dem Gedanken kriege ich eine Gänsehaut. Nur wer im Kindergarten schon die Pirouette auf dem Eis dreht, wird gefördert. Und auch nur, wenn er/sie nicht in der Dritten Welt lebt. Die Mathe-Talente kommen dagegen fast überall zu kurz. Auch wenn man sich nicht für ihr Schicksal interessiert, so könnte man darüber nachdenken, was an Talent verschwendet wird.

***

Also, was Aline betrifft: Ich frage zur Vorsicht meinen Vater, ob er als Ghostwriter zur Verfügung steht. Schliesslich ist meine Zeitnot aktenkundig. Ich muss für das Gymi arbeiten, und für die Uni, und für Diplomero[31], eine Internet-Plattform, für die ich als „Dozent" tätig bin, und jetzt auch noch für meine Biografie. Zusammen mehr als 24 Stunden. Täglich.

Zudem brauche ich etwas Zeit zum Spielen. Schon Minecraft ist ein Zeitfresser. Dabei habe ich mich entschlossen, keine eigenen Mods zu programmieren. *Mods* sind Erweiterungen des Spiels, die mithilfe Java's hergestellt werden können[32]. *Java* ist eine der gängigen Programmiersprachen. Man kann sie bereits mühelos als Kind erlernen.

– Und jetzt soll ich noch ein Buch über ein Buch schreiben: 30 Din A4-Seiten „Lesetagebuch", über *Pampa Blues*[33]: Ein selbstgebasteltes Ufo soll Touristen in den langweiligen Flecken Wingroden locken. Ein verwegener Plot. Um ihn auf 250 Seiten zu strecken, werden noch ein Mordopfer und die nette Lena eingeführt. Krimi und Love-Story in einem.
– Pampa Blues, naja, vielleicht nicht gerade James Joyce, würde mein Vater sagen. Dafür flott zu lesen. „Und zum Heulen komisch" (der Verlag).
– Es gab mehrere Bücher zu Auswahl. Ich habe *Pampa Blues* nicht gewählt, weil es so komisch sein soll. Sondern weil es das dünnste Buch im Angebot war. Und dann doch eine Enttäuschung: immerhin 250 Seiten.

Es stimmt zwar, um sich selbst muss man sich selber kümmern. Aber das braucht Zeit. Die Schule spendiert mir viel zu wenig Zeit.

Kann ich denn das Lesetagebuch gegen meine Biografie tauschen? Ansonsten droht mir die 200-Stunden-Woche. Ich muss an meine Gesundheit denken. Doch meine Eltern sind gegen den Tausch.

– *24. März:* Wie erhofft: *Hurra, mein Vater hat angebissen.* – Vielleicht, weil heute ein Vertrag angekommen ist, vom Chef des Verlags: „Tu recevras une avance."

---

[31] www.diplomero.com: eine Internet-Plattform zur Fortbildung.

[32] Siehe z.B.: www.minecraftmods.com.

[33] Rolf Lappert, *Pampa Blues*, Carl Hanser Verlag, München 2012.

– Ich komme zur Danksagung: Tom, schön, dass du dich als mein Ghostwriter beworben hast. Ich nehme deine Bewerbung an und hoffe auf eine gedeihliche Zusammenarbeit. Die Einzelheiten wird meine Managerin mit dir abklären.
– Ich werde Aline fragen, ob sie als Managerin zur Verfügung steht. Schliesslich geht es bei meinem Buch um einen Bestseller. Das hoffe ich jedenfalls. Nichts frustriert mehr, als etwas zu schreiben, wenn keiner kommt, um es zu lesen.
– Mein Ghostwriter, fange ruhig schon mal an! Zur Einstimmung empfehle ich einen GREG[34]. Du findest alle seine acht Bände in meinem Zimmer.
– *Gerne sage ich Dir, was in meinem Kopf so vor sich geht. Das ist das Wichtigste. Denn das interessiert die Leute mehr, als wann und wo ich geboren bin. Umgekehrt hast du ja meine Irrfahrt durch das Bildungssystem hautnah mitgekriegt. Wie du sagst: „Die Wirklichkeit schlägt die Fantasie.“*
– Ich hoffe, die Welt weiss meine spannenden Erlebnisse, meine bunten Gedankensplitter, aber auch die Tiefe meiner Weisheiten, zu schätzen. Und die Arbeit meines Ghostwriters. Eine Heidenarbeit, herauszufinden, was in meinem Kopf so vor sich geht. Trotz meiner Mitarbeit. *Aber das Meiste weisst du ja selber.*

Und noch zu deiner Information, lieber Herr Ghostwriter: Aline teilt mit, man solle täglich 30 Minuten zum Schreiben einplanen. Das etabliere einen Rhythmus. Ich denke, der Rhythmus sollte proportional zu unserem Gewicht auf uns beide aufgeteilt werden. Schliesslich liegt uns Schweizern die Demokratie im Blut.

– Nach Gewicht! Ich weiss, dass du nicht gerne auf die Waage steigst; wir nehmen also eine Wippe und platzieren uns so, dass die Wippe in Balance ist. So wie abends auf dem Spielplatz. Archimedes hat herausgefunden, dass man dadurch den Rhythmus

---

[34] Jeff Kinney, *Diary of a wimpy kid*, Amulet Book, 8 Bände (ab 2007, Stand April 2013). Deutsche Übersetzung: *Gregs Tagebuch*, Baumhaus Verlag (ab 2008). Greg ist ein zu Maximilian gleichaltriger Schüler, der auf ironische Art seine schulische Überlebensstrategie beschreibt. Die Tagebücher haben Maximilians Sprache beeinflusst.

erhält. Darf ich das Ergebnis sagen: du etwa zweiundzwanzig Minuten und ich die restlichen acht. Mein Gewicht verrate ich nicht, wenn dich das beruhigt.

Meine Danksagung geht weiter: Ich danke allen, die in meinem Buch vorkommen, dass ich sie zu meiner Biografie heranziehen konnte. *Die Ähnlichkeit mit lebenden wie gestorbenen Personen ist total beabsichtigt.* Dasselbe gilt für alle im Buch geschilderten Ereignisse. Und für die von mir gezogenen Schlussfolgerungen: Ich habe versucht, mich an die Tatsachen zu halten. Sie waren manchmal vielleicht etwas bizarr. Und ich habe auch versucht, genau das zu schreiben, beziehungsweise von meinem Ghostwriter schreiben zu lassen, was ich denke – oder er auch nur vermutet, dass ich es denke. Kurz: *Ich habe dieses Buch gelebt.* Das war mein hauptsächlicher Beitrag. Meine Mutter sagt: Und ich habe dieses Buch gelesen. Das Familienteam arbeitet eng zusammen.

ERSTER TEIL: EIN LANGER BLICK ZURÜCK

Schulbeginn (2009)

DER KURZE WEG DURCH DIE PRIMARSCHULE

KAPITEL 1: KASSENSTURZ

8. Aug. 2011: Heute feiere ich meinen 8. Geburtstag. *Höchste Zeit, über mein Leben nachzudenken.* Oder wenigstens über die letzten Jahre. Mit einem Bericht nur über die letzten *beiden* Jahre dürfte Aline wohl schon zufrieden sein.

Am Anfang stand der Kindergarten. Meine Kindergärtnerin war grossartig. Ich habe sie für ewig in mein Herz geschlossen. Sie hatte ihre liebe Mühe mit mir und den 120 „Zielformulierungen" aus der „Übersicht zum Lehrplan Kindergarten": Selbstkompetenz, Sozialkompetenz, Sachkompetenz. Die Liste hing lange an der Küchentür. Gott sei Dank konnte ich wie die anderen Kindergartenkinder am Anfang noch nicht lesen. Nicht ganz auszuschliessen, dass wir Kinder in Panik geraten wären: 120 Ziele!

Am liebsten wäre ich gleich in die Schule gegangen. Natürlich zusammen mit meiner Kindergärtnerin. Man hat es ihr und mir leider nicht erlaubt. Meine „Lernstandserfassung" im Mai 2008 scheint nicht überzeugt zu haben. „Die geschriebene Zahl ist als Gestalt noch nicht ganz erfasst." *Immerhin konnte ich rechnen.*

– Keine Chance: Kleiner Max, warte noch ein Jahr!

Ein Jahr später kam dann der „Übertrittsbogen". Ich könne meinen Vornamen „Max" schreiben. Die Strichführung sei jedoch schwach. Meine Strichführung ist bis heute schwach. *Immerhin konnte ich lesen.*

– Egal, Ich kam in die Schule. Alles wird gut, sagte ich mir.

Doch meine Hoffnungen waren wohl zu hoch gegriffen. Schon der Anfang erwies sich als eher langweilig: Jede Woche erlernten „wir", die Schüler meiner Klasse, *einen einzigen* Buchstaben; dabei konnte ich inzwischen, wie mehrere in der Klasse, bereits mühelos lesen.

– *Und zu Beginn des Vormittags zählten wir bis zwanzig, Tag für Tag.*

– Nur das Morgengebet war noch langweiliger. Das durfte ich mir allerdings ersparen. Gott ist wohl auch froh, dass ich darauf verzichte. Millionen Gebete jeden Morgen! Ich frage mich, wie Gott das aushält. Vielleicht hat er sich längst aus dem Staub gemacht. Ich würde das verstehen.

Jeden Morgen bis 20 zählen? *Nach zehn Wochen dachte ich, genug gezählt.* Und nahm Platz in der *zweiten* Klasse, trotz meiner sanftmütigen Lehrerin, die alles versuchte, mich trotz dieser gähnend langweiligen Zählübungen bei Laune zu halten. Ich habe es kaum übers Herz gebracht, mich von ihr zu trennen.

– Vermutlich war sie wie ich ein Zahlenzähl-Opfer: Auch sie musste ja jeden Morgen bis 20 zählen. Meistens mehrmals. Und vielleicht ein ganzes Leben lang.
– Andererseits: Ihr Schicksal ist selbstgewählt. Ich dagegen war *Zwangszahlenzähler*.

Ich durfte zu meiner Verblüffung bleiben, in der zweiten Klasse. Die „schulpsychologische Abklärung" hat es gebracht. Doch es kam, wie es wohl jeder erlebt hat. Denn jeder war schliesslich auch mal Schüler: Wir durften jetzt bis hundert zählen, jeden Morgen, 20 Minuten lang.

– Amnesty International sollte sich mal kümmern. Millionen Kinder sind betroffen. Versuchen Sie mal, eine Woche lang jeden Tag bis 100 zu zählen, und zwar in schleppendem Tonfall, Nichts überstürzend!
– Ich gebe zu, viele könnte es allerdings noch schlimmer erwischen als mich: Manche lernen, sagen meine Eltern, den Koran auf Arabisch auswendig. In einer Sprache, die sie vielleicht nicht einmal verstehen. Sofern sie überhaupt in die Schule dürfen.

Inzwischen interessierten mich Zahlen mit vielen Nullen. Gerne hätte ich der neuen Lehrerin gesagt, dass zehn hoch zwölf eine Billion ist[35]. Aber meine Eltern murmelten etwas von „Respekt" und „Anstand". Die Lehrerin wüsste das ohnehin.

– *Anstand besteht eben auch darin, sich dumm zu stellen.* Sonst sei, so wird behauptet, die eigene Kindheit in Gefahr.
– Man kann es drehen und wenden, wie man will: Ich habe dasselbe Problem wie alle meine Kollegen: die Schule. Zwei Jahre lang wurde ich gezwungen, fast jeden Morgen zu erscheinen. Es ist wie bei einer Soap-Oper: Es hört nie auf.

Ich nahm in der dritten Klasse Platz, nach einem halben Jahr. Ich vertraute auf die „Abklärung". Zu Recht, wie sich zeigte.

***

35 Eine Billion ist – anders als im Englischen – eine Million Millionen.

Also, ich denke nach. Mehrere Minuten. Hier mein Ergebnis: *Viel Zeit für wenig.* Fürs Lesen und Rechnen brauche ich die Schule nicht. Der PC genügt. Was mir sonst geblieben ist, lässt sich auf wenigen DIN A4 – Seiten zusammenfassen. Aber wie hätte ich abkürzen können? Mein Antrag, gleich in die *sechste* Klasse zu kommen, wurde rundweg abgelehnt. Ohne auch nur mit mir zu reden. Obwohl ich nach einem Jahr Schule ein Superzeugnis gekriegt habe, und zwar das der *dritten Klasse*.

- Also, ich musste, gegen meinen Willen, in die *vierte*. Meine Eltern sorgten für eine zweite „Abklärung“. Nach der guten Erfahrung mit der ersten.

Ich weiss am besten, was mich langweilt: Es ist die Schule. Kinder, denen nicht alles siebzehnmal erklärt werden muss, müssen lernen, die Langeweile zu ertragen. Ohne die gute Laune zu verlieren. Um das zu lernen, kann es schon mal mehrere Jahre dauern.

Wie gesagt, man kann es drehen und wenden, wie man will: *Mir wurde viel Zeit gestohlen.* Meine knappe Zeit wird auch jetzt für Aktivitäten genutzt, die ich gerne vermeiden möchte. Zum Beispiel den Aufbau verschiedener Mollusken auswendig zu lernen oder gotische Kathedralen zu besichtigen.

- Meine Eltern sagen: Andere werden ausgenutzt, du nicht: Die Näherinnen in Bangla Desch beispielsweise müssen für 5100 Taka pro Monat arbeiten. 12 Stunden am Tag. Jeden Monat wird das im Fernsehen vorgeführt. (5100 Taka sind 57 Franken.)
- Gott sei Dank kann ich nicht nähen. Doch jetzt droht Gefahr: Das Unterrichtsfach „Textiles Gestalten“.
- Und Gott sei Dank wohne ich nicht in Bangla Desch. Die Mathe könnte ich mir an die Backe schmieren. Andererseits: Die Näherinnen können vielleicht den Krempel hinschmeissen, aber meine Zeit ist weg. Unwiderruflich.
- Was meine Eltern sagen, gibt dann doch zu denken. Immer wieder brechen Gebäude, vollgepackt mit Hunderten von Näherinnen, in sich zusammen. Zuletzt vor einem Jahr: 1’138 Tote. Die Modefir-

men haben, wie die NZZ[36] berichtet, noch keinen Rappen gezahlt. Auch keinen einzigen Taka. Da soll es mir noch Spass machen, ein T-Shirt von H&M anzuziehen?

– Die NZZ ist die Lieblingszeitung meiner Eltern. Ich selber habe den *Mon Quotidien*[37] abonniert, die französische Zeitung für Jugendliche, und zwar deswegen, weil die Zeitung eine Ausgabe über mich gemacht hat (Kap. 22). Jetzt weiss ich, sie ist hundert Mal so spannend wie die NZZ.
– Die meisten Mädchen in Bangla Desch verlassen, so die NZZ, nach 5 Jahren die Schule. Ich fürchte, weil sie zum Nähen gezwungen werden. Kein Wunder, dass sie aus Protest Socken nähen, die schon vor oder spätestens nach dem ersten Tragen Löcher haben.
– Und jedes Jahr steht das halbe Land unter Wasser, auch die Hauptstadt, die alleine mehr Einwohner hat als die Schweiz. Und es wird behauptet, dass kaum eine Näherin schwimmen kann. Da lobe ich mir das Schweizer Schulsystem: Schwimmen, Eislauf, Skifahren, Kochen. Nur über das Textile Gestalten sollte nochmals nachgedacht werden. Nicht viele werden nach der Schule Textilien gestalten.

***

In jeder Schweizer Schule gibt es die „integrative Förderung“. Sie ist auch für meine „Förderung“ zuständig. Doch mir wird keine richtige „Fördermassnahme“ angeboten. Ich werde mit lustigen Wortspielen sowie Ratschlägen zu meiner „sozialen Entwicklung“ betreut. Total überflüssig: Meine soziale Entwicklung macht von alleine voran. Wie die der meisten Kinder.

Dann kommt noch die Kinesiologie ins Spiel, eine etwas seltsame Methode, gesundheitliche oder psychische Störungen aufzufinden. So nach dem Motto:
– *Maximilian interessiert sich zu sehr für Mathe. Man sollte seine psychische Gesundheit überprüfen.*

36 Neue Zürcher Zeitung. Die grösste Tageszeitung der Schweiz.
37 Play Bac Presse, 75140 Paris. Siehe: www.monquotidien.fr.

„Klingt ein klein wenig wie Voodoo in der Schule?“, murmelt mein Vater. Die Schule sei seiner Meinung nach eher der „Aufklärung“ verpflichtet. Erst ein Jahr später, im Gymi, verstand ich, was er sagte. Als ich es mit *Montesquieu* zu tun bekam.
Schliesslich empfehlen meine Eltern, die „integrativen Massnahmen“ doch vornehmlich Schülern zukommen zu lassen, die in Echt mit Problemen zu kämpfen haben.

- Denn ich sei kerngesund. „Probleme“, schulische wie soziale, und „gesundheitliche Störungen“ seien weit und breit nicht auszumachen.

Die integrative Förderung meint es gut mit mir, doch sie war ein Reinfall. Ein zu rasches Fortkommen in der Schule sei meiner „ganzheitlichen Entwicklung abträglich“ (Zitat). Mir klingt es, als würde die integrative Förderung auf die Bremse treten. Und meine mathematische Entwicklung blockieren.

- Er interessiert sich zu sehr für Mathe. Wo bleibt seine Ganzheitlichkeit?

Das muss ich ja nicht unbedingt verstehen. Die IF-Lehrerinnen leben vermutlich weniger in meiner Welt. Sie kümmern sich, so nett sie sind, zu selten um den Hauptsatz der Differential- und Integralrechnung. Sondern vorwiegend um mein seelisches Befinden. Der Hauptsatz ist nicht ganz ohne, da könnte ich Unterstützung gebrauchen. Mein seelisches Befinden stellt sich dagegen auch ohne IF ein.

Mit dem Hauptsatz stosse ich in der Schule und bei der IF, wie gesagt, auf wenig Anklang. Also habe ich es mit Schach probiert.

- Meine Eltern spendierten der Schule jede Menge Schachbretter und Schachfiguren, Fide-tauglich, und ich hielt einen Vortrag in der Schule zu den einfachsten Schachregeln und Taktiken[38]. Als zusätzliche Spende gab es ein interaktives Programm für Kinder zum Erlernen von „Schachstrategien". Dazu Eröffnungslehre und Endspielkombinationen. Und mein Vater führte die Verdoppelung der Reiskörner vor. Ab Feld 7 wurden die benötigten Körner nicht mehr gezählt, sondern nur noch geschätzt. Wenige Felder später gingen meinem Vater die Körner aus.

Alles gegen die Zusicherung, als erste Arbeitsgemeinschaft in der Schule einen Schachclub zu eröffnen. Ich bewarb mich als Tutor des Clubs. Der Schachclub sei ein erstes „Enrichment" in meiner Schule, wie mir gesagt wurde. Ich schaute mal bei Wikipedia nach: *Enrichment* ist „ein pädagogisches Modell zur Förderung von begabten, interessierten und engagierten Schülern". Vielversprechend, auch für mich!

- *Der Schachclub tagte kein einziges Mal.*

Meine Eltern sagen, die Schule müsse sich an die Mehrheit wenden.

---

38 Die Fide („World Chess Federation") ist, mit 170 Mitgliedsstaaten, eine der grössten Sportorganisationen der Welt. Sie schreibt Grösse und Form der Schachbretter und Schachfiguren vor.

Die Mehrheit scheint nicht so gerne in meiner Welt zu leben. Nicht einmal, wenn es um Schach geht.

KAPITEL 2: DIE PROFESSORIN KOMMT

12. Jan. 2012: Heute wird der Schultrott unterbrochen. Meine Eltern haben eine Professorin eingeladen, die Bücher zur „Akzeleration" schreibt. Bei der *Akzeleration* geht es darum, der Langeweile in der Schule zu entkommen, indem man mal eine Klasse überspringt. Das habe ich inzwischen schon zweimal probiert. Und jetzt ist der *Dreisprung* angesagt. Denn ich weiss inzwischen: Die Langeweile wird meist nur auf ein höheres Niveau gehoben.

- Trotzdem ist der Dreisprung nicht umsonst: Eine Klasse übersprungen – ein Jahr der Langeweile eingespart.

Meine Aufgabe besteht heute darin, die Stühle im Singsaal für das interessierte Publikum aufzustellen. Zum interessierten Publikum gehören auch alle Lehrer und Lehrerinnen meiner Schule. Dann der Vortrag[39]: Die Professorin heizt den Teilnehmern ganz schön ein, mit 90 Folien.

- Die Schule könne zur „psychischen Folter" werden, zumindest für diejenigen Kinder, denen man nicht alles siebzehnmal erklären müsse. Auch wenn ich mich nicht gefoltert fühle:*Die Kinder, die keine langen Erklärungen brauchen, bilden eine Minderheit ohne Minderheitenrechte.*

Die Professorin – eine streitbare Frau aus dem hohen Norden. Es gibt noch echte Heldinnen.

- Meine Eltern sagen: Es müssten genauso viele Kinder Klassen überspringen dürfen, wie zum Sitzenbleiben gezwungen werden. Es gebe nicht mehr schulisch Minderbegabte wie schulisch Hochbegabte. Das sei tausendmal nachgeprüft worden. Die Lehrpersonen wüssten das.

---

[39] Siehe z.B.: Annette Heinbokel, *Akzeleration. Hochbegabte.* (Individuum – Schule – Gesellschaft, Band 11), LIT-Verlag 2009.

- *(„Lehrpersonen“:* Noch nie hat eine Schülerperson ihren Lehrer/ihre Lehrerin mit „Hallo Lehrperson“ begrüsst. Im nächsten Deutsch-Aufsatz trete ich zur Probe als „Schülerperson“ auf; mal sehen, was meine Deutschlehrperson dazu zu bemerken hat.)
- Ich kenne einen Vorschlag, die „sprachliche Sülze“ (meine Eltern) zu bereinigen: Man verwende immer und immer die weibliche Form. Dann ist man das Problem los und kann sich wieder mit sinnvollen Tätigkeiten beschäftigen, z.B. mit Minecraft. Wer sich an der Anrede *„Sehr geehrte Herr Professorin“* stört, sollte sich mal die Alternative ausmalen: *„Sehr geehrte Professorperson“*.
- Woher ich den Vorschlag kenne? Die Fachhochschule Kiel machte aus *Schillers* „Alle Menschen werden Brüder“ zum Vergnügen der Studentinnen: „Alle Menschen werden Geschwister“. Doch weniger zum Vergnügen meiner Eltern. Eine Silbe mehr! Was Beethovens Neunte betrifft, müsste man noch eine Note dazwischenmogeln. Hoffentlich fällt man nicht aus dem Takt. Eine Zeitlang habe ich jeden Tag „Alle Menschen werden Brüder“ aufgelegt. Es beginnt zwar ganz anders: „Freude, schöner Götterfunken“. Bis heute frage ich mich, wer der „schöne Götterfunke“ ist.
- Liebe Leserperson, blicken Sie bitte über meine männlich/weiblichen Fehler der vorstehenden Seiten hinweg. Solche Fehler kommen im Folgenden nicht wieder vor.
- *Kommen wir zum Wichtigen: Minecraft hat ein Spiel aus grauer Vorzeit abgelöst. Manche erinnern sich noch an seinen Namen: Lego.*
- Man setzt Plastikklötze zu unfertigen Gebäuden zusammen. Unfertig deswegen, weil es immer zu wenig Klötze gibt. Während der Bauphase werden die Eltern zum nächsten Spielwarenladen geschickt, um Plastikklötze-Nachschub zu kaufen. Aber es reicht nie.
- *Minecraft* ist ein Lego im PC, ein Open-World Computerspiel. „Open-World“ meint, dass ich mich frei in der Spielwelt bewegen kann: Und frei in meinen Entscheidungen bin. Das Spiel ist nicht leicht zu erlernen. Es gibt keine Anleitung. Man muss alles selber

herausfinden. Aber es gibt angeblich über vier Millionen Videos zu Minecraft auf Youtube.

– Ich kann in wenigen Minuten ganze Städte und Fabriken bauen. Und zwar aus Ressourcen, die ich durch „Mining“ gewinne: Ich buddele Erze aus unterirdischen Minen und säge Bretter aus Bäumen. Es gibt zwei Spielmodi, eins mit unendlichen Ressourcen, eines mit begrenzten. Im zweiten Fall muss ich mich z.B. auf die Suche nach weiteren Klötzen machen. Lego lässt grüssen. Die von mir gebauten Fabriken arbeiten dann für mich, um weitere Baumaterialien, z.B. Werkzeuge, Transportbänder oder elektrische Kabel, zu fabrizieren. Ich stelle meine Versorgung mit Nahrungsmittel durch Säen, Ernten und Tierzucht sicher. Und ich treffe auf andere Bewohner, mit denen ich Handel treiben kann.

– Von mir erstellte Minecraft-Wohnungen sind infolge meiner Ressourcen super ausgestattet. Sie haben Türen, die man mit Fernbedienungen öffnen kann, Lichter, die man programmieren kann, und Computer, die echt rechnen können. Im Spiel.
– Die Computer gehören nicht zur Basis-Ausstattung; sie sind ein Mod. Mods sind, wie geschrieben, Erweiterungen, die von Minecraft-Spielern entwickelt werden. Weltweit werden hektisch Mods programmiert. Ich kann beispielsweise Helium-Atome aus Protonen, Neutronen und Elektronen mit einem solchen Mod herstellen. Um mit dem Helium einen Fesselballon zu füllen, mit dem ich über „meine" Stadt schwebe. Natürlich nur im PC.
– Ich kann mich mit anderen Spielern übers Internet zusammenschliessen. Dazu muss ich – oder mein Partner – einen eigenen Server benutzen.
– Und ich kann auch mit „Redstone"-Kabeln, die Signale übertragen, „reale" Motoren und Roboter steuern, solche aus der ersten Welt.
– Kein Wunder, das Minecraft 35 Millionen Mal verkauft wurde. Alle Schüler meiner Klasse spielen mit, sogar im Tv-Unterricht. (Allerdings keine einzige Schülerin.) „Tv" bringt den Jugendlichen Word, Powerpoint und Excel bei. Für mich eher alte Hüte.
– Auch Lego könnte wieder auf die Beine kommen. Seitdem Lego-Männchen in den Animationsfilmen herumlaufen[40].

***

Zurück zum Vortrag der Professorin: Die Diskussion mit den Lehrpersonen ist auffallend kurz, und der Applaus bleibt verdächtig dünn. Ich sitze als Fragezeichen in der ersten Reihe. Dreitausend Franken umsonst versenkt[41]. Dafür hätte ich einen Mac Pro bekommen.

40 Nachträgliche Anmerkung des Ghostwriters: *Weltspitze der Spielzeughersteller: Lego schlägt Barbie*, Spiegel online, 4.9.2014.

41 Honorar und Spesen der Professorin.

Auch meine Eltern sind enttäuscht. Doch wahre Elternpersonen geben nicht auf. Und so sagen sie, es sei nicht aller Tage Abend. Vielleicht nicht.

– Aber mein Problem beginnt nicht am Ende aller Tage, sondern doch viel eher, nämlich morgen zu Schulbeginn.

Meine Eltern hatten allerdings schon früh ein Einsehen: Wir machten unsere eigene Schule. Am meisten gefiel mir die Mathematik, und schon an 17% der Tage meines langen Lebens trat ich abends vor der Tagesschau zur Mathe-Diskussion an.

– Ein jeder mault, mit der Mathe habe er Nichts am Hut. Das gehört zum guten Ton. Die Leute wissen gar nicht, was ihnen entgeht. Die Erde hat 200 Länder, die Mathe aber 200 Tausend. *Mir jedenfalls hat sie viele Abende verschönt.*

Zwar begann der Mathe-Kurs, was mein Alter betrifft, eher spät; ich war schon sieben. Andere springen in dem Alter schon den doppelten Rittberger auf dem Eis. Oder spielen Rachmaninoff auf dem Klavier.

– Bei Youtube können wir eine dreijährige Chinesin im Babystuhl bewundern, die den Rubik's Cube in 45 Sekunden löst. Da komme ich gewiss nicht mit. Oder eine Sechsjährige im schicken Schlafanzug, die den Cube nach kurzer Besichtigung blind in Ordnung brachte, in zwei Minuten.

Meine Eltern sagen: Wohl eher stumpfsinnige Dressuren. Man könne bei Youtube auch einen Roboter anklicken, der den Cube in 5 Sekunden schafft („Robosolver"). Naja, der menschliche Weltrekord beträgt auch nur 5,66 Sekunden.

Ich für meinen Teil warte, bis dem ersten Elefanten die Integralrechnung andressiert wird. Gerne stelle ich ihm einige trickreiche Übungsaufgaben.

– Im Fernsehen trat ein Fussballtalent auf, *Bryce Brites,* der von dem belgischen Club Racing Boxberg engagiert wurde[42]. Total niedlich, der neue Star. Denn er ist erst 20 Monate alt. Da fühle ich mich mit meinen 10 Jahren schon als Methusalem.

---

[42] Siehe z.B.: www.spox.com/de/sport/fussball/international/1312/News.

– Sein Vorteil gegenüber mir ist: Er kann die Hand aufhalten. Sofern er das schon kann. Mir zahlt dagegen niemand etwas. Ausser Aline. Sie denkt, dass es nicht nur auf Sport und Musik ankommen sollte.
– Bestimmt diktiert Bryce bereits seine Memoiren, auch wenn es mit dem Schreiben noch etwas hapert. Meine Memoiren sind also längst überfällig.

Doch meine Eltern sagen, zu früh sei zu früh, insbesondere, was Bryce betrifft. Kleinkinder bräuchten Nahrung, Wärme, Zuwendung und Liebe, aber kein Frühenglisch. Und kein Frühfussball.

– Als Kleinkind freute ich mich über Nahrung, Wärme, Zuwendung und Liebe. In der Tat: Frühenglisch konnte mir gestohlen bleiben. Von Frühmathematik ist ohnehin nie die Rede.

Inzwischen habe ich, gegenüber den ultraschlauen Kleinkindern, ganz schön aufgeholt. Zumindest was die Mathematik angeht. Zum Beispiel die Eigenvektoren von Endomorphismen[43]: Da macht mir keiner etwas vor, ob Kleinkind oder Erwachsener. Mal schauen, wie die dreijährige Rubik-Chinesin vorankommt. Und wann sie mich in der Mathematik überholt.

***

Ich denke, die kleinen Chinesinnen haben Spass an ihrem Cube. Es gibt aber auch beliebig viele Spielregeln, die nicht nur Spass machen. Sondern die anscheinend auch noch einen Nutzen haben. Nehmen wir ein sehr einfaches Beispiel, die *„Oktonionen"*.

– Ihnen ist im neuen *Spektrum der Wissenschaft* „Vom Higgs zur Quantengravitation"[44] ein Kapitel gewidmet. Endlich mal eine lohnende Ausbeute beim Shopping. Das ist selten, Shopping ist meist todlangweilig. Die Oktonionen seien die „merkwürdigsten" Zahlen, sagt das Spektrum: Sie seien dennoch ein Schlüssel zu der Frage, wie viele Dimensionen das Universum habe. Als könn-

[43] Lineare Abbildungen zwischen einem Vektorraum und sich selber. Thema des 1. Universitätssemesters Mathematik.

[44] Spektrum der Wissenschaft Spezial, 1/2013.

te die Mathematik eine solche Frage beantworten. Ein Fernrohr scheint es aber auch nicht zu tun.

- Bei der Weiterfahrt nach dem Shoppen kommt es zur Diskussion. Umgekehrt werde ein Schuh draus, sagt mein Vater. Die Mathematik bestehe aus „eleganten geistigen Maschinen", die man gerne auf das anwenden könne, *was man vorab schon weiss.*
- Jedenfalls sind die Oktonionen eine uralt-Geschichte, selbst für mich. Tiefes 19. Jahrhundert. Damals waren die Leute ganz aufgeregt, dass es derart „exotische" Zahlen gibt. Heute kräht kein Hahn mehr danach. Sie sind zu einer Übungsaufgabe des Mathe-Studiums abgestiegen.
- Dennoch braucht der Artikel zu meiner Enttäuschung fast 80% seines Textes, um die Oktonionen einzuführen. Zuungunsten der Physik.
- Ich habe sie bereits in meinem zarten Alter im Mathe-Kurs kennengelernt, als Ergänzung zu den komplexen Zahlen und zu den Quaternionen[45]. Man kann die Oktonionen wie „echte" Zahlen addieren und multiplizieren; zu jeder Zahl gibt es einen Partner, sodass die Summe Null ergibt; ist die Zahl nicht gerade die Null, so hat sie auch einen Partner, sodass das Produkt die Eins ergibt. Man kann aber bei der Multiplikation die Faktoren nicht vertauschen, und bei der Multiplikation von drei Zahlen kommt es darauf an, welche beiden zuerst multipliziert werden. (Nur zum Sagen, damit jeder weiss, wovon die Rede ist.) Kurz in mathematischer Sprache: Es geht um eine „Multiplikation im achtdimensionalen Raum mit Inversen, verträglich mit der Vektoraddition, jedoch leider ohne Assoziativität und ohne Kommutativität": 18 Wörter. Mehr braucht's nicht.
- Wenn die Oktonionen „die Symmetrien auf der Ebene der Elementarteilchen" beschreiben, dann sei das Universum elfdimensional. Sagen die Autoren. Da hat das Universum nochmals Glück gehabt, denn seit mehr als 60 Jahren weiss man, dass in höheren Dimensionen in mathematischer Hinsicht Nichts zu holen

[45] Multiplikation im vierdimensionalen Raum. Siehe auch Kap. 25.

ist, was z.B. die Multiplikation angeht[46]. Wäre es anders, würde sich das Universum vor lauter Dimensionen in sich selber verirren.

KAPITEL 3: EIN HALBER SIEG

06. März 2012: Dritter Anlauf; ich lasse nicht locker: *Round Table* mit der Rektorin meiner Schule, und einer Delegation des Gymnasiums Immensee, inklusive dessen Rektors, und meinen Lehrern/Lehrerinnen, meinen Eltern sowie den Vertreterpersonen des *„Psychologischen Dienstes".* Das ist ein Dienst des Kantons.

- Der Psychologische Dienst „klärt", wie ich ja selbst erlebte, die Schulkinder „ab". Das läuft oft darauf hinaus, den Schulkinderpersonen mitzuteilen, dass und warum sie in der Schule nicht zurechtkommen.
- Wer zum psychologischen Dienst muss, hat häufig schon verloren. Es geht darum, ihm/ihr die Schulunfähigkeit amtlich zu bescheinigen. Seine/ihre Schulkolleg(en)/innen wissen dies zu würdigen, diese offizielle Überreichung des Ordens für erwiesene Schul-Untauglichkeit. Nur Auswandern kann da noch helfen.
- Häufig trifft es gerade die Begabten, sagen sogar meine Lehrpersonen. Weil sie vor Langeweile aufgegeben haben. Die Selbstachtung lässt ihnen kaum eine andere Möglichkeit (Kap. 11). Zweifellos würden sie sich liebend gerne mit Trigonometrie oder Albert Camus herumschlagen, aber solche nützlichen Aktivitäten sind nicht an der Tagesordnung.

Ich verfolge jetzt eine andere Strategie, statt der bisherigen „Akzelerationen": *Mach' dich aus dem Staub, so rasch wie möglich,* so lautet meine Devise. Nichts gegen die Primarschule. Sie verhält sich so, wie es die Mehrheit ihrer Schüler/innen möchten. Meine Eltern

---

[46] Es gibt keine geeignete Multiplikation in höheren als acht Dimensionen. *Geeignet* meint, eine mit *multiplikativen Inversen.* Diese Sache ist allerdings schwieriger zu formulieren, zu verstehen und zu beweisen als zu zeigen, dass es die Oktonionen gibt.

sagen, die Schweiz könne froh über ihr Primarschulsystem sein. Ich aber scheine mich weniger für die Primarschule zu eignen.

Mal sehen, was mir die neue Strategie heute bringt.

Mein Vater hat den Leitfaden *Begabte Kinder an unseren Volksschulen* der „Dienststelle Volksschule des Kantons Luzern" ausgegraben. Es ist vom „Teufelskreis der Unterforderung" die Rede. Die Dienststelle hat es auf den Begriff gebracht. Super Formulierung!

– *Kein Zweifel, ich stecke im Teufelskreis der Unterforderung. Holt mich hier raus!*

Als Objekt der lebhaften Diskussion, zwar ohne Rede- oder Stimm-Recht, komme ich diesmal wider Erwarten auf meine Kosten: Die Rektorin wie auch mein Klassenlehrer erweisen sich als Anwälte zu meinen Gunsten. Sie reden mit Engelszungen.

Die Dienststelle stellt fest: „Auch jene Kinder und Jugendlichen haben *ein Recht auf Förderung*, die zu „weitergehenden Leistungen" fähig sind, *deren Leistungsvermögen nach oben offen ist.*" Meine beiden Anwälte wissen, dass das eher nur schöne Worte sind. Sie geben offen zu, *dass meine Schule dieses Recht nicht verleiht.* „Es fehlen die Ressourcen."

Hätte ich keine Schoko-Bons im Mund, mir würde die Kinnlade herunterfallen. Auch meine Eltern sind perplex.

– Das Leben steckt eben auch voller positiver Überraschungen. Nur das Erscheinen des Erzengels Gabriel hätte mich noch mehr verblüfft als der Beschluss der Experten: *Ich darf die sechste Klasse einsparen.* Meiner Kenntnis nach ist der Erzengel im Jahre 610 letztmals erschienen. Aber er hat ja noch Millionen Jahre Zeit.
– Mein stärkster Verbündeter ist mein Klassenlehrer. Zitat von Anfang Jahr: „Leider habe ich feststellen müssen, dass Maximilian an der Schule Meierskappel *nur sehr bedingt* gefördert werden kann." Ein unschlagbares Argument, bedenkt man die Devise der Dienststelle Volksschule. Der Klassenlehrer liess sich nicht abwimmeln. Und so musste die Delegation des Gymi anrücken.

Also tatsächlich, heute ein halber Sieg dank meiner beiden schulischen Anwälte: *Ich darf aufs Gymi gehen,* wenn auch erst zum Schuljahresende. Gott wird meine beiden Anwälte segnen, sofern er sich nicht aus dem Staub gemacht hat. Mögen Rektorin und Lehrer den Schulkindern noch hundert Jahre erhalten bleiben! Ihre pädagogischen Ansichten sind supersympathisch. Und Ihre Überzeugungskraft hat überzeugt: Die Delegation des Gymi lässt sich mitreissen. Sie haben sich ein Herz gefasst.

Weihnachten ist Nichts gegen dieses Round Table.

Champagner! Gut, gut, ich bekomme nur einen gelblichen Saft, angeblich Champagner für Kinder.

– Ein Kind, das den Schwindel nicht durchschaut, hat dieses eklige Gesöff wahrlich verdient. Für wie blöd halten uns die Erwachsenen manchmal eigentlich?

Egal: *Ich bin jetzt acht Jahre alt und gehe einer glänzenden Zukunft entgegen.* Neue Fächer! – und Geografie auf Englisch!, und Freifächer wie Astrochemie!, und höhere Mathematik! Wer kann sich mehr wünschen? Höchstens der Wunsch nach einem Mac Pro kann da noch mithalten.

Bald sind Sommerferien: Noch nie habe ich mich auf ihr Ende gefreut. Aber jetzt! Zur Vorsicht setze ich mich in Englisch und Französisch schon mal in die Sechste. Getreu dem *Gleichnis der 10 Jungfrauen* (Matthäus 25, 1–13): Sei nicht töricht und sorge vor. In meinem Fall ist nicht mal göttliche Eingebung erforderlich. Um zu wissen, was zu tun ist. Die Fremdsprachenlehrerinnen machen mit. Gott wird auch ihre Haltung zu würdigen wissen. Und wenn er es nicht tut, dann zumindest ich.

– *Ich bin erst acht. Manche sagen, ich sei zu jung fürs Gymi. Aber meine Eltern sagen: Es ist nie zu früh.*

„Denn wer zu spät kommt, den bestraft das Leben.“ Das soll ein Politiker namens Gorbatschow gesagt haben, wer immer das ist. Ich bin mir nicht ganz sicher, ob er das Gymi gemeint hat.

***

Umgeben von pfiffigen Mädels

Kapitel 4: Nati

Von meiner Geburt an engagierten meine Eltern die liebenswertesten Aupairs. Vermutlich, weil sie ungern Kinderwägen schieben und später dann mit mir auch nicht Basketball spielen wollten. Dabei haben sie einen Basketball-Platz vor dem Haus eingerichtet. Eine Einladung an die Aupairs.

– Zur Not musste mein Grossvater herhalten. Er schob mich im Kinderwagen durch die halbe Schweiz. Ich war und bin ein Muster von Geduld. Doch was zuviel ist, ist zuviel. Wenn ich dann nach Milch krähte, so stärkte er meine Moral: „Halte durch, Junge." Das klingt mir bis heute in den Ohren.

Die Aupairs kamen aus allen Kontinenten, von Australien über Afrika und Südamerika, aber auch aus Europa. Bedingung war, sie mussten sich an einer Schweizer Uni einschreiben. Und ernsthaft studieren. Denn viel Arbeit gab es nicht für sie.

– Und Däumchen-drehende Mädchen im eigenen Haus sind schwer erträglich. Das habe ich selber feststellen können.

Nati war mein letztes Aupair. Danach war endgültig Schluss.

Wachablösung – Nati kommt

– Das Problem mit den Aupairs ist: Ständig wollen sie mich betreuen. Meist mit randständigen Aktivitäten wie Vorlesen, Basteln, Fussballspielen und ähnlichem. Dabei verliere ich durch die Schule schon Zeit genug. *Auch wenn ich sozial eingestellt bin: Ich kann den Aupairs nicht beliebig viel Zeit widmen.*

– Meine Lebenserwartung liegt vielleicht noch unter hundert Jahren. Da gilt es, Zeit zu sparen. Wenn ich ewig leben würde, hätte ich keine Einwände gegen unendlich viele Aupairs. Natürlich nacheinander. Ob sie allerdings nach einigen tausend Jahren noch so entzückt von mir sein würden, wie in den bisherigen wenigen Jahren meines Lebens, das weiss der Geier.

Nati studiert Kommunikation und Ethnologie an der Uni Zürich.

– Für eine Weissrussin vermutlich ein gewagtes Studium. In Weissrussland wird, so die NZZ, Kommunikation nicht gerade gross geschrieben. Wer zuviel kommuniziert, den bestraft der Lukaschenko. Er scheint das Sagen zu haben. Ob die Ethnologie anders behandelt wird, weiss ich nicht.

Unsere ganze Familie drückt Nati unsere 6 Daumen.

Nati hat ein grosses Herz. Sie liebt mich und unseren Kater gleichermassen.

– Der Kater heisst Achill, nach einem bekannten Helden aus der Ilias. Durch seine Facebook-Seite hat auch Achill eine gewisse Berühmtheit erlangt.

– Ich habe umfangreiche Kenntnisse vom echten Achill, da mir meine Eltern allabendlich ein Kapitel aus der Ilias oder der Odyssee vorgelesen haben. Unser Achill macht seinem Namen wenig Ehre. Kommt eine Katze aus der Nachbarschaft, und sei sie auch weiblich, nimmt er Reissaus.

– Wir haben ständig Katzenbesuch. Obwohl die Katzentüre elektronisch gesichert ist. Die Katzen wissen das aber offenbar nicht. Sie fegen, als elektronische Ignoranten, durch die elektronische Sperre hindurch. Die Produktionsfirma der Katzensperren wird gewiss von Gutmenschen, Verzeihung: Gutkatzenpersonen, geleitet: gleiches Recht für alle Katzen!

Nati ist künstlerisch begabt. Leider hat sie sich aufs Fotografieren verlegt. Es gibt aber mindestens soviele Fotografen wie Menschen über sechs Jahre. Also Milliarden.

– Denn die Weltbevölkerung scheint die sieben-Milliarden-Grenze überschritten zu haben. Wenn man Wikipedia glauben darf. Das Baby, das durch seine Geburt die runde Zahl $7 \cdot 10^9$ herstellte, kam in jeder Zeitung. Es ist mir ein Rätsel, wie derart genau gezählt werden kann. Denn sekündlich kommen neue schreiende Babys hinzu.

- Viele der Milliarden Fotografen halten sich anscheinend für Künstler. Auch wenn sie noch nie ein ordentliches Foto gemacht haben. Im Meer mülliger Fotos gehen Natis fotografische Kunstwerke sang- und klanglos unter. Nati ist, als Fotografin, ein Pechvogel.
- *Vor* der Kamera ist Nati einfach genial. Sie kann Gesichter schneiden und Posen machen wie keine. Mühelos wurde sie *Blick-Girl* des Monats.
- Das Schauspielern scheint aber auch eine brotlose Kunst zu sein. Sonst hätte ich mich längst als Darsteller für die Milchschnitten-Reklame beworben. Ich wäre total glaubwürdig. Als treuester Konsument.

Wir hätten Nati gerne bei uns behalten. Natürlich nicht als Aupair, das hätte mein Zeitbudget gesprengt. Aber als meine Schwester. Ich wäre begeistert. Mein Vater soll mal die Adoptionsgesetze studieren.

Er sagt übrigens, wer wie Nati zur Uni geht, der sei gut beraten, sonstige ablenkende Aktivitäten beiseite zu lassen. Dasselbe gilt im Falle meines Mathe-Kurses. Tischdecken sollte beiseite bleiben. Nati muss jetzt „zuverdienen“; denn sie ist bei uns ausgezogen, noch bevor ich die Barrikaden gegen ihren Weggang fertiggestellt hatte.

- Ich hoffe, sie kann gleichzeitig studieren und zuverdienen. Ich versuche im Gegensatz zu ihr, alle von der Mathe ablenkenden Aktivitäten wie Gartenarbeit strikt zu vermeiden.
- Meine Mutter besteht dagegen darauf, die alltäglichen Arbeiten seien genauso wichtig wie die höhere Mathematik. Von wegen minderwertig!

Kapitel 5: Roxanne

7. Juli 2012: Es geht nach Südfrankreich. Dort steht unser Ferienhaus, nicht weit vom Strand entfernt. Seitdem wir das Haus haben, stolpern meine Eltern weniger in alten Ruinen und in Museen für moderne Kunst herum: eine Entwicklung, die mir sehr entgegenkommt.

– In Ruinen des Altertums und langweiligen Museen herumzustolpern, das geht nämlich ganz schön auf den Geist. Zumindest, wenn man ein Kind ist. Zur Vorsicht habe ich immer meinen Laptop dabei. Die erste umgestürzte Säule ist mein bevorzugter Platz.

Jetzt ist aber eine neue Zeit angebrochen: Renovierungstätigkeit ist angesagt. Und Einrichten. Meine Mutter liebt die Dekoration, und mein Vater Ölgemälde. Und so sind mehr als ein Dutzend Betten in unserem Ferienhaus aufs Schönste gebettet, und eine dreistellige Zahl von angeblichen Kunstwerken in Öl hängen herum.

– Manchmal leiden meine Eltern unter einem Ruinen-Rückfall. Erst neulich, in Bodrum, durfte ich keinen Sandtempel bauen, es ging nach Didyma statt zum Strand. Ruinen, soweit das Auge reicht. Kein Wunder, dass der Tempel nie fertig wurde[47]. Der Tempel von Didyma war wohl von vornherein als Kinderschreck angelegt.

Südfrankreich: Nati darf natürlich auch mit. Sie liebt den Strand und das Meer.

– Sie kommt, wie geschrieben, aus Weissrussland. Dort gibt es eben keinen Strand und kein Meer. Behauptet der Geografie-Lehrer.

– Das Meer? Ich ziehe, anders als Nati, den Pool vor. Es ist nämlich meistens Sandsturm am Meer. Man wird unvermeidlich gesandstrahlt. Kommt man aus dem Wasser heraus, bleiben die Sandkörner an einem kleben. Nichts für empfindliche Naturen wie mich.

Nati schläft nachts im Freien. Vermutlich wegen der Sterne.

– Ob der Himmel von Weissrussland ständig voller Wolken ist? Meine Mutter sagt zur Erklärung, Nati sei ein Naturkind.

Wir stellen also ein „Muschel-Bett“ im Freien auf, also ein muschelförmiges Etwas. Das ist modernes Design. Doch schon die Venus liebte angeblich Muscheln. Das weiss ich wegen eines Bildes, das

[47] Ab 330 v. Chr. wurde 600 Jahre an dem Tempel gebaut. Er hat nie ein Dach erhalten.

in einem Museum mit endlosen Gängen hängt, ich glaube, in Florenz.

Abends gehen wir dann und wann in den Naudo, einen angeblich „romantischen" Strandclub. Wo man auf dicken Liegen unter Bastschirmen liegt. Um den Sonnenuntergang zu bewundern. Mein Vater ist mehr am Dinner interessiert. Der „Puesch-Haut", ein „Rosé" aus der Region, sei hervorragend, sagt er, und meine Mutter sagt das auch. In Wahrheit ist er ein ekliger Säuerling. Ich habe den Fehler gemacht, ihn zu probieren.

– Auch das Dinner ist nicht gerade kinderfreundlich. Vorwiegend gibt es Fische, direkt aus dem Meer vor uns. Aus einem Meer, in das alle hineinpinkeln.

Die Serviererinnen dagegen seien bildhübsch, sagt meine Mutter. Mag ja sein, was meinen Vater dann zu seltsamen Fehlurteilen verleitet. Wer weiss, ob Intelligenz mit Schönheit zusammenhängt.

– Die „Servierpersonen" sind in der Regel Studentinnen. Echt ärgerlich, dass sie sich im Naudo für wenig mehr als ein Taschengeld von „halbbesoffenen sonnenbrand-geröteten Touris anbellen" lassen müssen. Es ist klar, auf diese tolle Formulierung wäre ich nie gekommen. Sie stammt von meinem Ghostwriter. Der fatale Grund des Anbellens: Niemand bietet einer der Studentinnen einen halbwegs passenden Job an.

Ausser mein Vater natürlich. Er hatte letztes Jahr, wie so oft, sofort einen Trick auf Lager: Gesucht sei eine Studentin als Französisch-Lehrerin für mich. Und so wurde eine junge bildhübsche Studentin engagiert: *Roxanne*.

– Meine Mutter hat Nichts gegen Schönheiten im eigenen Haus, denn sie kann konkurrieren, was Augengrösse bzw. Beinlänge betrifft, und erst recht, was Verstand und Gleichmut angeht. Auch wenn meine Mutter fälschlicherweise behauptet, sie sei doppelt so alt wie Roxanne. Das glaubt ihr niemand, nicht einmal Roxanne.

Roxanne schrieb gerade eine Master-Arbeit an der Universität Montpellier: *Le détournement photojournalistique en art contemporain.* Ich verstehe schon den Titel nicht. Jetzt ist das Buch fertig. Seine

Entstehung folgte einer, mathematisch gesehen, geometrischen Sequenz: Im ersten Monat 6 Seiten, im zweiten 12, im Dritten 24, und im letzten vor der Abgabe 48. Es ist klar, nur mein Vater wird sich an die Lektüre wagen. Sobald Roxanne ein Exemplar liefert. Das kann dauern.

– Die schlimmsten Vorurteile halten sich am Längsten, wie die „Blondinen"-Witze. Roxanne ist jung und blondinisch, aber sie schreibt ein wichtiges Buch. Leider geht es weit über meinen Horizont hinaus. Gerne warte ich noch 50 Jahre mit der Lektüre.

Das Buch von Roxanne ist, wie aufgrund des Titels zu erwarten, nicht leichter zu lesen als der *Ulysses* von James Joyce. Ich kann vergleichen. Du weisst, wegen der Komma-Setzung.

– Zum Ulysses: Trotz Unlesbarkeit ein interessantes Anschauungs-Material: James Joyce schreibt im letzten Kapitel acht Sätze von zusammen wohl 40 Seiten Länge, geschätzte 20 000 Wörter, ohne ein einziges Satzzeichen. Was die Komma-Setzung betrifft, hat mein Vater den richtigen Griff getan. Ich werde mal meinen Deutsch-Lehrer mit den acht Sätzen konfrontieren. Und alle acht Sätze spielen sich im Kopf der armen *Molly* ab. Sie wird Migräne kriegen. Die meisten Leser werden die fehlende Komma-Setzung nicht mitbekommen. Denn nur wenige kämpfen sich meiner Ansicht nach bis zum letzten Kapitel des Ulysses vor. Vielleicht tun sie das von Berufs wegen. Um das Buch im Fernsehen vorzustellen. Ich gab schon nach wenigen Minuten auf.

– Obwohl ich aus Kindheitstagen ein Experte der Odyssee bin. Aus Kindheitstagen: Meine Eltern glaubten, sie mir zur Schlafenszeit vorlesen zu müssen. Kein Wunder, dass ich nach wenigen Minuten einschlief. *Penelope*, die Doppelgängerin von Molly aus der Odyssee, braucht keine acht Bandwurm-Sätze. Sie fasst sich kürzer und klarer, obwohl Penelope nicht nur einen Tag auf ihren Mann warten musste, wie Molly. Sondern 20 Jahre: „Keiner entfliehe dem blutigen Tode!"[48] (Gemeint sind ihre 108 Freier.) Man

48 Odyssee, Gesang XVII, Vers 547.

merkt schon an den nur vier Wörtern, dass die Übersetzung der Odyssee sehr alt ist. Angeblich über 200 Jahre.

– In moderneren Irrfahrten heisst es jedenfalls kürzer: „Kopf ab!" Dies stammt bekanntlich aus *Alice in Wonderland*: „Off with their heads!" Ein Gegenbeispiel zu der allgemeinen Ansicht, „Alice's Adventures in Wonderland" liesse sich schlecht übersetzen. Man behauptet, das Buch müsse jeder gelesen haben. Da ich ungern lese, habe ich mir die DVD gekauft. Ein Fantasy-Film mit einer „entzückenden Australierin" als Alice-Darstellerin[49]. (Natürlich mein Vater.)
– Eine Erstausgabe der *Alice* brachte vor 15 Jahren 1,5 Millionen Dollar[50]. Ich hoffe, noch eine Versteigerung einer Erstausgabe meiner Biografie zu erleben. Zur Vorsicht werde ich einige Exemplare meines Buches behalten. Die Erstausgabe von Alice ist von allerlei Zeichnungen verziert. Ich werde mal Roxanne fragen, ob sie zu meinem Buch einige Cartoons beisteuert.
– Ach übrigens: Der Autor, *Lewis Caroll*, war Mathe-Professor. Ich frage mich, woher er die Zeit zu seiner Dichtkunst nahm. Mathe kostet enorm viel Zeit. Ich habe kaum Zeit für meine Biografie. Und erst recht zu wenig für Minecraft.

Und was ist jetzt mit dem Buch von Roxanne? Mein Vater ist, wie geschrieben, weltweit wohl der einzige freiwillige Leser. Selbst Roxanne hat kein Exemplar ihrer eigenen Forschungsarbeit. Gott sei Dank gibt es die moderne Elektronik. Wegen Lieferverzugs druckte sich mein Vater selber „sein" Exemplar. Und so gibt es jetzt drei Roxanne-Exemplare: Zwei in den Händen zweier Professoren, und eines bei uns in der Schweiz.

– Mein Vater sagt, er habe schon Dümmeres gelesen. Wer meinen Vater kennt, der weiss, das ist die Note „ausgezeichnet".

***

Roxanne ist ein wahres Multitalent: Sie spielt Schach, Badminton, Uno, Wii, Wasserball, und sie spricht auf Französisch mit mir.

---

49 *Mia Wasikowska.*

50 *Alice's Adventures in Wonderland*, 1865. Es sind noch 5 Exemplare in Privathand.

Vorwiegend deswegen, weil sie kein Wort Deutsch spricht. Meine Französisch-Schulbücher gefallen ihr weniger. Sie sind merkwürdigerweise auf Deutsch verfasst. Dafür schenkte sie mir *Eugène Ionescos* „Rhinocéros“[51], ein Drama von höchster Spannung. Für mich ein Volltreffer! Die Sprache Ionescos muss man erst erlernen, sie sei „surreal“. Doch umso realistischer ist der Inhalt.

- Erster Akt: Ein Nashorn tritt auf und stört das Gespräch der beiden Hauptpersonen. (Es geht um den Sinn des Lebens.) Dabei zertrampelt es eine Katze. Alle sind empört.
- Zweiter Akt: Mme Boeuf erscheint im Büro der örtlichen Zeitung, um ihren Mann zu entschuldigen: Er ist nicht zur Arbeit erschienen. Derweil bricht ein Nashorn in das Erdgeschoss des Verlages ein: Es ist ihr Mann, verwandelt in ein Nashorn.
- Dritter Akt: Immer mehr Menschen verwandeln sich in Nashörner. Eine der Hauptpersonen beginnt mit seiner Verlobten zu streiten: Sie will auch Nashornin werden. Doch er verabscheut Nashörner. Längst sind die beiden von Nashörnern umzingelt. Am Ende gibt es nur einen einzigen Menschen in einem Heer von Nashörnern, natürlich die genannte Hauptperson.

Wer *Rhinocéros* liest, versteht mehr über den momentanen Aufreger Nummer eins, die Krim. 97% der Krim-Bewohner stimmten angeblich für den Anschluss an Russland. War vorauszusehen. Zumindest für die Leser von Rhinocéros. Die Politiker hätten im Französisch-Unterricht besser aufpassen sollen.

- Als Kind sehe ich bei der abendlichen *Tagesschau* sofort: Gespielt wird am Beispiel der Krim das weltweit bekannte Spiel „Räuber und Gendarm“. Die Russen kennen es offenbar auch. Qualitativ hochwertige Spiele setzen sich doch manchmal durch. Für mich dann noch eine Überraschung: Der Räuber gewinnt, obwohl es drei Dutzend Gendarmen gibt.

Roxanne könnte im Übrigen meine Schwester sein. Es steht zu vermuten, dass wir gemeinsame Ururur-Grosseltern haben. Jedenfalls

---

[51] Französische Ausgabe: Klett, Stuttgart 2005. Deutsche Ausgabe: S. Fischer, Frankfurt am Main 1982.

ist sie charmant und schön. Die Mobilität scheint im 19. Jahrhundert grösser gewesen zu sein als allgemein angenommen wird.

Zur Zeit jobbt sie für vierhundert Euro in einer Pariser Galerie. Dort hängen Gemälde für vielleicht vierhunderttausend rum. „La galerie c'est plaisant, l'équipe est très sympathique avec moi."

Wieder einmal provoziert mein Vater eine der für ihn typischen Diskussionen:

- Erhält sie einen Miet-Zuschuss? Damit es wenigstens für einen fensterlosen Kellerraum reicht (in Paris). Und kann sie ins McDonalds essen gehen? (Roxanne braucht nämlich keine Diät.)
- Wer bezahlt nur Vierhundert für ordentliche Arbeit, 10-Stunden am Tag? Und wer bezahlt Vierhunderttausend für ein Gemälde? Vierhunderttausend dafür, dass ein Gemälde den Besitzer wechselt? Kein einziger zusätzlicher Pinselstrich. Geschaffener Mehrwert: Null. Nicht einmal das Abstauben ist inbegriffen.

Meine Mutter sagt, Zurückhaltung sei angebracht, in Frankreich seien wir Gäste.

- Nicht nur in Bangla Desch, vermutlich auch in Frankreich, könnte ich mir, finanziell gesehen, die Mathe an die Backe schmieren. Wie schon geschrieben. *Wer bereit ist etwas beizutragen, z.B. in der Mathe, der bleibt ökonomisch auf der Strecke.*
- Wer Cash liebt, so wie ich, wird Banker. Oder verscherbelt Kunst. Arme Roxanne!

Kapitel 6: Letizia

Endlich in Frankreich angekommen: Gegenüber sind drei Kinder dunkler Hautfarbe eingezogen, zwei Mädchen und ein Junge. Vielleicht aus Somalia? Jedenfalls beneidenswert braun. Meine Mutter sagt, solche Bemerkungen könnten missverstanden werden. Alle Drei ungefähr mein Alter. Mein Vater hat sie mit Milchschnitten, und zwar aus meinem, eigentlich geheimen, Vorrat angelockt. Nach Inspektion unseres Pools verschwinden die Drei blitzschnell – aber nur für wenige Minuten. Sie erscheinen erneut, mit Badehosen/Bikinis, mit Handtüchern, Taucherbrillen und Flossen.

Bald lernen wir den Vater der Drei kennen, ein älterer Herr. Er ist vielleicht schon doppelt so alt wie die Drei zusammen. Dennoch: Selten so wohlerzogenen Kindern begegnet.

– Dabei behaupten selbsternannte Experten, ein hohes Alter der Eltern sei ein Nachteil für die Kinder. Mein Vater ist siebenmal so alt wie ich (seine Behauptung).

Die Älteste heisst Letizia: Was ein Name! Mein Vater sagt, das sei Latein und heisse „Freude". Der Name bringt es auf den Punkt: Ein „schlanker Wildfang mit samtener Haut" (Zitat: natürlich von meinem Vater). Nie war mehr Trubel am Pool wie mit den Dreien.

Letitia

Es folgen ganze Tage im Pool und auf dem Trampolin. „Allez, l'équipe", ruft die Kleinste der drei Geschwister.

– Gott sei Dank hat Roxanne an meinem Schwimmstil gefeilt. Ich hoffe, ich kraule genau so elegant wie sie, Letizia. Sie bewegt sich auf festem Boden wie eine Ballerina. Und sie verliert den Wettlauf mit mir leider keineswegs immer. Obwohl ich drei Monate älter bin. Ansonsten sieht sie aus wie Imam, nur leicht verkürzt. Was sich noch auswachsen wird. Die jungen Männer aus Ostafrika sind bekanntlich die besten Marathonläufer, und jetzt meine Schlussfolgerung: Ihre Schwestern sind die schönsten Models.

Vielleicht werde ich Heidi Klum mal anfragen, ob es ein Mindestalter gibt, um an ihrer Show mitzumachen. Vielleicht nicht. Dann hoffe ich, dass Heidi zu uns nach Südfrankreich kommt, mit all den Fotografen, die sie hinter sich herschleppt. Wegen Letizia.

Letizia kann reden, radeln, rennen. Da ist sie manchem Heidi-Model ganz schön voraus.

Ich gehe davon aus, dass Letizia mich als ihren Manager akzeptieren wird. Ich hoffe, sie ist schon, oder wird bald, ein Fan von mir.

– Und ein einziger Fan ist besser als 5000 Fans, wie die Rose aus dem *Kleinen Prinzen*[52] zeigt. Das sei Justin Biber ins Gästebuch geschrieben.
– Ich habe Letizia das Figaro-Magazin geschenkt, auf dessen Titelseite ich in voller Grösse zu sehen bin. Justin Biber hat es noch nicht aufs Titelbild des Figaro geschafft.

Aline, die mich zu „meiner" Biografie animierte, war allerdings von *L'Illustré*, dem angeblichen VIP-Blatt der französischen Schweiz, inspiriert; vier Seiten und ein Editorial für mich. Eine fragwürdige Ehre, meinen meine Eltern.

– Aber keine Zeile über Justin ist in der Illustré zu finden. Ich denke, mit der Illustré werde ich ihn endgültig abgehängt haben.

Zur Vorsicht werde ich nachlegen und ihr einige LTBs auf Französisch schenken, getreu dem *Gleichnis von den 10 Jungfrauen:* Man muss immer das Öl für sein Lämpchen dabeihaben.

– Die LTBs sind sicher das Richtige. Ich glaube nämlich kaum, dass Letizia auf platte Liebesromane reinfallen wird. Aber ob ich sie für Ionesco begeistern kann, steht in den Sternen. Es wäre der Beginn einer ewigen Freundschaft.

---

[52] Antoine de Saint Exupéry.

Vorläufig spielen wir erst mal Touche-Touche, ein Mix aus Nachlaufen und Verstecken.

– Greg behauptet gleich zu Beginn seiner Autobiografie, er sei von Idioten umzingelt. Hoffentlich erscheint bald der neunte Band dieses Jahrhundertwerkes. Im Vergleich zu Greg habe ich es besser. Ich bin von pfiffigen Mädchen umringt.

Kapitel 7: Lilo

Meine Mutter sagt, es sei wünschenswert, dass ich einen Freund oder eine Freundin hätte, zu dem oder der ich zu Fuss laufen könne. Oder der oder die wenigstens mit dem Fahrrad erreichbar sei. Keine Ahnung warum. Vielleicht will sie sich davor drücken, Chauffeur zu spielen. Mein Vater schlägt Lilo vor.

Lilo kenne ich von der Spielgruppe her. Sie war meine erste Freundin. Meine Mutter sagt, wir seien einträchtig auf dem Fensterbrett gesessen und hätten über das Leben philosophiert.

– Meine Mutter muss es wissen, denn ich erlaubte ihr nicht, die Spielgruppe zu klemmen. Ohne Anwesenheit meiner Mutter wollte ich nicht in der Fremde spielen.

Lilo war quicklebendig und trotzdem zum Philosophieren geeignet. Oder deswegen. Nichts ist schöner als auf der Fensterbank zu philosophieren. Wenn man eine Freundin wie Lilo hat. Eine solche Freundin findet nicht jedermann. Und Lilo hatte mich gern. Ich sie auch. Wenn sie zu uns zu Besuch kam, wollte sie nicht mehr weg. Einmal flüchtete sie, als es dunkel wurde, ins Indianerzelt, das auf unserem Wohnzimmerteppich aufgebaut war. Auch mit Milchschnitten war sie nicht herauszulocken. Ich wusste keinen Rat. Schliesslich begann mein Vater, das Zelt abzubauen.

Nichts trübt die gemeinsame Erinnerung unserer Familie an die wilde Socke Lilo. Leider endete unsere Freundschaft mit Schulbeginn. Lilo musste auf eine andere Schule als ich.

– Es ist uns Kindern schwer verständlich, im Zeitalter der Strassen und der Autos, wie die Zuteilung der Kinder zu den Schulen erfolgt: nach Gemeinden oder Stadtteilen? Keine Ahnung. Die schönsten Freundschaften werden ruiniert. Schliesslich haben die Freundschaften aus der Spielgruppenzeit die höchsten Lebenserwartungen. Aber nur, wenn die Schulbürokratie nicht einen Strich durch die Rechnung macht.

Bei Licht besehen, ist der Vorschlag meines Vaters nicht ganz ohne Plan. Seit ich das letzte Mal zu Lilos Geburtstag eingeladen war, sind immerhin 6 oder 7 Jahre vergangen. Angesichts meines Alters eine endlos lange Zeit. Also längst Zeit zu einem Wiedersehen. Ich nehme mir fest vor, mal bei ihr vorbeizuschauen. Vielleicht mit meinem Buch unter dem Arm. Leider erscheint es auf Französisch.

Im Augenblick allerdings habe ich mit meinen weiblichen Fans genug zu tun. Aline ist jetzt zu ihnen dazu gestossen, schön wie erhofft, wenn auch über 20. Allerdings ganz knapp. Ich weiss das inzwischen: Ich habe nämlich zwei Fotos von ihr erhalten. Auf einem von ihnen schwebt sie in der Luft. Das passt zu ihr. Unter ihren Füssen sieht man allerdings ein Trampolin.

– Kommen wir zu meiner Schlussfolgerung. Warum sagen Jungs in meinem Alter manchmal, Mädchen seien „doof“? Vielleicht, weil sie nicht Fussball spielen wollen. Ich will auch nicht Fussball spielen.
– Also, in dieser Angelegenheit muss ich gegen den Strom schwimmen. Ich kann auf endlos viele Erfahrungen zurückgreifen, aber auf keine schlechte. Gut, nothing is perfect: Alle Mädchen wollen mich bemuttern, nicht nur die Aupairs. Bei meinem Charme nicht überraschend. Das Bemuttern ist ihnen nur mühsam abzugewöhnen. Das wird sich Gott sei Dank auswachsen, auch wenn ich entschlossen bin, unter 20 zu bleiben. Ob meine Mutter auch dann und wann unter einem Bemutterungs-Rückfall leidet? Ich arbeite noch daran, es ihr abzugewöhnen.

Mein Leben ändert sich

Kapitel 8: Mein Vater wird nostalgisch

Mein Vater feiert bald 50-jähriges Abitur. Eine kleine Kopfrechnung zeigt, dass er sich, so wie ich, ziemlich beeilte, die Schule hinter sich zu bringen.

Zwar litt er noch nicht unter der immensen Zeitnot, die uns Kindern heutzutage zu schaffen macht. Denn es gab noch kein Internet, keine Computer-Games, kein Facebook, kein Minecraft und all die anderen Errungenschaften, ohne die das Leben ganz schön fade ist. Doch mein Vater hatte eine noch stärkere Motivation als ich, Gas zu gebe: Er war in einem Internat eingesperrt. „Eingesperrt“ ist das richtige Wort, denn Internate waren damals wie Gefängnisse, jedoch zusätzlich mit Hausaufgaben.

– Man bemerkt das Alter der Leute daran, dass sie über längst vergessene Erlebnisse zu sülzen beginnen. Das ist allseits bekannt.

Mein Vater lässt sich eine verschärfte Version dieses ärgerlichen Verhaltens einfallen: Er lädt einige Mitabiturienten in unser Ferienhaus ein. Diesmal schon zum zweiten Mal. Leute, die auf die Siebzig zugehen! Vorwiegendes Thema sind dumme Streiche aus längst vergangenen Tagen, Streiche wie im „Fliegenden Klassenzimmer“. Kein Kind lässt sich heutzutage sowas einfallen.

– Ältere Jahrgänge waren in ihrer Jugend doch recht kindisch.

Zweites Thema sind kulinarische Gerichte. Dabei weiss doch jeder: Nichts schmeckt besser als Hamburger mit Pommes. Das Salatblatt und die Gurke könnte McDonalds aber noch weglassen. Auch wenn meine Mutter ganz gierig auf beides ist. Trotzdem will sie nicht zu McDonalds. Eltern sind manchmal rätselhaft.

Um das altersbedingte Sülzen abzukürzen, kommt Roxanne als Reiseleiterin ins Spiel. Sie hat ein Programm zusammengestellt, was vorwiegend aus romanischen Ruinen, 11. und 12. Jahrhundert, aus Galerien moderner Kunst und aus „Gourmet-Lokalen“ besteht. Also das Übliche. Grässlich genug. Das Beste ist noch der Flamenco auf dem Camposanto[53].

- Doch die kulturellen Aktivitäten sind in jedem Fall dem nostalgischen Gerede vorzuziehen; ich kann mich immerhin, wie schon geschrieben, auf die erstbeste umgestürzte Säule setzen. Und meinen Laptop aufklappen.
- Die grösste Gefahr sind in diesem Zusammenhang die Katharer[54]. Sie behaupteten, der Papst sei überflüssig. Kein Wunder, dass sie vor 800 Jahren ausgerottet wurden. Doch ihre Burgen stehen immer noch, wenn auch als Ruinen. Auf der Spitze der höchsten Berge. Nur zu Fuss zu erreichen. Gott sei Dank, auf Roxanne ist Verlass. Die Katharer werden ausgespart. Vielleicht, weil Roxanne Gefahr laufen würde, mitkraxeln zu müssen.

Immerhin ist die alternde Truppe meines Vaters fürs Pétanque zu haben. Wir haben einen Pétanque-Platz auf unserem Grundstück, eine Investition, die sich jetzt zu rentieren beginnt. In Frankreich sollen eine halbe Million Spieler im Pétanque-Verband organisiert sein. Auch Roxanne weiss Bescheid und erklärt uns die kniffligen Spielregeln. Es geht hoch her, bis sich die Nachbarn beschweren. Naja, das war um Mitternacht.

Die alten Herrschaften versuchen in Form zu bleiben. Frühmorgens springen sie schon in den Pool, während ich meinen besten Schlaf habe. In weiser Voraussicht hat mein Vater eine Velo-Garage bestellt. Man denke, per Katalog! Und er hat alle Velos im nahegelegenen Carrefour aufgekauft. Sogar ein Kinderrad für mich. Die Velos seien für die Familie, samt Nati und Roxanne.

- *Lol* – Da kann ich nur laut lachen. Wer über 20 und unter 60 ist, fährt bekanntlich nicht Fahrrad. Ausser er ist Schweizer. Die alten Herrschaften kommen aber aus Deutschland. Oder er ist Schüler/in an meiner Schule. Wer mit dem Auto zur Schule chauffiert wird, macht keine gute Figur. Bestenfalls lässt sich Nati zu einer Probefahrt animieren, gewiss als einzige.

---

53 Ursprünglich ein mittelalterlicher Friedhof in Perpignan. Vor 20 Jahren für open-air – Konzerte umgebaut.

54 Häretische christliche Glaubensrichtung, ab ca. dem Jahre 1000, vor allem in Südfrankreich und Norditalien. Nach 1200 n. Chr. in einer Serie von Massakern fast ausgerottet.

– Mich wundert schon, dass die Kinder von gegenüber mit Fahrrädern ankommen. Sie müssen nur eine Strasse überqueren. Geschätzte 30 Meter. Vielleicht, weil ihre Fahrräder so cool sind.

Die Velo-Garage kam mit einem Lastwagen voller Pakete an. Nach dem Auspacken zierten mehrere hundert Teile die Einfahrt zu unserem Grundstück, Schrauben und Nägel nicht mitgezählt. Niemand konnte ins Grundstück rein oder aus ihm raus. Es kündigte sich eine Versorgungskrise an. Und so mussten zwei Holzbau-Spezialisten engagiert werden.

- *Meine Eltern sind nämlich Billy-Regal-geschädigt, wie Millionen von Menschen weltweit.*
- „Billy" ist angeblich das umsatzstärkste Produkt von Ikea. Statt der Bäume des Regenwaldes sollte der Aufbau eines Billy-Regals in den Lehrplan.

Kapitel 9: Die Ferien gehen zu Ende

26. August 2012: Die Ferien gehen unversehens zu Ende. Jedesmal bin ich überrascht, dass schon Schluss mit ihnen ist. Ich plädiere seit Langem für eine Verdoppelung der Ferien. Auch die Boni der Banker wurden ja in wenigen Jahren verdoppelt, betont mein Vater. Das scheint ihn zu ärgern.

Sina, die Erfindung einer Autorin des Ratgebers *Die Schule und ich*[55], meint zwar, die Ferien seien die „Langeweilezeit". Mein Vater hat mir das Buch zu lesen gegeben. Erfolglos. Aus gutem Grund. Auch Sina lebt nicht in meiner Welt.

- Das mit der „Langeweilezeit" sehe ich zum Beispiel ganz anders. Vielleicht hat die Unglückliche nicht viel mehr zu tun als an ihrem Handy rumzufummeln. Das ist gewiss nicht abendfüllend, auch wenn der Augenschein das Gegenteil vermuten lässt. Stehen an der Bushaltestelle ein Dutzend Teenies, so sind ein Dutzend Handys in Betrieb. Mindestens.
- Erst mal ein Selfie. Bei meiner Schönheit zwar angebracht, aber noch nicht erfolgt. Dann ein „like". Es braucht nur ein Bit, um das Wichtige mitzuteilen. Das binäre Zeitalter hat begonnen. Denn man ist ständig in Eile. Wegen hunderten von Facebook-Freund(en)/innen. Alle müssen informiert werden, dass man an der Bushaltestelle steht. Ohne Aufschub.
- Und bitte lieber keine anstrengende Meinungsäusserung! Höchstens ein Tweet. Mehr als 20 Worte geht nicht.
- Ich habe, wie zu erwarten, das coolste aller Handys: das iPhone 5. Und noch ein altes Museumsstück: das iPhone 3. Coole Teile,

[55] Ilona Einwohlt, Arena-Verlag, Würzburg 2013.

aber selten in Betrieb. Das Leben ist kurz, und die Mathematik unendlich.

Ich habe im Gegensatz zu Sina in den Ferien heftig zu tun. Und nicht nur wegen Letizia & Co.

Kaum bin ich richtig aufgewacht, findet sich Roxanne ein. Französisch, Wii, Schwimmtraining. Zuallerletzt Schach. Roxanne lässt nicht locker.

– Kein Wunder, dass das Mittagessen auf halb drei verschoben wird. Ich werde anregen, dass Roxanne nicht nach Stunden bezahlt wird. Erhält sie eine Pauschale, kann wieder zu normalen Zeiten gegessen werden. Mein Vater wird mich ganz sicher unterstützen.

Kaum habe ich die letzte Nudel geschluckt, erscheinen die drei von gegenüber. Pool, Trampolin, Touche-Touche. Bis zum Umfallen.

– Die von gegenüber haben eine bessere Lunge als unsereins. (Gemeint sind wir Europäer.) Was schon der Marathon beweist. Nach zwei Stunden ist klar: Nur Roxanne kann mich retten. Meine Eltern vertreten nämlich die verquere These, mehr Bewegung sei *mehr*. Sie verkünden diese These vorwiegend, wenn sie bequem auf ihren Liegestühlen liegen und „Puech-Haut“ süffeln.

Endlich: Roxanne ist aufgetaucht. Zur Zeit führen wir beide das Drama *La Cantatrice Chauve*, die kahle Sängerin[56], auf. Roxanne und ich übernehmen jeweils die Hälfte der Figuren. Ionesco hatte ein Einsehen und hat die Zahl der Personen begrenzt; das verbessert seine Chancen, dass das Stück aufgeführt wird. Die Aufführung von nur zwei Schauspielern, Roxanne und mir, mitten in den Ferien ist ein schlagender Beweis dafür.

– Ein Drama ohne Action: M. und Mme Martin kommen (verspätet?) zu Besuch. M. und Mme Smith sind ungehalten. Belanglose Gespräche. Verlegenes Hüsteln. Es klingelt. Ein Feuerwehrmann bittet um eine Brandstiftung. Er habe sonst keine Aufgabe. Die Gesellschaft will Nichts für ihn tun. Man verlegt sich aufs Erzählen

---

[56] *La Cantatrice chauve, La leçon, Jacques ou la soumission, Les chaises, Victimes du devoir, Amédée.* Gallimard, Paris 1954. Deutsche Übersetzung: *Die kahle Sängerin usw.,* Luchterhand, Neuwied 1959.

wirrer Anekdoten. Das Dienstmädchen Mary erkennt in dem Feuerwehrmann ihren verflossenen Liebhaber und wird unsanft aus dem Zimmer komplimentiert. Belanglose Gespräche. Der Feuerwehrmann verabschiedet sich, nicht ohne sich noch schnell nach dem Verbleib der kahlen Sängerin zu erkundigen. Alle schreien: „C'est pas par là, c'est par ici." Der Vorhang fällt.

– Das Stück ist hochaktuell. Es ist eine Parabel auf die Schule. Das belanglose Gerede überdeckt die Langeweile. Die Zuschauer mögen sich vor Lachen den Bauch halten, aber in Wahrheit handelt es sich eher um eine Tragödie: *Die Beschreibung der Lage der begabten Schülerperson in der Schule.*

Der „Ferien"-Tag ist noch nicht zu Ende. Es folgt die Mathe-Runde. Mein Vater ist der Auffassung, es sei an der Zeit, mal mit mir zusammen zu schnuppern, was da so an der Uni gemacht wird. Die Vollständigkeit des angeordneten Körpers der reellen Zahlen steht hoch im Kurs. Ich schnuppere mindestens eine halbe Stunde an der Vollständigkeit, häufig mit Verlängerung, derweil sich meine Mutter für den Ausgang aufbrezelt. Es geht, unvermeidlich, ins Restaurant.

– Die Küche des Languedoc nimmt keine grosse Rücksicht auf Kinder. Die Kinder-Karte besteht in der Regel aus verdächtigem Fisch oder Steak haché. Rate mal, was ich jeden Abend esse?

Kapitel 10: Endlich im Gymi

27. August 2012: Mein erster Tag im Gymi. Der Rektor hält die Begrüssungsansprache. Es geht um *Material World*[57], mir wohlbekannt. Ein Photograph zieht durch die Welt und quartiert sich in oder neben 30 Familien für jeweils mindestens eine Woche ein. Dreissig Kapitel, an deren Anfang immer ein Foto mit allen Mitgliedern und allen Gegenständen des Familien-Haushalts steht. Im Hintergrund die Wohnung.

57 Peter Menzel/Charles C. Mann, *Material World*, Sierra Club Books, San Francisco 1994.

Endlich im Gymi

– Schaut man sich die Fotos genauer an, so erzählen sie ganze Geschichten. Die Amerikaner mussten Tage schleppen, wahrscheinlich auch einen Kran benutzen, bis alles für das Foto vor ihrem Haus aufgebaut war. Die Familie aus Haiti war in wenigen Minuten mit dem Aufbau fertig.
– Ich denke, der Rektor wollte sagen, der geistige Reichtum sei wichtiger als der materielle. Das lässt sich hierzulande leichter sagen als in Haiti. Trotzdem vermute ich, die Schweiz schneidet, was den spirituellen Reichtum betrifft, gegen Haiti nicht gerade super ab. Der Rektor wollte wohl deutlich machen, dass es wichtiger

sei, *unseren geistigen Reichtum zu mehren*, als coole Klamotten zu kaufen. Ein smarter Vertreter der alten Schule.

Der Rektor hat mich vorzeitig auf seine Schule aufgenommen. Ich werde ihm lebenslang dankbar sein. Doch er ist der in meinen Augen mittelalterlichen Auffassung, ich bräuchte wegen des vorzeitigen Wechsels aufs Gymi einen „persönlichen Coach". Ich kann diese Auffassung nicht teilen, insoweit es nicht gerade das Judo betrifft. Im Judo bin ich nur „me too". Dabei riskiere jeder, schreibt die Presse, im öffentlichen Raum zusammengeschlagen zu werden.

– Mein Interesse am Judo hat stark nachgelassen, denn nach langer Erfahrung weiss ich: Niemand schlägt mich in der Öffentlichkeit zusammen. Auch nicht auf dem Schulhof.

Ich entkomme den Fängen des Coaches, weil die hochbegabte Spezialistin für Hochbegabung absagt. Glück muss der Mensch haben.

Mein Stundenplan besteht aus 12 Fächern. Und 12 Lehrpersonen unterrichten mich. Geht in Ordnung. Aber: Die Schule beginnt um acht Uhr fünf und endet um siebzehn Uhr fünfunddreissig. Obendrauf die Hausaufgaben und die Vorbereitungen für die Klassenarbeiten.

– Alarmstufe rot! Noch nie was von der 42-Stunden-Woche gehört? Wo bleiben die Gewerkschaften?

Zunächst beginnt die Schule für mich schon mal zu früh.

– Zwar ist meine Mutter schon um sechs Uhr am Morgen hellwach, doch das ist der Zeitpunkt des besten Schlafes, sowohl von meinem Vater wie von mir. Ich erwähne hier auch meinen Vater, denn er ist mein Chauffeur. Mit dem Fahrrad komme ich niemals bis zur Schule, höchstens bis zu Lilo.

Das Frühstück ist selbstredend bereits gemacht. Um diese Uhrzeit strotzt meine Mutter vor Energie. Dann geht es in rasender Fahrt Richtung Schule. Wir sind jeden Morgen fünf Minuten zu spät. Ich muss aus dem Keller der Schule in den dritten Stock spurten. Mit dem tonnenschweren Thek auf dem Rücken. Dennoch brauche ich inzwischen nur noch Minutenbruchteile für die acht Treppen. Übung macht den Meister.

– Ich könnte mich fürs Guiness Buch der Rekorde anmelden. Geschätzte 70 Stufen, dreimal hoch, dreimal runter. Pro Tag. Macht, abgerundet, ungefähr 70'000 pro Schuljahr.

Acht Uhr fünf bis siebzehn Uhr fünfunddreissig! Ich lege Beschwerde bei der ersten Instanz ein, meinen Eltern. Abends kommt es zur Verhandlung, in meiner Lieblings-Pizzeria. Einstimmiger Beschluss des hohen Gerichtes: Es gilt, meine Präsenz zu reduzieren. Möglichst unauffällig. Also stufenweise. (Ich bin gerade neun geworden.)

- Erster Antrag: Dass ich mittags nach Hause darf. Zeitlicher Netto-Gewinn: vier Stunden. Und dass ich abends früher gehen darf; macht netto zusätzlich dreimal 70 Minuten. Pro Woche. Bei mehr als 40 Wochen Schule im Jahr läppert sich das Ganze.

Die nächste Stufe ist schon raffinierter: Ich tausche meinen Mathe-Unterricht gegen selbigen in der Matura-Klasse. Und nach einigen Stunden bleibe ich klammheimlich weg. Gerne nehme ich dafür an den Mathe-Klassenarbeiten der Oberstufe teil. Und es funktionierte, aber ich muss im Gegenzug an den Klassenarbeiten *beider* Oberstufen-Klassen mitmachen. Ich weiss nicht, ob ich optimal verhandelt habe.

- Die zwölf Fächer verursachen einen Haufen Arbeit; selbst im Sport gibt's Hausaufgaben, z. B. Seilhüpfen üben. Nicht meine Spezialdisziplin.
- Das „Bildnerische Gestalten“ zwingt mich, zu Hause alle möglichen Zeichnungen anzufertigen. Einige kann ich meiner Mutter in die Schuhe, Entschuldigung: auf ihr Pult, schieben. Die Lehrperson tut so, als übersehe sie, dass die Hälfte meiner Kunstwerke schlecht benotet werden, die andere Hälfte aber mindestens mit fünf Komma fünf. Noble Haltung!
- In den übrigen 10 Fächern sind mindestens drei Klassenarbeiten pro Halbjahr angesagt. In den Hauptfächern oft das Doppelte. Das haben sich wohl irgendwelche Schulbürokraten ausgedacht: Pro Schulwoche ca. drei Klassenarbeiten. Die Bürokraten dürften weit vom Schuss sein, zumindest nahe an der Pensionsgrenze Bis man die Leiter weit genug nach oben geklettert ist, dauert es eben. Damals, als sie selber zur Schule gingen, gab's höchstens halb so viele Klassenarbeiten.

– Empfindsame Seelen sind dieser Test-Mühle nicht unbedingt gewachsen. Zwei Mädchen aus meiner Klasse hauen ab.

Die Lehrpersonen sind wohl auch nicht alle auf meiner Seite. Ein typischer Kommentar: *„Was hat denn der Kleine hier zu suchen. Wir sind doch nicht im Kindergarten."* Selbst der Prorektor scheint Bedenken zu haben. Obwohl er zur Round Table-Delegation gehörte, die meinen Aufstieg ins Gymi beschloss. Ob das arme Kind zurechtkommt? Na, wartet! Ich werde es euch schon zeigen!

– *Sich durchzuschlagen, umzingelt von wohlmeinenden Lehr- und Schülerpersonen, das ist eine Chance fürs Leben.*

3. November: Zwischenzeugnisse. *Ich habe es ihnen gezeigt, tatsächlich:* Durchschnitt meiner vier Hauptfächer: 5,625[58]. Ich hoffe, dass sich auch einige meiner Lehrpersonen über solche Durchschnitte freuen konnten. – Veni, vidi, vici. Ein Spruch meines Vaters. Er gibt zu, ihn Gaius Julius Cäsar abgeguckt zu haben. Nichts geht über klassische Bildung.

[58] „6" ist in der Schweiz die beste Note.

– Die Lehrpersonen als Schwarzseher. Von Berufs wegen.
– *Ich verzeihe allen. Natürlich nur, weil alles gut ging.*

An der Konkurrenz um die besseren Noten soll ich mich nach dem Willen meiner Eltern aber nicht beteiligen. Gerne erfülle ich den Wunsch meiner Eltern.

KAPITEL 11: DIE INFLATION DES AUSWENDIGLERNENS

Und noch eine Überraschung: Die Schule lagert den Schulstoff teilweise aus. Als gäbe es nicht schon genug Unterricht. Die Aufbereitung des ganzen Krames samt Google-Suche und samt der Einordnung des Krames in Ringhefte schmälert meine spärliche Freizeit. Erheblich. Mein „Schulthek“ stellt selbst für Gewichtheber eine Challenge dar.

– Kein Wunder, dass das Problem des coolen Schultheks jeden Schul-Newcomer vom geistigen Reichtum ablenkt.
– *Der Schulkram füllt bald ganze Regale.*

Meine Eltern stellen sich notgedrungen der nächsten *Ikea*-Bastelrunde[59]. Und so wird mein Zimmer mehr und mehr von *Billy*-Regalen verunziert. Voller Ordner in allen Farben. Nach der Zahl der Ordner geurteilt, ist mein geistiger Reichtum enorm.

– Es ist mir unerfindlich, warum die Papierindustrie der Schweiz über mangelnde Umsätze klagt. Ikea jedenfalls scheint nicht zu klagen. Ich warte auf den Abtransport des Klaviers aus meinem Zimmer, um neuen Regal-Raum zu gewinnen.

Die Lehrpersonen sind seltsamerweise der Meinung, alles, was da so in meinen Regalen steht, sollte am besten auch auswendig gelernt werden. Was soll das? *Es kommt zu Nichts anderem als zu Tests meines Gedächtnisses.* Woche für Woche.

– Dabei geht es zu wie bei der „Echternacher Springprozession", sagen meine Eltern, allerdings mit verschärfter Regel: Zwei vor, zwei (!) zurück. Drei Tage vor einer Klassenarbeit, verniedlichend „Test" genannt, beginnt das Auswendiglernen. Entlang des Katalogs der *Lernziele*. Sie sind, bei Licht besehen, in vielen Fächern keine Lernziele, sondern eher *Auswendiglernziele.* Wir Schüler/innen werden mit Dutzenden Seiten Stoff abgefüllt. Wir spucken ihn dann zum Testzeitpunkt wieder aus.

– Bei der *Echternacher Springprozession* springen die Leute durch Echternach, angeblich einer kleinen Stadt in Luxemburg. Zwei vor, eins zurück. Dieser „Pilgerschritt" wurde, wie Wikipedia behauptet, vor 70 Jahren abgeschafft. Man „springt nur noch mit seitlichen Schritten vorwärts". Das scheint eine schwierige Kunst zu sein. Beim Auswendiglernen springe ich auch seitwärts, aber ganz ohne voranzukommen. Bereits seit 1800 dürfen die Frauen mitspringen. Vergleiche mal mit dem Schweizer Wahlrecht!

– Jeden zweiten oder dritten Tag ist, wie geschrieben, Klassenarbeit angesagt. Manchmal sind es auch mehrere an einem Tag. Echternach springt nur einmal im Jahr.

---

59 Ikea ist der Produzent des kostengünstigen *Billy*-Bücherregals. Es muss eigenhändig zusammengesetzt werden.

Erfolg ist meist nur garantiert, *wenn man rasch zu vergessen sucht, was beim letzten Test ganz wichtig war.* Denn das Gedächtnis ist bekanntlich, wie vermutlich der Rest des Universums, endlich. Mein irgendwann mal auswendig gelernter Stoff könnte bald die *Encyclopaedia Britannica* füllen. (Ein britisches Lexikon.) Der „Stoff" ist unvermeidlich dem raschen Vergessen ausgeliefert.

– Merkwürdige Didaktik, sagen meine Eltern. Viel bedrucktes Papier. Leider wenig, was hängen bliebe.

Die „Hamsterräder des Gedächtnis-Trainings" (mein Vater): Viele Lehrer wehren sich gegen die Hamsterräder. An vorderster Front der Verweigerer: mein Philosophie-Lehrer. Lieber mal ein kniffliges Problem als die Liste der Propheten.

Am Ende blieb mir keine Wahl: Ich musste meine Eltern als Hilfsassistenten rekrutieren. Sie sichten, verfassen, sammeln, sortieren, was das Zeug hält. Ich denke über die Einstellung einer Sekretärin nach. Zur Entlastung des Familien-Teams.

– Die Schule „befähige zu einem selbstbestimmten Leben." So das Gymi im Internet. Die Wahrheit ist: Ich bin zu fast 100% meiner Zeit von der Schule bestimmt. Von Selbstbestimmung ist da weniger zu spüren. Mein „primäres" Interesse, früher Lieblingsfach genannt, ist bekanntlich die Mathe. Da nutzt mir die Schule Nichts: Ich komme ja nicht zum Mathe-Unterricht in der Schule.
– In meinem Philosophie-Buch findet sich folgende Kapitel-Überschrift: „Der Mensch ist frei geboren, und überall liegt er in Ketten."[60] Das habe Jean-Jacques Rousseau gesagt. Ins Schwarze getroffen! Er machte sich schon damals Sorgen wegen des Schweizer Schulsystems.

***

Letzte Woche nahmen mich meine Eltern zu einem Film namens *Alphabet* mit. Der Film behauptet, was man für das Leben brauche, lerne man auch ohne Schule. Die Schule sei in diesem Zusammenhang eher hinderlich. Mein Vater sagt, das Schulsystem habe nicht

[60] Will Buckingham et al., *Das Philosophie-Buch*, Dorling Kindersley, London 2011. Deutschsprachige Ausgabe: München 2011, S. 154.

die Absicht, aufs Leben vorzubereiten. Viele, nicht nur er, seien der Meinung, eher auf den „Arbeitsprozess“. Ich zum Beispiel bin mitten im Arbeitsprozess. Jedenfalls hat mir der Film die Laune verdorben. Im Folgenden daher einige Bemerkungen zum *Alphabet*. Zugegeben überspitzte. Die Leser- und die Lehrpersonen bitte ich um Verzeihung.

– Es gehe in der Schule vorwiegend um „Disziplin und Gehorsam“, behauptet der Film. Nämlich *ohne Widerrede alles Mögliche auswendig zu lernen.* Auch Sachen, die kein Mensch gebrauchen kann.
– Das stimmt: Der ganze Papierkram über den Aufbau und das Verhalten von Schnecken und anderen Mollusken z.B. hält mich vom Wesentlichen ab, vom *Beobachten* der Schnecken und anderen Mollusken. Ich habe kaum noch Zeit, die Schnecken auf unseren Treppen vor Schnecken-Ignoranten zu retten.
– Den Papierkram kann ich genauso gut selber aus dem Internet runterladen. Dazu brauche ich keine Schule. Meine Eltern zucken die Schultern. *Es sei aussichtslos, gegen die Schwerkraft anzukämpfen.*
– Man dürfe auch nicht ganz ausser Acht lassen, dass es sich bei der Schule auch um eine „Selektionsmaschine“ handle, sagt mein Vater. Ohne familiäre Unterstützung sei man bekanntlich der Dumme. Das sei schon immer so gewesen: Ein römisches Kind konnte nur auf höhere Weihen hoffen, wenn es ein-und denselben Schmonz in der Sprache Ciceros, Vergils, Sallusts und, so denke er, Livius wiedergeben konnte. Auf diese Idee müsse man erst mal kommen. Der Zusammenhang mit den Aufgaben eines höheren Beamten oder eines Senators sei unerfindlich.
– Meinem Vater sind die Vergleiche mit den Verhältnissen in grauer Vorzeit, kurz nach dem Urknall, nicht auszutreiben.
– Ich sass ja einige wenige Stunden im Mathe-Unterricht der Oberstufe, wegen meines genialen Deals: Dispens gegen Teilnahme an allen Mathe-Tests der Oberstufe. Wir beschäftigten uns gerade mit der Lage von Geraden und Ebenen zueinander, „im IR^3“. Der IR^3 ist das mathematischen Modell des Raumes, der uns zu

umgeben scheint. Der schwierigste Fall ist derjenige zweier *windschiefer Geraden*, zumindest wenn nach ihrem Abstand gefragt wird. Da stellt sich mir schon die Frage, wer sich in seinem Leben mit dem Problem des Abstandes windschiefer Geraden konfrontiert sieht.

– Was sagst du? *Surrealer als die kahle Sängerin, diese Thematik.* Ich selber liebe Ionesco, und auch das Problem des Abstandes windschiefer Geraden gefällt mir. Es ist mein Ding. Allein schon das Wort „windschief"! Viele mit solchen Vorlieben werden sich in der Schule aber nicht finden lassen.

– Das Gymi ist eigentlich nicht unbedingt für die vielen. Erst ziemliche Unlust in der Schule, zur Krönung dann auch noch ziemliche Unlust an der Uni. *Die neue Generation ist die Unlust-Generation.* Jetzt sei der „Deutsche Qualifikationsrahmen" eingeführt, sagt mein Vater. Es handele sich um einen verkappten Baseball-Schläger, um noch mehr Schülerpersonen an die Uni zu treiben.

***

– Auch im Mathe-Unterricht der Schule ist ein gutes Gedächtnis der entscheidende Erfolgsfaktor. Man ist gut beraten, einige einfache Rezepte auswendig zu lernen, um die immer gleichen Aufgaben in der immer gleichen Weise zu „lösen". Nur die Zahlen in den Aufgaben ändern sich. Einige Schülerpersonen drehen die Augen.

– Ich schreibe das als unverdächtiger Zeuge. Denn Mathematik ist, wie geschrieben, mein Hobby. Sonst wäre Aline gewiss nicht auf den Gedanken gekommen, ich solle meine Biografie schreiben. Selbst die windschiefen Geraden machen mir, wie gesagt, Spass. Mein Vater sagt, das Thema sei ein Erbe aus der Mitte des 19. Jahrhunderts, als ein Schullehrer namens *Otto Hesse* die *Vektorgeometrie* populär machte. Seitdem gibt's die auch in der Schule: Wir verdanken dem Schullehrer Hesse z.B. die *Hesse'sche Nor-*

malenform[61], an der sich seither Millionen Schüler/innen erfreuen konnten und können.

– Die Mädchen seien damals ganz verrückt nach windschiefen Geraden gewesen. Auch die Parabeln des Archimedes waren ja bis vor kurzem noch allgemeiner Schulstoff. Ich weiss nicht, ob die Mädchen im 3. Jahrhundert vor Christus verrückt nach Parabeln waren. Die Liebe zu solchen geometrischen Figuren scheint jedenfalls in der Folge abgekühlt zu sein.
– Im direkten Vergleich mit der Vektorgeometrie hatten es die römischen Schülerpersonen meiner Meinung nach doch besser, wenn von ihnen Nichts weiter verlangt wurde, als den Untergang Pompejis in der Sprache des Sallust darzustellen.

***

Zurück zum Film: Ein Höhepunkt des Plots wurde gleich zu Beginn serviert: Das Leben chinesischer Schüler und Schülerinnen, vermutlich in Shanghai. *Sie büffeln bis Mitternacht.* In Japan soll es neben den vielleicht 35 000 Primar- und Sekundarschulen zusätzlich noch mehr als 50 000 teuflich ehrgeizige Abendschulen geben. Das Leben der Jugend ist dort ruiniert. „Erschöpft, unzufrieden, verängstigt."

– Die Abendschulen fressen die Zeit zum Schlafen auf, wenigstens teilweise. Ich denke, während der morgendlichen Schulstunden holen die Jugendlichen Japans ihren verdienten Schlaf nach. Sie zu wecken, wäre eine Art Folter.

Ihr Wochenende ist leider auch wenig erholsam. Jedenfalls sagen die Schüler im Film (Mädchen kamen nicht vor), dass sie ihre Eltern beneiden. Denn diese würden Samstagabends vor dem Fernseher sitzen, während sie, die Kinder, am Schreibtisch sitzen.

– Gemäss den PISA-Studien sind uns Schweizer Schüler/innen meine bedauernswerten Kolleg(en)/innen aus Shanghai, Honkong, Seoul, Tokio usw. um Lichtjahre voraus. Unsere Schulen ha-

61 *Vorlesungen über analytische Geometrie des Raumes*, B.G. Teubner, Leipzig, 3. Auflage 1876.

ben sich infolge PISAs, einer unseligen Erfindung, auf eine Aufholjagd eingelassen. Es blieb keine Wahl. Dabei weiss jeder Schüler/jede Schülerin, dass die Aufholjagd ganz aussichtslos ist. *Aber wir Schüler und Schülerinnen werden ja nicht gefragt, sondern zur Aufhol-Jagd getrieben.*

– Die „gelbe Gefahr": Nicht das Bruttosozialprodukt der Schweiz ist in Gefahr, sondern wir Schweizer Schüler/innen sind es. Wegen der Aufholjagd. Der Burn-out zieht ins Klassenzimmer ein. Frohnaturen wie ich werden entfreut. Es macht inzwischen Mühe, wieder mal ins Freie zu kommen. Die Schule: Der Zeitfresser.

Zurück zum Film: Der Saal war rappelvoll. Denn *Erwin Wagenhofer*, der Regisseur und Produzent, war anwesend. Seine Nachfrage ergab, dass ca. zwei Drittel der anwesenden Zuschauerpersonen als Lehrerinnen an Schweizer Schulen arbeiten. In der Diskussion im Anschluss an den Film meldeten sich ausschliesslich Lehrerinnen zu Wort. Wie zu erwarten. Abgesehen von einer einzigen Mutter. Achte drauf: Kein einziger Schüler, keine einzige Schülerin kam zu Wort.

– Der Tenor war stets derselbe: Zugunsten der mit „Auswendigtests" malträtierten Schüler/innen müsse etwas getan werden. Leider steht zu vermuten: Die mitfühlenden Lehrerinnen sind inzwischen in ihre Schulen zurückgekehrt und machen wie auch schon weiter – mit Auswendiglernen.

– Schon Heidi Klum sagte: „Das hier ist kein Ponyhof." Irrtümlich hat sie ihre Show statt der Schule gemeint, doch im Vergleich zur Schule befinden sich die Jungmodels in erholsamer Sommerfrische. Nach einigen Casting-Tests ist nämlich Endstation. Es geht verdient nach Hause. Vor mir dagegen liegen noch mehr als *dreihundert* Klassenarbeiten. Ein Marathon-Lauf, aber zusätzlich mit dreihundert Hürden. Die Marathonläufer würden sich bedanken.

– Mir kann es zwar egal sein. Gerne hüpfe ich über jede Hürde. *Ich frage jetzt aber dich: Möchtest du, dass deine Arbeit in den nächsten Jahren jeden zweiten Tag überprüft und bewertet wird, von „Eins" bis „Sechs"?* Anderen Kindern mag der „Parcours" also nicht egal sein. Sie werden ungefragt in unser Schulsystem gepresst, ohne sich vielleicht richtig dafür erwärmen zu können. Kaum einer/eine in meiner Klasse ist Feuer und Flamme für die Schule.

– Vielleicht würden viele lieber Ponys betreuen. Da ich ohnehin an Heidi Klum schreibe, werde ich anregen, dass sie einen Ponyhof einrichtet. Für gestrandete Jungmodels und gestresste Schülerpersonen. Ich sehe es kommen, bald wird man die Matura selbst zur Ponybetreuung voraussetzen. Damit man den Ponys was von windschiefen Geraden ins Ohr flüstern kann.
– Kein Wunder, dass der Selbstwert bei vielen durch die Schule einknickt. Der Film behauptet: *Man kommt als Talent in die Schule, und man verlässt sie als Problemfall.* Meine Eltern sagen kürzer, man werde zum Schaf erzogen. Meine Eltern übertreiben vielleicht etwas. Sie sehen menschliche Schafe als Problemfälle. Ich weiss nicht, gibt es bei den Menschen tatsächlich Schafe und Schäfer?

***

Das Schlusswort zum Thema erhält mein Rektor: „Das schulische Mantra lautet: „Zensur, Klausur, Korrektur .... *Reinstopfen, an der Prüfung rauslassen und gleich wieder vergessen.*" Mein eigener Rektor schreibt das! In der Zeitschrift meiner eigenen Schule![62] Kein Wunder, dass er sich entschloss, die Schule zu verlassen.

Der „Neue", sein Nachfolger, denkt ganz ähnlich. Ich wünsche ihm viel Erfolg bei der Reform der Schule. Den brauche zumindest ich. Sonst wird die Mathe in die Ecke gedrängt. Ich muss ihr aus Zeitnot immer wieder absagen. Der Erfolg unseres neuen Rektors hat sich leider noch nicht blicken lassen. Die Schule bleibt für mich eben auch eine *Mathe-Blockiermaschine*.

62 *Dialog*, Hauszeitschrift des Gymnasiums Immensee, Juni 2013.

Kapitel 12: Die Projektwoche

Rückblick, *24. September 2013:* Meine Klasse startet zur Projektwoche, in die „Natur". Die Klasse solle sich besser kennenlernen. Dazu brauche ich eigentlich keine Natur. Wir sitzen ohnehin ganztags in ein- und demselben Raum.

– Will ich meine Kolleg(en)/innen noch näher kennenlernen? Wohl kaum, das kann zu unvorhergesehenen Enttäuschungen führen. Ich will lieber mittags und abends nach Hause. (Ich bin erst neun.)

Meine schlimmsten Vorahnungen bestätigen sich. Wir werden nach endloser Fahrt mitten in der Natur abgeladen. Unberührte Wiese bis zum Horizont. Dass es sowas in einem zivilisierten Land überhaupt noch gibt!

Zunächst ist Allerhand zu tun: Zelte aufbauen, Bänke und Tische zusammenhämmern, provisorische Küche einrichten, Lagerfeuer machen, die Toiletten suchen. Das geht in Ordnung. Derweil wird es Abend. Ich inspiziere den Proviant. Mir wird schnell klar: Wir werden hier verhungern. In erholsamer Natur.

– Hast du schon mal in einem *Zweier*zelt übernachtet, bei Regen und Kälte, umgeben von *drei* schnarchenden Kollegen? Schöne Pfadfinder-Romantik! Nicht für mich. Ich bin Pfadfinder-untauglich.

Am nächsten Tag die erste Wanderung. Rund um einen See, der kaum kleiner als der Bodensee ist. Ich bilde per Definition die Nachhut. Mit letzter Kraft erreiche ich das Basislager. Ich höre nicht recht: Wir sollen in den See springen. Auf dem lauter Eisschollen zu schwimmen scheinen.

Mein Entschluss steht fest: Ich alarmiere meine Eltern. Mein Leben ist in Gefahr. Zumindest muss ein Psychiater beigezogen werden. Meine Eltern schlagen vor, ich solle Verhandlungen mit Prorektor und Klassenlehrerin aufnehmen.

– Meine Eltern haben leicht reden, in sicherer Entfernung. Mit Zentralheizung, Kühlschrank und kuscheligen Matratzen. Wenigstens ersparen sie mir das dämliche Argument, ein Kind müsse abgehärtet werden. Ich jedenfalls nicht. Ich bereite mich nicht auf ein

Leben in der Wildnis vor, ich habe mich eher auf die Mathematik verlegt.

– Um Mathe zu machen, braucht's nicht unbedingt die Wildnis. Man muss etwas Ruhe finden, was in der Natur mit an die siebzig Pfadfindern ganz unmöglich ist.

Am nächsten Tag ist mein Vater zur Stelle, um mir das Leben zu retten. Ich nehme Abschied von den Zwangspfadfinderpersonen. Der Prorektor und die Klassenlehrerin zeigen grosses Verständnis: Der arme Kleine! Ein seltener Triumph der Menschlichkeit über die moderne Pädagogik.

– Auf meinen Prorektor und meine Klassenlehrerin lasse ich Nichts kommen. Sie wachsen mir ans Herz. Sie lassen mich ziehen. Ohne zu wissen, dass ich ein Buch schreiben werde, in dem ich sie zu Recht lobend erwähnen werde.
– Vor den Pfadfindern und den Skilagern kann ich mich drücken. Dennoch bleibt das Problem des *„Teamworks"*. Ohne Teamfähigkeit sei kein Fortkommen.
– Dabei weiss jeder: Die Arbeit von Jugendlichen „im Team" ist eine *Einübung des sozialen Faulenzens.* Dies ahnte, so mein Vater, schon *Ringelmann* im letzten Jahrhundert. Der *Ringelmann-Effekt* besagt: Ziehen sieben Teamworker an einem Seil, so kommt nur 70% der Leistung zustande, die aufgrund der Einzelzug-Leistungen zu erwarten ist. Ein experimentell angeblich vielfach untermauertes Ergebnis.

Diese wissenschaftliche Erkenntnis hilft mir nicht: Ständig werde ich in ein Team eingereiht. Beim Volleyball ist das ok; bei der Frage des zukünftigen Schicksals des Weltalls erreicht das Team dagegen höchstens zweimal sieben Prozent der Summe der Einzelleistungen: Ich muss alles siebenmal erklären. (Zweimal Sieben mal Sieben ist praktisch Hundert. Alles klar?)

Wenn ich Glück habe, darf ich mir meinen Teampartner aussuchen. Er ist ein Mädchen. Und entgegen einiger landläufigen Vorurteilen freute sie sich über meine Ausführungen zur Relativitätstheorie und zu den Gravitationswellen. Sie trug beim letzten Teamvortrag den Ausdruck vom „*Todestanz zweier Schwarzer Löcher*" bei. Es geht um die Kollision zweier Schwarzer Löcher, wobei die Raumzeit ins Zittern gerät. Die „Sechs“ war uns beiden sicher.

– Die *Gravitationswellen* wurden von Albert Einstein vorausgesagt. Die Materie krümmt den Raum, und verändert die Materie ihr Verhalten, so ändert sich die Raumkrümmung. Eine Raumwelle entsteht. Die Erde beispielsweise kommt jeden Augenblick von ihrem gradlinigen Kurs ab. Die Sonne macht hier die Raumkrümmung, und durch diesen Trick zwingt sie die Erde auf ihre Umlaufbahn. Durch die ständige Richtungsänderung der Erde, so Einstein, gibt's ständig Gravitationswellen. Sie seien allerdings winzig. Millionenfach zu winzig, um beobachtet werden zu können.

– Das muss Albert Einstein mächtig gewurmt haben. Doch jetzt kommt ihm der Urknall zu Hilfe: Eine Riesenraumwelle entstand bei der Geburt des Universums, wie man seit einiger Zeit weiss. (Auch die „Todestänze“ der Schwarzen Löcher erzeugen, wie geschrieben, heftige Wellen). Jetzt hat man die Urknall-Wellen angeblich messen können. Leider etwas spät, zu Einsteins 135. Geburtstag. Neugierig? Schlage Kapitel 23 auf!

ZWEITER TEIL: 15 MINUTEN BERÜHMT[63]

63 „In the future, everyone will be famous for 15 minutes." Andy Warhol Photo Exhibition, Stockholm 1968.

Die ETH und die Medien

Kapitel 13: Meine Eltern

Womit ich bei meinen Eltern bin. Als erstes ist augenfällig, was beide über ihr Aussehen denken: Mein Vater hält seinen Körper für eine Maschine, die ihn nicht unbedingt zum Model-Kandidaten bei Heidi Klum machen muss, doch gefälligst ihren Dienst zu tun hat; Essen ist sowas wie Tanken beim Auto. Meine Mutter dagegen lebt in ihrem Körper; sie ist stets perfekt gestylt. Ständig kramt sie nach ihrem Lippenstift. Keine Lippen könnten röter sein als die meiner Mutter. Es gab ein eigenes Lippenstift-Schränkchen, sieben Etagen hoch. Bis ich es okkupierte. Für meine CDs, von Loriot bis zur Kosmologie, wie geschrieben.

– Hat meine Mutter Stress, geht es ihrem Körper schlecht. Der Mathematiker würde von einer Äquivalenz sprechen. Denn geht es ihrem Körper schlecht, so hat sie umgekehrt Stress.

Meine Mutter „isst" nicht, *sie tafelt.* In hundert Städten kann sie sich an die besten Restaurants erinnern, ja sogar, was sie und – man glaubt es kaum – mein Vater dort vor urdenklichen Zeiten gegessen haben. Was meinen Vater betrifft, ist dies vielleicht nicht ganz so schwierig: Er isst immer dasselbe.

– Auch ich beschränke mich auf Hamburger mit Pommes, Chicken Nuggets mit Mayo, Spaghetti Bolognese und Pizza Prosciutto. Suppe, Fisch, Salat, die meisten Gemüse, all das lehne ich höflich, aber doch mit Entschiedenheit, ab.

Dagegen studiert meine Mutter die Besonderheiten der Speisekarte mit Sorgfalt. Zur Not fragt sie beim Kellner/der Kellnerin nach. Diese sehen sich dann regelmässig veranlasst, in die Küche zu rennen, um ihre Kompetenzen aufzubessern. Während des Speisekarten-Studiums meiner Mutter versucht mein Vater ganz unverfänglich, auf den Satz von Bolzano-Weierstrass[64] zu sprechen zu kommen.

[64] Jede beschränkte (unendliche) Folge reeller oder komplexer Zahlen enthält eine konvergente Teilfolge. Bernard Bolzano war katholischer Priester in Prag. Karl Weierstrass lehrte an der Friedrich-Wilhelms-Universität Berlin (siehe auch Fussnote 74).

– Inzwischen weiss ich, was ich zu tun habe: Noch während mein Vater die Kreditkarte aus seiner Jacke zu fischen versucht, bevor die Kellnerperson sie, die Jacke, wegträgt – bei sechs Taschen kann die Suche dauern –, öffne ich blitzschnell meinen Laptop und ziehe mein Logitech-Headphone über: Letzteres natürlich nur, um die anderen Gäste nicht zu stören. Bolzano und Weierstrass haben das Nachsehen.

Noch eine Beobachtung: Mein Vater kommt immer im gleichen Hemd daher. Nur an den Farben kann man erkennen, dass er es manchmal wechselt. Meine Mutter zieht sich mindestens dreimal am Tage um. Gemäss der Rolle, die sie gerade spielen muss oder möchte: Fitness-Dress im Morgengrauen, bemutternde Mutter beim Frühstück, danach Business Woman im Stresemann, Freizeit-Look nach Feierabend, sexy Outfit am Abend. Ihre Klamotten-Kollektion füllt einen eigenen Raum, „Fundgrube" genannt.

– Das Kleiderschränkchen meines Vaters passt sechsmal in die Schrankflucht meiner Mutter.

Mein Vater ist ein langer Lulatsch, was meine Mutter nicht unbedingt für sich beanspruchen kann. Mein Vater ist auf Dauerdiät, was meine Mutter nicht nötig hat. Mein Vater war blond, jetzt fehlen ihm die Haare, meine Mutter ist schwarz, will heissen, sie hat schwarze Haare.

– Mit einem Wort: Meine Eltern gleichen sich wie ein Ei dem anderen. Und das nicht nur körperlich, nein, auch in ihren Vorlieben:

Mein Vater ist für die Kunst zuständig. Es hängen mehr als 700 Bilder an den Wänden, und es stehen vielleicht 100 Statuen im Weg. Ein Riesenportrait von Angelina Jolie hängt in der Garage, von einem berühmten Fotografen geschossen. Daneben mein Gemälde eines Zirkusclowns, ein Dazibao von gewaltigen Ausmassen. Aus meiner Kindergartenzeit. Ein Dazibao ist ein Plakat, was meist politisch anstössig ist, zur Vorsicht gemalt in der Regel von einem Unbekannten.

– Gegen mein immenses Dazibao wirkt Angelina geradezu mickrig. Doch es hilft Nichts: Die Garagen-Wände sind voll, ein Anbau ist fällig.

Auch meine Mutter ist Sammlerin, und zwar sammelt sie neben Klamotten vor allem elektrische und elektronische Geräte. Vom ipad mini bis zum Rasenmäh-Roboter. Sie bewegt sich an der Spitze des Fortschritts. Ein *Quadrocopter*, irreführend „Drohne“ genannt, darf auch nicht fehlen. iPad-gesteuert, zwei Kameras, eine in HD-Qualität. Ein wichtiges Teil, zumindest für *meine eigene* elektronische Ausrüstung. Ich werde bei Letizia an Beliebtheit gewinnen, mit dem Quadrocopter. Vielleicht nicht unbedingt bei unseren Nachbarn.

In unserm Haus türmen sich die Fernbedienungen. Es gibt ein Regie-Pult zur Aufnahme der wichtigsten von ihnen. Der Plan, den Haushalt über iPad zu steuern, stösst dennoch auf die Missbilligung meines Vaters. Wahrscheinlich, weil er kein iPad hat.

Die Erfahrungen in unseren Skiferien stützen seine Ablehnung. Das Hotelzimmer wurde über iPad gesteuert, vom Fernseher bis zur Duschbeleuchtung. Der Fernseher ging nicht an, die Duschbeleuchtung nicht aus. Wer über 20 ist, ist in diesem Hotel ohnehin verloren. Es sei denn, er hat Kinder.

– „Bald lässt sich der Fernseher mit dem iPad anmachen“, spottet mein Vater. „Über Satellit.“

Er sagt, jede Woche ginge eines aus der Sammlung der mehr als hundert elektronischen Geräte im Haus kaputt; seine Bilder hätten dagegen fast unbegrenzte Lebensdauer. Die Lebensdauer der Statuen ist dagegen begrenzt. Meine Mutter hat nämlich zwei Staubsaug-Roboter bestellt, für jede Etage einen.

Meine Mutter fährt einen unauffälligen mausgrauen Wagen. Einen Design-Peis wird er nicht erhalten. Seine inneren Werte sind jedoch beeindruckend, fortgeschrittenste Technologie. Mein Vater beharrt sturköpfig auf seinem Uralt-Mercedes.

– Man glaubt es kaum, er soll erst nach dem Krieg produziert worden sein. Der Wind pfeift durch den Fahrgastraum. Gegen frische Luft sei nichts einzuwenden. Nimmt man das Hardtop ab, ist man gut beraten, seinen Hut nicht zu vergessen. Es tropft durch das Verdeck. Mein Vater ist nicht zu belehren. Der Nachfolger seines Superautos sei ganz schön aufgeplustert, behauptet er. Die Eleganz sei weg.

– Meine Mutter dagegen hatte sogar Zweifel an der Fahrtüchtigkeit des Gefährtes und brachte es in eine Spezialwerkstatt. Da hatte sie 15'000 Franken an der Backe. Dazu mein Vater: Der Nachfolger seiner edlen Karosse koste das Zehnfache. Ohne Extras. Und weniger edel.

Was den geistigen Reichtum angeht, so liebt mein Vater völlig unnützes Zeug: die allgemeine Relativitätstheorie, die Kriegsschuldfrage (1. Weltkrieg), die Gemälde von Gerhard Richter, klassische Musik, sofern als Solisten hübsche Nachwuchstalentinnen auftreten. Die Liste lässt sich beliebig verlängern. Diese Themen sind meist Nichts für mich, von der Mathematik und der Kosmologie mal abgesehen.

– Immerhin lässt sich an der Liste ablesen, wie geistig reich die Kultur eigentlich ist. Vielleicht hatte der Rektor nicht ganz Unrecht. Hoffentlich spendiert die Schule mir ein wenig von dem geistigen Reichtum. Statt mich mit Papier zu überschütten.

Die Kosmologie ist ein Steckenpferd von mir; keine „kosmologische" DVD, die ich nicht besitze. Ich weiss Bescheid über den *Big Rip*, der das Universum zerreissen wird. Die Katastrophe steht praktisch unmittelbar bevor. Vielleicht trifft sie uns, wie schon geschrieben, bereits in 22 Milliarden Jahren.

Meine Mutter ist geistig nicht weniger reich, konzentriert sich jedoch auf Themen, die mit dem Leben zusammenhängen: Gesundes Essen, körperliche Bewegung, Behandlung von Krankheiten, Instandhaltung der Familien-Informatik, Finanzierung der Familie und Finanzierung der Unternehmen, für deren Finanzen sie verantwortlich ist.

– Bei diesen Themen trete ich, wie mein Vater, gerne beiseite, zumindest soweit sie häuslicher Natur sind. Dann stehen sie häufig mit unbezahlter Arbeit in Verbindung. Und sie halten mich von wichtigeren Tätigkeiten wie Minecraft-Spielen ab. Daher verdufte ich, soweit die Umstände es erlauben.
– Nur bei der Informatik trete ich in Aktion. Kein Tag vergeht, an dem ich nicht im Hinblick auf meine überlegenen Computer-Kenntnisse konsultiert werde. Zuhause und manchmal auch in der Schule.
– Also, man könnte bei meinen Eltern von siamesischen Zwillingen

sprechen. Kein Wunder, dass sie ständig miteinander rumknutschen.

Unser Leben kann als stockkonservativ gelten: Morgens, mittags und abends wird gemeinsam gegessen. Abends meist, zu meinem Leidwesen, im Restaurant. Im Frühling wird der Garten gepflegt. Meine Mutter an vorderster Front, mein Vater als Nachhut, die selten in Erscheinung tritt.

Und jeden Tag kommen Päckchen von Amazon an. Man glaubt es kaum, stets sind Bücher drin. Die Bibliothek wird noch in diesem Jahr eine Dependance im Keller erhalten.

Die Baugenehmigung einer neuen Bibliothek wurde davon abhängig gemacht, dass der Adlerhorst abgerissen wird. Er ist eine silberglänzende Konstruktion meines Vaters. Wahrscheinlich, um die Schiffe im Mittelmeer beobachten zu können. Nach dem Motto: Freie Sicht aufs Mittelmeer! Allerdings habe ich noch nie jemanden auf den Turm klettern sehen. Nicht einmal meinen Vater.

– Nur die Aufnahme in die Liste des Weltkulturerbes kann das Bauwerk noch retten. Der Eiffelturm hat es ja wider Erwarten auch geschafft.

Mein Vater plante, unter dem Turm einen Kata-ochi hindurchfliessen zu lassen. Der Kata-ochi ist ein zweistufiger japanischer Wasserfall; der obere Teil ist zurückversetzt. Dieser sollte sich hinter dem Superturm in die Tiefe stürzen, der untere Teil dann davor, bis zur Garage. Angelina, auf dem künstlerischen Portrait in der Garage, hat den Mund weit geöffnet, und man sieht tatsächlich, wie das Wasser des Kata-ochi in ihren Mund hineinfliesst. Wenn auch nur gemalt.

– Der Plan scheiterte am hinhaltenden Widerstand meiner Mutter.

Kapitel 14: Die Matura

Mein Einstand bei den Mathematik-Arbeiten in den beiden Oberklassen begann mit jeweils „mangelhaft“. Ich war schon sehr erbost. Über mich selber. Den Kram sollte ich doch schon noch bewältigen. Doch meine Lehrerin behielt die Nerven. Eine in den Augen meiner Eltern ganz ungewöhnliche Leistung.

In der Abitursklasse

– Meine Mathe-Lehrerin ist grossartig. Eigentlich schade, dass ich den Unterricht bei ihr schwänze. Immerhin korrespondieren wir regelmässig miteinander über Fragen der Oberstufen-Mathematik.

Bescheiden verzichtete ich, meinen Eltern gegenüber zu erwähnen, dass auch ich die Nerven behielt. Ich kämpfte mich rasch in die Region „fünf Komma fünf" bis „Sechs" hinauf.

März 2013: Die Matura steht vor der Tür. Was ist zu tun? Mein Vater sagt, ein wahrer Ritter verzage nicht. Ich bin mir allerdings nicht ganz sicher, ob Achill, der edle Ritter, zu Mathe-Prüfung angetreten wäre. Man kann ihn nicht mehr fragen, denn bekanntlich brachte ihn ein Pfeil des Paris in seine Ferse zu Tode. Als Spezialist der Odyssee weiss ich, was es mit der Achilles-Ferse auf sich hat: Ein Loch in der Ferse, und man kommt zu Tode. Das Sanitätswesen steckte vor dreitausend Jahren offenbar noch in den Kinderschuhen.

– *Na gut, gerne gehe ich als wahrer Nachfolger Achills in die Weltgeschichte ein.*
– Einer muss es ja machen, nachdem Achill nicht mehr zur Verfügung steht. Heute schiesst wenigstens niemand mehr wild mit Pfeilen um sich. Jedenfalls nicht in meiner Schule.

24. April: Um die anderen Maturanden und Maturandinnen nicht zu entmutigen, kriege ich ein eigenes Prüfungszimmer. Dabei ist es genau umgekehrt: Jeder/jede wird sich sagen: Wenn es der kleine Pimpf schafft, so ich doch erst recht.

Der Prorektor muss auf mich aufpassen. Vier Stunden lang. Zur Sicherheit habe ich mal mein neuestes LTB mitgebracht. (Du weisst: Donald Duck & Co.) Wer will schon vier Stunden am Stück Mathe machen? Meine Mutter denkt nicht nur an wertvolle geistige Nahrung wie z.B. LTBs: Sie hatte auch Wasser, Banane und Milchschnitten eingepackt.

Nach der Prüfung bin ich guter Dinge.

- Zugunsten der Berichte zu den neuesten Abenteuern von Donald und Dagobert musste ich zwar auf die Bearbeitung dieser oder jener Aufgabe verzichten. Man sollte die aktuellen Vorkommnisse im Auge behalten, selbst am Tag der Matura. Und das gilt auch, wenn es um die bekannte Entenfamilie geht.
- Aber es gab ja Aufgaben zuhauf, so dass ich mir keine Sorgen mache. *Vorsorglich melden mich meine Eltern mal an der ETH an.* Am 30. April ist nämlich Deadline. Seit Gorbi weiss ich ja: Wer zu spät kommt usw.

5. Juni: Mündliche Matura. Mein Thema ist der Beweis des Hauptsatzes der Differential- und Integralrechnung. Hätte Archimedes den Satz gekannt, hätte er sich manche langwierige Approximation ersparen können. Ich komme mit dem Beweis nicht ganz bis zum Ende, *wofür ich mich bei meiner Mathe-Lehrerin tausendmal entschuldige.*

- Schliesslich war auch Achill nicht immer in bester Verfassung. Hat er doch Troja beim ersten Einsatz angeblich mit einer unschuldigen Stadt in Mysien verwechselt. Die Odyssee war ständiges Thema in meiner Kindheit. Naja, Chirurgen verwechseln auch schon mal die rechte mit der linken Niere.

15. Juni: Matura-Zeugnisse. Fette Beute für mich. Ich denke, ich war der Beste. Das lässt sich zwar nicht herausfinden, wegen des Datenschutzes. Der Dekan der math.-naturwissen-schaftlichen Fakultät der Uni Zürich fand schliesslich die wunderschöne Formulierung: *„Mit Bestnoten".* Ein Datenschutz-Genie. Und so steht es jetzt in jeder Zeitung.

- Die feierliche Feier zur Austeilung der Matura-Zeugnisse. Die Schule beschliesst: *Ich darf nicht teilnehmen.* Wartet nur! Ich werde es euch schon noch zeigen!

Ich ahnte schon vorher, wie es kommen würde. Den „Last School Day", ein Schlammschlacht- und Wasserspritzvergnügen, habe ich boykottiert. Dank meiner dunklen Vorahnung. Wäre ohnehin nicht mein Ding gewesen.

– In Deutschland sind die Abi-Feiern längst Pyrotechnik- und Wasserbomben- Veranstaltungen. Das kommt davon, wenn sich niemand mehr ernsthaft mit Mathe beschäftigen will bzw. muss. Ich nehme mir vor, dieses Problem am Ende des Buches unter die Lupe zu nehmen.

21. Juni: Die lokale Presse hat Lunte gerochen. Die *Nordwestschweiz* hat die Nase vorn. Ich kriege fünf Spalten, in allen sieben Ausgaben der Nordwestschweiz, von Basel bis Solothurn. Und ein Farbfoto, auf dem ich romantisch auf dem Brunnen des Gymi sitze; im Hintergrund meine Kolleg(en)/innen: Zeichenunterricht in freier Natur ist für sie angesagt. Das ist das Beste an der Fotosession: Ich bin dispensiert, für mich kein Zeichnen in freier Natur! Die Presse hat auch ihre guten Seiten.

– Im Untertitel der Reportage werde ich als „Wunderkind" tituliert. Und der Rektor wird mit folgenden Worten zitiert. *„Von einem ähnlichen Fall habe ich in der Schweiz noch nie gehört."* Alarmstufe rot bei meinen Eltern. *Wunderkind*, dämliches Wort, so meine Mutter.

Die *Zentralschweiz* teilt mit, sie wolle noch am selben Tag ebenfalls Fotos von mir machen, für alle ihre lokalen Ausgaben. Ich sitze im Schneidersitz auf einem Pult vor einer Schultafel im Hintergrund. Zu sehen ist eine grottenfalsche Integralrechnung von mir. Peinlich genug. Die Journalistin hätte ja ruhig mal einen Blick auf die Tafel werfen können, um mich zu warnen.

Ich kriege fünf Spalten, in allen acht Ausgaben der *Zentralschweiz*, von Luzern bis Zug. Meine Eltern lernen dazu. Es gelingt ihnen in letzter Minute, unsinnige Vokabeln wie „Wunderkind" aus dem Bericht zu streichen.

– Die *Neue Luzerner Zeitung* gehört zur „NZZ-Mediengruppe". Eine ganze Gruppe! Ich weiss jetzt, was mir blüht.

Beide Zeitungen erwähnen, natürlich ganz zufällig, dass ich mich bei der ETH beworben habe. Eine geschätzte Million Leser und -innen haben dies hoffentlich zur Kenntnis genommen. Die ETH wird über meinen Antrag nachdenken müssen.

Der 9-jährige Gymnasiast Max will an die ETH

Hochbegabt Nach ausgezeichneten Ergebnissen bei der Mathe-Matur möchte Wunderkind Maximilian Janisch studieren

VON DANIEL FUCHS

«Hallo und guten Morgen», begrüsst uns eine helle Knabenstimme in gepflegtem Schriftdeutsch. Maximilian Janisch steht in seinem grasgrünen Poloshirt im Eingang des Gymnasiums Immensee (SZ). Für das Gespräch mit der «Nordwestschweiz» hat ihn die Schulleitung kurzerhand vom Unterricht des Bildnerischen Gestaltens freigestellt. Was Max nicht besonders stört, interessiert er sich doch viel mehr für Formeln, Gleichungen und mathematische Beweise. Vor einem Monat hat der 9-jährige Bub aus dem nahen Meierskappel (LU) die Mathematik-Maturaprüfungen abgelegt. Erfolgreich. Schriftlich gab's eine 5,5, mündlich sogar eine 6. Nun wollen die Eltern und der Rektor des Gymnasiums Max an die ETH nach Zürich schicken. Dort soll er die Prüfungen mitschreiben, gleichzeitig aber in Immensee die reguläre Matura abschliessen.

«Habe mich gut in die Klasse integriert», sagt Maximilian Janisch, seit einem Jahr in der Klasse 1a des Gymnasiums Immensee. EMANUEL FREUDIGER

Drei Jahre Primarschule

Wenn an der ETH im September das neue Semester beginnt, wird Max seinen zehnten Geburtstag gefeiert haben. Die meisten seiner Kommilitonen wären dann doppelt so alt wie er.

Eigentlich beginnt die Geschichte bei Max' Vater, Thomas Drisch. Selbstsicher, mit gestärktem Hemd, gepflegtem weissen Bart und dem ebenso gepflegten Schriftdeutsch, mit dem uns sein Sohn kurz vorher überrascht hat, trifft er beim Gymnasium ein: «Schönen guten Morgen, ich grüsse Sie.» Drisch war Mathematik-Professor an deutschen Universitäten. Später arbeitete er als Direktor beim Schweizerischen Rückversicherer Swiss Re. Heute ist er 67 und Pensionär. Er hat Zeit, fährt seinen Sohn vier Mal täglich von und zur Schule und ist auf einer bildungspolitischen Mission: Seinem Sohn hat er die Leidenschaft für die Mathematik mitgegeben. Er und andere Hochbegabte sollen besser gefördert werden. Wenn nötig mit einem vorzeitigen Studienbeginn an der ETH.

Wir setzen uns an den Tisch in einem stickigen Sitzungszimmer. Max wirkt aufgeweckt. Würde er seine Worte nicht so sorgfältig wählen, er wirkte wie ein ganz normaler Junge. Doch Max formuliert, reflektiert und nutzt die Begriffe wie ein Erwachsener. «Ich denke, dass ich mich gut in die Klasse integriert habe», antwortet er etwa auf die Frage, ob er unter seinen 15-jährigen Schulkameraden Freunde gefunden hat. Einer, mit dem er besonders gut auskomme, durchlebe gerade seine pubertierende Phase. Doch Max ist zuversichtlich, dass es «gut mit ihm kommt».

> **«Zurück in den regulären Mathe-Unterricht – das käme einem geistigen Gefängnis gleich.»**
> Thomas Drisch, Vater von Max

Bevor Max im vergangenen Sommer in die 7. Klasse des Gymnasiums Immensee aufgenommen wurde, durchlebte er ein stetes schulisches Auf und Ab. Im August 2009 trat er in die Primarschule Meierskappel ein. Noch im darauffolgenden November wurde er in die 2. Klasse versetzt, und bereits im Frühling durfte er in die 3. Klasse. Das führte sich fort bis zum Gymnasium-Übertritt. «Nach jeder Versetzung kämpfte ich eine Weile mit Überforderung. Schnell aber fühlte ich mich unterfordert. Mir wurde langweilig», erinnert sich Max. Besonders zeigte sich die Unterforderung im Mathematikunterricht. Waren seine Klassenkameraden noch am «Rechnen», betrieb Max zu Hause mit seinem Vater bereits Analysis. Sie führten allabendliche Gespräche über mathematische Probleme.

ETH trifft Familie zu Gesprächen

Auch in den Kernfächern erbringt Max ausgezeichnete Leistungen. «Er kommt überall gut mit», sagt Schuldirektor Aldo Magno, der sich in der Zwischenzeit dazugesetzt hat. «Von einem ähnlichen Fall habe ich in der Schweiz noch nie gehört», so Magno.

Weder er noch Max' Vater sehen eine sinnvolle Alternative zum vorzeitigen Studienbeginn. «Soll Max etwa wieder jene Übungen machen, die er längst beherrscht und die ihn langweilen?», fragt Drisch, um die Antwort gleich selber zu geben: «Zurück in den regulären Mathe-Unterricht – das käme einem geistigen Gefängnis gleich.»

Noch hat die ETH nicht entschieden. Möglicherweise fällt dazu nächste Woche ein Entscheid. Das ETH-Rektorat hat die Familie und den Schuldirektor Magno nächsten Mittwoch zu Gesprächen eingeladen. Das bestätigt die ETH-Medienstelle gegenüber der «Nordwestschweiz». Sie verweist aber auf die formalen Anforderungen an Studierende: Das ist entweder eine eidgenössisch anerkannte Matura oder eine bestandene Aufnahmeprüfung, die ähnliche Inhalte umfasse wie eine Matura. Eine Maturaprüfung jedoch, die nur in einem Fach abgelegt wurde, sei für eine Zulassung nicht ausreichend, so die ETH.

Ob die ETH mich nimmt?

KAPITEL 15: DIE ETH

26. Juni 2013: Nach langem Schweigen hatte mich die ETH Anfang des Monats zu einem „Gespräch“ eingeladen: „Wir sind gerne bereit, mit Ihnen [also meinen Eltern, nicht mit mir] Möglichkeiten zu erörtern, wie die ETH zur Förderung Maximilians beitragen kann.“ Das klingt vielversprechend. Und heute ist es soweit. Der Tag der Tage. Supersache! Die Prorektorin des Gymi wird unser Fähnlein der drei Aufrechten verstärken.

– Das ETH-Gebäude ist total imposant. Das *Weisse Haus* ist Nichts dagegen. Obama könnte sich einige Anregungen holen. Architektonisch, aber auch, was die Mathe betrifft. Einer seiner Vorgänger als Präsident hat schliesslich den Satz des Pythagoras neu bewiesen[65]. Mit dem Einsatz von Trapezen. Ich denke, ich sollte Obama schreiben, dass er sich ein Beispiel holen könnte.

Hoffnungsfroh erscheinen wir im Sitzungsraum. Dort warten fünf Vertreter der ETH, darunter der „Leiter des Rektorats“, und ein Professor der Mathematik, zuständig für die Studienberatung, und der Pressesprecher der ETH. Viel Ehre für unser kleines Fähnlein der vier Aufrechten[66].

Zunächst ein freundlicher Austausch gegenseitiger Hochachtung. Wie wenn sich hochrangige Delegationen zweier Länder treffen. Mir klopft das Herz vor Erwartung.

– Doch dann die kalte Dusche, eine Belehrung, die Statuten der ETH und die Studienordnung des Departementes für Mathematik betreffend. Kurz zusammengefasst: *Die Statuten lassen meine Aufnahme nicht zu, und die Studienordnung verunmöglicht ein Teilzeitstudium.*

---

65 James Abram Garfield, 20. Präsident der USA. Als ehemaliger Prediger trat er für die moralische Erneuerung ein; er wurde erschossen.

66 *Das Fähnlein der sieben Aufrechten* ist eine Erzählung des Schweizer Dichters Gottfried Keller. Altgediente Freiheitskämpfer versuchen, die Herzen einer Volksversammlung zu gewinnen. Zitat: *„Es wird eine Zeit kommen, wo in unserem Lande, wie anderwärts, sich große Massen Geldes zusammenhängen, ohne auf tüchtige Weise erarbeitet und erspart worden zu sein.“*

Meine Eltern und die Prorektorin kämpfen hartnäckig um eine Ausnahmeregelung. Die Hoffnung stirbt bekanntlich zuletzt. Sie lassen Nichts unversucht, auch wenn sie der Gegenseite wie die letzten Nervensägen vorkommen müssen.

Die ETH-Delegation lässt sich nicht nerven. Und sie bleibt bei ihrer Linie zuvorkommender Höflichkeit. Jedermann könne schliesslich zu den Vorlesungen kommen. Also auch ich. Seminare, Prüfungen und Ähnliches seien für mich natürlich tabu. Wenn ich sechzehn bin, solle ich mich wieder melden. Dabei werde ich mit 14 die Matura machen, voraussichtlich.

- Will die ETH mich tatsächlich 6 Jahre hinhalten? Ich darf zu Ihren „Vor*lesungen*". Das ist alles. „*Lesen*" kann ich selber. Es gibt hundert Lehrbücher für Erstsemester. Ich brauche nur in die Sammlung meines Vaters zu greifen.
- Mein Anliegen, die Chance, Mathematik auf Uni-Niveau machen zu dürfen, kommt gar nicht zur Sprache. Nur der Mathe-Prof. äussert sich kurz, das könne man auch ohne ETH. So habe er es in seiner Jugend gehalten. Das ehrt ihn, nutzt mir aber Nichts. Ich brauche Ansporn.

Mein Vater sagt, *Kinder seien häufig leistungswilliger und leistungsfähiger als viele Erwachsene.* Die Frage laute vielmehr: Was wird Ihnen von den Erwachsenen zugetraut? Auch Kinder wollen ernst genommen werden. Und ihre Leistungen anerkannt sehen.

- Nach einer Dreiviertelstunde weiss ich Bescheid: Wir sind abgeblitzt. Die unentwegten Anstrengungen meiner Delegation halte ich für aussichtslos. Und ich greife, um keine weitere Zeit zu verlieren, zu meiner bewährten Lektüre: Donald und Dagobert und alle, die sonst noch in den LTBs mitmachen. Ich werde in der Runde sowieso nicht wahrgenommen. Jedenfalls habe ich kein Rederecht.

Aus einem Brief meines Vaters an den Rektor meines Gymi:

- „Gasthörer an der ETH? Diesen Weg wollen wir ungern einschlagen. Wir streben eigentlich das Gegenteil an: *Dass Maximilian wie jeder andere „echte" Student behandelt wird.* Aller Voraussicht nach würde er in dem von ihm gewählten Studiengang zufriedenstellend abschneiden. Doch den Beweis seines Talentes wird er nicht antreten können: Er darf nicht an den Seminaren und nicht an den Prüfungen teilnehmen.

– Maximilians Situation an Ihrer Schule ist diametral entgegengesetzt: Sie haben ihn (mit 9 Jahren) in die siebte Klasse zugelassen, *mit denselben Rechten und Pflichten, wie sie jedem Schüler/jeder Schülerin zukommen*. In Maximilians Augen wurde er für „voll“ genommen, auch wenn er vier Jahre jünger war als seine Klassenkamerad(en)/innen, und so konnte er zeigen, dass er sich am richtigen Platz befand. Sie sind weiter mit gutem Beispiel vorangegangen: Maximilian hat die Matura in Mathematik unter *„normalen Bedingungen“* absolviert. Er durfte zuvor die Mathematik-Tests der 11. und der 12. Klasse mitschreiben, und er hatte die Regeln der Matura zu befolgen. Wie jeder und jede andere auch.“

Das Argument der ETH, es gebe noch 12 andere Matura-Fächer zu absolvieren, überzeugt meine Eltern nicht so richtig: Würde ich, z.B. in Französisch, in die Klasse 12 aufgenommen, so würde ich, so ihr Argument, die Matura in Französisch bestehen.

– Für ein Mathematik-Studium sind die Oberstufen-Kenntnisse in Geschichte und Philosophie wohl nicht so wichtig. Montesquieu kam in meinem Mathe-Kurs jedenfalls noch nicht vor.
– Mein Vater weiter: „Es geht nicht um das übliche Enrichment („das Kind ist begabt, machen wir mal etwas Chinesisch mit ihm“), sondern um eine seriöse Auseinandersetzung mit einem wertvollen Thema, auf Augenhöhe mit den Erwachsenen.“ „Auf Augenhöhe“: Eine Formulierung des Rektors meiner Schule.

Mein Mathe-Kurs zu Hause, so mein Vater, sei *eine kulturelle Veranstaltung,* in der stolzen Tradition der Mathematik, beginnend mit *Thales von Milet*. Das kann ich nachweisen, mit inzwischen dreissig seitenstarken Heften, die ich im Mathe-Unterricht meines Vaters gefüllt habe. Thales wurde wohl kaum gefragt, ob er die Französisch-Prüfung absolviert hat.

– Ich denke, ich wäre an der ETH am richtigen Platz gewesen. Natürlich bin ich sehr enttäuscht, wie es jedes andere Kind auch gewesen wäre.

***

Vor der Tür wartet schon das Fernsehen. Wir lassen der ETH den Vortritt. *„Es könne kein Studium à la carte geben"*, erklärt der Pressesprecher der ETH. Im feinen Ambiente vor dem Sitzungsraum. Dann verabschiedet sich die ETH-Delegation. Niedergeschlagenes Schweigen. Niemand von unserem Fähnlein oder vom Fernsehen weiss, was jetzt zu tun ist.

Schliesslich entern wir einen Seminarraum. Ich werde vom SRF interviewt.

– Was soll ich sagen? *„Die ETH hat ihre Regeln. Da kann ich jetzt Nichts machen."*
– In einem Interview mit der *Zentralschweiz am Sonntag* (vom 10.10.2013) wurde ich deutlicher, wenn auch mit Respekt vor der ehrwürdigen ETH: *„Naja, es war so, als stünden wir mit dem Ticket am Bahnhof und würden nicht abgeholt."*

Die Schlussszene: Erhobenen Hauptes verlassen wir das imposante Gebäude. Unser trotziger Abgang wird bestimmt der Abspann der Fernsehsendung werden.

Betretene Stimmung bei der Rückfahrt. Albert Einstein sei von der ETH auch abgelehnt worden. Alle sind feinfühlig genug, mir nicht diese alte Geschichte aufzutischen. Aber die Geschichte klebt seit fast 120 Jahren an der ETH; und jetzt klebt meine eigene Abfuhr auch noch an ihr. Das zeigt sich sofort:

In *Schweiz Aktuell*, den Nachrichten des ersten Schweizer Fernsehens, erhält meine Ablehnung siebeneinhalb Minuten[67]. Viel Ehre für ein Kind wie mich.

– Mein Vater erklärt vor der Kamera, frühe Begabung müsse nicht nur erkannt und gefördert, sondern auch geschützt werden. Die Anerkennung der kindlichen Leistung sei Bestandteil dieses Schutzes. Dadurch werde der Entmutigung des kleinen Talentes vorgebeugt.

Ich gehe davon aus, dass die ETH zugehört hat.

***

67 Redaktorin: Charlotte Michel.

9. Dezember 2013: Lange Zeit Nichts mehr von der ETH gehört. Doch jetzt erscheint in der *Polykum*, der Studentenzeitschrift der ETH, eine vierseitige Reportage über mich[68], unter der Überschrift *„Der Hochbegabte“*. Eine geglückte Wortwahl. Bisher war ich immer das *„Wunderkind“*. Doch gleich in der nächsten Zeile steige ich zum *„Mathe-Genie“* auf. Nothing is perfect.

Erst einmal werde ich selber charakterisiert: „Unruhig hampelt der zehnjährige Maximilian auf seinem Stuhl herum“ [Ich bin in einem Office der Uni, wie die Fotos in der *Polykum* zeigen.] Es gehe „um die Diskretisierung zweidimensionaler harmonischer Funktionen.“ „Er zieht seinen Schuh aus und wackelt mit den Beinen.“

– In der Tat, ich erkenne mich wieder. In Socken lässt es sich leichter diskretisieren.

„Der Weg, den Maximilian sich gewünscht und vorgestellt hatte, existiert nicht. ... Ausnahmen gibt es keine.“ Das klingt nach Regierungserklärung. Es ist halt die offizielle Haltung der ETH.

– Schliesslich kommt der Autor doch zum Kern der Angelegenheit: *„Maximilians Geschichte ist eine Aufforderung*. ... [Er hat] eine Rolle gefunden, in der er sich wohl fühlt. ... die Art und Weise, wie sein Vater [die Mutter bleibt unerwähnt] mit dem Talent seines Sohnes umgehe, rufe vielerorts Unverständnis und Kritik hervor.“
  – „Wenn ein zehn Jahre alter Junge dribbelt wie Christiano Ronaldo, wird die Welt verrückt. Eine junge Pianistin, die spielt wie Mozart, kann sich weltweit ein Konservatorium aussuchen. Kurzum: Wir feiern Sportler als Helden, Musiker als Wunderkinder – und lassen Naturwissenschaftler links liegen. ... Sport und Musik unterhalten uns und sind dadurch Teil unserer aller Leben geworden. Doch wenn es darum geht, wie man mit aussergewöhnlichen Talenten umgeht, müssen wir über das eigene Umfeld hinausschauen.“

Gut gebrüllt, Löwe! Kann man die Frage besser auf den Punkt bringen?

[68] Philipp Pauli, Polykum 4/2013.

Trotz der genauen Beobachtungen des Autors entsteht jedoch der Eindruck, der arme Kleine [also ich] werde unter Leistungsdruck gesetzt. Was der Artikel gewiss nicht ausdrücken wollte. Und egal, wie freundlich sich der Autor zeigt. Die Leute werden doch denken, ich habe es schlecht getroffen. Dabei bin ich bester Laune: Mir geht es gut. Sehr gut. Auch ohne ETH.

***

In der *Polykum* äussert sich auch der Fotograf, der mich für die Zeitschrift abgelichtet hat[69]. Er beginnt seinen Kommentar mit dem Beispiel eines Mädchens, das „wunderbar Topflappen häkeln“ kann. Zitat: „Aber danach fragt keiner.“ Gar nicht wahr: Ich möchte gerne auch einen wunderbaren Topflappen, als Geschenk für ... meinen Vater.

– Ich frage mich, weswegen nahm er als Beispiel ein Mädchen? Und warum ein topflappenhäkelndes? Vielleicht wollte er mit diesem Beispiel meine Bewerbung ins Lächerliche ziehen. Jetzt im Ernst: *Ich habe mit Freude, Vertrauen, Zuversicht und auch Talent an mir und der Mathematik gearbeitet, Tag für Tag, Monat für Monat, Jahr für Jahr.* Seitdem ich einen Kuli halten konnte.
– Ich hoffe, dass das Topflappen-Kind mit Freude, Vertrauen, Zuversicht und auch Talent gehäkelt hat, seitdem es die Häkelnadeln halten konnte. Wenn dem so sein sollte, dann lautet die Frage ganz anders, nämlich: Warum wird das künstlerische Talent dieses Kindes nicht gefördert? Was machen die Eltern, die Handarbeitslehrerin, die Schule, die Gemeinde zur Förderung dieses Kindes? Seiner Begabung? Sofern die Topflappen nicht so aussehen wie die meiner Grossmutter.

Für mich tut die Gemeinde allerdings auch Nichts.

– „A propos „Akademisierungsquote““, sagt mein Vater. Auch wenn es Fakultäten fürs Häkeln gäbe, so hätten wir keine(n) einzige(n) begabte Häkelkünstler/begabte Häkelkünstlerin mehr als ohne diese Fakultäten.

---

[69] Ungenannter Autor, *Gleiches Recht für alle,* ebenda.

Nach diesem Vorgeplänkel schreibt der Fotograf über die Sorgen, die er sich wegen mir macht: „Wie soll er [also ich] leben, wenn er nicht mit Menschen kommunizieren kann ... ? Dann wird er [also ich] zum emotionalen Pflegefall. ... Ist es nicht eben die Pflicht der Eltern und vor allem der Lehrer, für den Kleinen [also mich] zu sorgen?"

- Da kriegen meine Eltern und vor allem die Lehrpersonen Ihr Fett ab. Kein Pflichtbewusstsein! Keine Sorgfalt! Keine Pflege! Die Lehrer/innen könnten mir wenigstens dann und wann ein Magnum Classic spendieren.
- Woher weiss der Fotograf überhaupt was über mich und meine Unfähigkeit zu kommunizieren? Weil er einige Portraits von mir geschossen hat? Ich freue mich jedenfalls für den Fotografen, in dieser Frage Entwarnung geben zu können. Es braucht keinen Psychiater, um mir mit Rat und Hilfe zur Seite zu springen.

Jetzt kommen wir zur Schlussfolgerung des Fotografen: „M.J. [also ich] ... darf studieren, nur weil er gut in Mathe ist. Ist das Gleichberechtigung?" Gemeint ist, dass das Topflappen-Mädchen diskriminiert wird, weil es – anders als ich – nicht studieren darf. Es muss warten, bis die Häkelfakultät eingerichtet ist.

- *Aus Gründen der Gleichberechtigung soll ich also nicht gefördert werden?* Schon der Titel des Kommentars lautet: „Gleiches Recht für alle." Wenn das Mädchen nicht darf, dann darf ich auch nicht. Fantastisch. Gleichberechtigung durch Down-Grading, sagen meine Eltern. Weil die Männer keine Kinder kriegen, sollte man das nach Ansicht des Fotografen wohl auch den Frauen verbieten, sage ich.
- Meine Eltern sind fürs Up-Grading: *Jedes kindliche Talent habe Anspruch auf Förderung,* insbesondere auch Topflappen-Girls. Und auch alle Kinder ohne ungewöhnliche Begabungen hätten dieses Anrecht. Zum Beispiel selbst dann, wenn nur die üblichen Grossmutter-Topflappen gehäkelt werden.
- Und selbst pakistanische Mädchen hätten ein Recht auf Schulbesuch. Der scheint jedoch lebensgefährlich zu sein. Fortsetzung folgt: Kapitel 35.

Kapitel 16: Der Medien-Hype beginnt

Die Nachrichtensendung des SRF macht Furore. Am heftigsten reagiert *20 Minuten*. Um eine gute Figur zu machen, haben wir, das Familien-Fähnlein, die Zusammenarbeit mit *20 Minuten* abgelehnt. Nicht jedoch die ETH. Ein Schuss der ETH ins eigene Knie:

– Ich fülle mit meinem Portrait die Titelseite von *20 Minuten, ungefragt und ungewollt.* Unter der unglaublichen Überschrift „*Superhirn Max* darf nicht an die ETH." Gerne bin ich mal für 15 Minuten berühmt. (Niemand braucht 20 Minuten, um die „*20 Minuten*" zu lesen.) Aber nicht, wenn es nur darum geht, dass ich eine Bauchlandung gemacht habe. Wie bei der ETH.
– Gewiss, nie hatte *20 Minuten* Gelegenheit zu einem so aparten Titelbild wie dem „meinen": Schliesslich bin ich der zukünftige Mister Schweiz. Wie das Blatt zu ihrem Titelbild gekommen ist, bleibt allerdings im Dunkeln.
– Ein Psychologe „erklärt" mich dann auf der nächsten Seite: „Verkehren hochintelligente Kinder nur noch in Spezialeinrichtungen, ... , kann das ihrer Entwicklung schaden." *Meiner Entwicklung schadet nur, dass mich die „Spezialeinrichtung" ETH nicht genommen hat.* Ich werde auch ohne den Rat des Psychologen jeden Morgen im Gymi erscheinen. Hätte ich diese Absicht nicht, müsste ich ja trotzdem erscheinen. Auch wenn diese Einrichtung nicht gerade speziell ist.

Der *20 Minuten* – Blog muss wegen Overflows abgeschaltet werden. Die Blogs sind nicht gerade ermunternd, nicht nur bei *20 Minuten* nicht. In Dutzenden von Zeitungen und ihren online-Ausgaben werden meine Eltern durch den Kakao gezogen. Wie das im Internet so gute Sitte ist. Ein prominentes Beispiel aus der ersten Stunde:

„Entzieht den Eltern das Sorgerecht[70]

Ich habe den gesamten Artikel gelesen; und nicht nur den kleinen Online-Artikel. Aus diesem Artikel ist klar ersichtlich, dass Maximilian viel lieber einfach nur Kind sein möchte. Er hat bestimmt sehr viel Spass mit Mathematik, auch Germanistik interessiert ihn. Allerdings fehlt es ihm in der Na-

[70] Leserbrief in der *Zentralschweiz*, 23. Juni 2013.

tur herum zu toben. *Was sind das für „Rabeneltern".* Den nächsten Artikel über Maximilian Janisch möchte ich dahingehend lesen, dass den Eltern das Sorgegerecht endlich entzogen worden ist. Ansonsten prophezeie ich dass Maximilian in 5 Jahren enorme Probleme haben wird! Die Dummheit der Eltern muss nicht in Frage gestellt werden die ist offensichtlich sowie auch die Unfähigkeit!"

Dazu meine Eltern als Antwort:

„Was tun die Rabeneltern?

Die Rabeneltern von Maximilian lassen ihn in der Natur herumtoben, wann und so oft er will, und sie lassen ihn Mathematik machen, wann und so oft er will."

Was mir meine Kindheit nimmt, wenigstens teilweise? Dass ich seitenweise „Stoff" für die Schule auswendig lernen muss, den ich Tage darauf wieder vergessen habe. *Grossenteils fast hundertprozentiger Leerlauf.* Wenn einen nicht ausnahmsweise das Thema interessiert.

– Der Leerlauf hindert mich daran, was Ordentliches zu machen, zum Beispiel im Wald herumzutoben, Schnecken zu retten oder fast unlösbare Mathe-Aufgaben zu bearbeiten.

Meine Mutter sagt, ausserdem werde häufig ausser Acht gelassen, dass die Mathematik dem Jugendlichen keine Zumutungen zumutet, wie es z.B. die sportliche Förderung macht. Dominique Gisin, unsere Olympiasiegerin, sei ein unglaublicher Fall „heroischen Durchhaltens", *aber leider auch der unbeschreiblichen Zumutungen.* Hier ein Auszug aus Wikipedia:

„Während fast drei Jahren konnte sie, [Domimique], jedoch aufgrund mehrerer schwerer Knieverletzungen kein einziges Rennen bestreiten. Bei ihrer Rückkehr in den Weltcup im Dezember 2005 riss im rechten Knie das Innenband. Sie kämpfte sich wieder in den Schweizer Weltcupkader zurück. Im Februar 2007 zog sie sich nach einem Sturz einen Kreuzband- und einen Innenbandriss am linken Knie sowie einen Innenband-Anriss am rechten Knie zu. Es folgte die insgesamt siebte Knieoperation.

Sie kämpfte sich wieder in den Schweizer Weltcupkader zurück. Im Januar 2010 erlitt sie einen Riss im Innenmeniskus. In der Abfahrt bei den Olympischen Winterspielen 2010 stürzte Gisin im Zielhang schwer und zog sich dabei eine Gehirnerschütterung zu. Im Januar 2012 erlitt sie im Abfahrtstraining in Cortina d'Ampezzo Meniskus- und Knorpelverletzungen im linken Knie. Während der Abfahrt der Weltmeisterschaft 2013 stürzte Gisin und brach sich dabei den rechten Mittelhandknochen."

Meine Mutter sagt, die Verantwortung, die Dominiques Eltern tragen mussten, habe sie nicht übernehmen wollen. Und auch nicht übernehmen brauchen.

– Ich jedenfalls erwarte keine Meniskusverletzung im Rahmen meiner Mathe-Kurse.

Und noch ein Auszug aus *SwissGifted*[71] *Vol. 1, Nr. 1* („Begabungs- und Begabtenförderung in der Schweiz"): „Zugleich wurde in der Schweiz die Talentförderung im Sport immer wichtiger. Basierend auf Leitlinien und enormem Engagement im Europarat wurde ein Schweizerisches Sportkonzept ausgearbeitet." Die Label „Swiss Olympic Sport bzw. Partner School" seien geschaffen und zwischen 2003 und 2006 seien 27 Sportschulen gegründet worden.

– Schulen oder Klassen für intellektuell hochbegabte Schüler und Schülerinnen [auf Sekundarstufe] gäbe es nicht. (Stellt die Zeitschrift selber fest.)

Warum wohl? Darauf gibt der Bericht des *BRD-Bundesministeriums für Bildung und Forschung* zu „hochbegabten Kindern", ein Fund meiner Eltern, die Antwort[72]: „Besondere Aufmerksamkeit und öffentliches Interesse erregen Kinder und Jugendliche ..., wenn sie z.B. im Alter von 10 Jahren ein Musikinstrument so gut wie Mitglieder eines renommierten Orchesters spielen können, das Abitur mit 14 Jahren mit Bestnoten bestehen oder mit 17 Jahren das Tennisturnier in Wimbledon gewinnen."

– In Worten meiner Eltern: Man will gut unterhalten werden, mit Musik oder Tennis, zur Not tut es auch eine kleine Sensation, wie das Abi mit 14.

---

[71] Vol. 1, Nr. 1: Eveline Schweizer, *Begabungsförderung in der Schweiz*, Basel 2008. Siehe:www.swissgifted.ch.

[72] Herausgeber: Bildungsministerium [der BRD] für Forschung und Entwicklung, *Begabte Kinder finden und fördern*, Bertelmanns Verlag, Bielefeld 2010.

Zurück zur Schweiz: Beispielsweise gäbe es neben den vielen Sportschulen auch Schulen für „Musik und Tanz."

– So zeichne ein historischer Überblick „ein positives Bild in der Entwicklung der Begabungs- und Begabtenförderung in der Schweiz."

Da muss ich jetzt doch energisch widersprechen. Wo bleiben denn die „Häkelschulen"?

***

Zurück zur Presse: Eine endlos-Debatte beginnt. Schweizweit. Kein Wunder, denkt man einen Moment über SwissGifted nach.

Meine Schlussfolgerung als prominentes Subjekt der Endlos-Debatte: *Würde ich alle Blogs lesen, wäre ich wohl selbstmordgefährdet.* Was denken sich die Leute eigentlich? Sie kennen mich gar nicht. Gott sei Dank habe ich keine Zeit, Zeitungen und Blogs zu lesen. Ich ziehe LTBs eindeutig vor.

– Zeitnot, wie geschrieben: Gymi, Uni, Diplomero, und natürlich auch Minecraft. Sie alle zerren an meiner Zeit.

Dazu Journalisten zu Hauf. Trotz der entschiedenen Gegenwehr meiner Mutter.

Denn nach dem Titelbild von *20 Minuten* ist kein Halten mehr. Jede Zeitung will mit dabei sein. Das Telefon klingelt ununterbrochen.

– Entrüstung. In den Zeitungen über die ETH, in den Leserzuschriften über die Rabeneltern.

Dringend: *Eine Medien-Strategie ist unter den Parteien der Familie zu vereinbaren.* Soweit sind sich meine Eltern einig. Die Meinungen der Parteien in der Familie könnten jedoch unterschiedlicher nicht sein: Meine Mutter meint, die Journalisten von Funk und Fernsehen sowie von den Schweizer Zeitungen hätten ihr gerade noch gefehlt. Es gebe über hundert Schweizer Zeitungen.

Mein Vater erklärt, vor wenig mehr als hundert Jahren sei die Mehrheitsmeinung gewesen, Frauen seien ungeeignet fürs Studium. Geniale Mathematikerinnen des 19. Jahrhunderts wie *Sophie Germain*[73] oder *Sofja Kowalewskaja*[74] seien „vor den für sie ver-

73 Sophie Germain, eine Pariser Mathematikerin um 1800, liess sich von einem

rammelten Toren“ der Universitäten gestanden. Ihr Kinderzimmer in Moskau war mit dem Vorlesungsskriptum eines russischen Professors, Thema: Infinitesimalrechnung, tapeziert, ein Glück für die Mathematik. Ich werde mal die Tapete meines Zimmers auffrischen. (Sofja musste selbst im 20. Jahrhundert lange nach einer Uni suchen, die ihre Doktorarbeit bereit war zu begutachten. Göttingen tat es schliesslich, doch sie durfte die Uni zwecks mündlicher Prüfung nicht betreten. Die ETH lässt auch mich nicht an Prüfungen teilnehmen (Kap.15). Es kam zu einer heftigen Diskussion, wie auch in meinem Fall (Kap.15–17). Eine Frau als Mathematikprofessor sei eine schädliche und unangenehme Erscheinung, ja, man könnte sie [Sofja] sogar ein Scheusal nennen[75].)

Heute stünden die jugendlichen Talente vor den verrammelten Toren, darunter auch ich, sagt mein Vater. Meine Mutter sei das beste Gegenbeispiel gegen die damalige Missachtung der Frauen, und ich sei heute ein Gegenbeispiel gegen die Missachtung der Jugendlichen. Eine Diskussion in der Öffentlichkeit sei wünschenswert.

– Meine Mutter hat eine Diss zum *Stakeholder Value* verfasst, fast 500 Seiten stark. Es geht darum, dass sich jedes Unternehmen im Zentrum eines Spinnennetzes befindet; die Ecken bestehen aus „Anspruchsgruppen“. Das sind welche, die Ansprüche an das Unternehmen haben. Bestes Beispiel natürlich: das Finanzamt. Die Fäden dazwischen stellen die Beziehungen untereinander dar. Je näher eine Verknüpfung der Spinnenfäden zum Zentrum, umso mehr sitzt die Anspruchsgruppe dem Unternehmen im Nacken. Am nächsten ist in der Regel, wie bereits angedeutet, das Finanzamt.
– Ich bastele jetzt *mein* Spinnennetz. Es gibt *grüne* Anspruchs-

---

Freund Vorlesungsskripten der École Polytechnique stehlen. Sie bewarb sich unter seinem Namen an der Uni. Zwei der grössten Mathematiker des 19. Jahrhunderts, Lagrange in Paris und Gauss in Göttingen, setzten sich für sie ein.

74 Karl Weierstrass, der wichtigste deutsche Mathematiker seiner Zeit, bot ihr nach einem Assessment (siehe auch Kap. 21), Privatstunden in Berlin an.

75 August Strindberg. Viele Blogs äussern sich in ähnlich verständnisloser Weise über mich.

gruppen, Vater, Mutter, Grossvater, einige Freund(e)/innen, einige Lehrer/innen, insbesondere meine Mathe-Lehrerin und mein Tambourenlehrer samt seinen niedlichen Töchtern, und Letizia und manch andere. Und es gibt *rote* Verknüpfungen meines Spinnennetzes, wie die Schule im Allgemeinen. Aber ich will hier niemanden schlecht machen.

Das Buch meiner Mutter war übrigens schlagartig ausverkauft. Sie rettete ein einziges Exemplar. Das Thema sei damals eben in Mode gewesen. Heute brauche man in der Ökonomie kein Spinnennetz mehr. Es gebe neben dem Finanzamt im Wesentlichen nur noch *zwei* Anspruchsgruppen: Die Aktionäre und diejenigen mit den Millionengehältern.

Mein Vater legt nach: Jetzt, nach wenig mehr als hundert Jahren seit der Uni-Erstzulassung der Frauen, wolle man uns weissmachen, Jugendliche seien für die Uni ungeeignet. Ich, Maximilian, sei ein Gegenbeispiel. So wie meine Mutter, was die Frauen betrifft. Dieser erste Kampf sei zwar vor 100 Jahren gewonnen worden. Ich denke, meine Mutter sieht dann doch jünger aus.

– Jetzt müsse man eine Lanze für die Jugend brechen. Leonhard Euler wurde mit 13 Jahren immatrikuliert. Heute unmöglich. Immerhin wurde das Eintrittsalter für die ETH auf 16 Jahre abgesenkt. Ob die ETH jetzt ein Tummelplatz für pickelige Teenies wird, das weiss ich nicht zu sagen.

Zurück zur Presse: Die schlauen, aber doch leicht durchschaubaren, Worte meines Vaters verfingen bei meiner Mutter nicht. Die Presse käme ihr nicht ins Haus. Klare Kante.

Was kann ich zur Überbrückung des Parteien-Gegensatzes tun?

– Jede Seite will mich ins Boot ziehen. Da mache ich auf keinen Fall mit. Da schwimme ich lieber selber. Ohne Boot.

Ich erkläre: Mag die Presse schreiben, was sie will. Ich werde es nicht lesen. Für Risiken und Nebenwirkungen könnten mich aber alle konsultieren. Ich bin bereit, Hilfestellung zu geben. Den armen Journalist(en)/innen.

Wir einigen uns, von Fall zu Fall zu entscheiden. Mein Vater legt für die Anfragen schon mal eine Warteliste an.

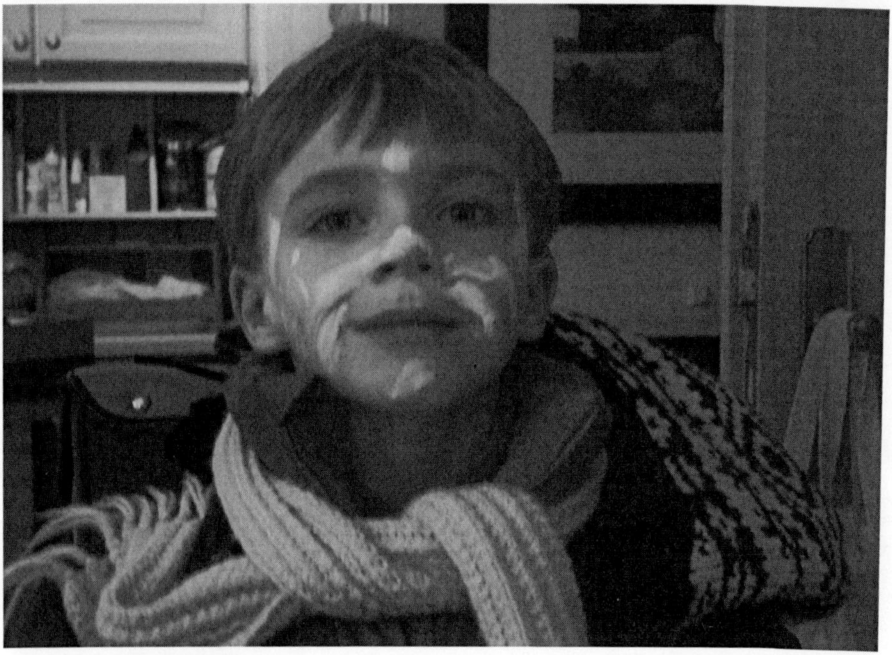

Schreibt, was ihr wollt

Kapitel 17: Irrsinn, Medien, Meinungen, Unwissenheit

Es beginnt mit der Einladung meines Vaters in den *Dienstagsclub*, eine Talkshow des SRF. Mein Vater zieht angesichts der familiären Medien-Diskussion gleich vier Pfeile aus dem Köcher:

- Der SRF kommt *nicht* ins Haus. Vielmehr geht es ins Studio nach Zürich.
- Maximilian [also ich] wird nicht belämmert.
- Die Club-Moderatorin bewegt sich auf hohem Niveau.
- Kein Schaden, den Leuten zu sagen, wo es lang zu gehen hat.

Meine Mutter streckt die Waffen. Doch nur für diesen einen Fall.

Die Teilnehmer des Clubs sind sorgfältig verteilt: Rechts die Experten und Psychologen, links die Amateure: Mein Vater, der Rektor des Gymi, und ein Hochbegabter von der ETH. Noch vor 50 Jahren waren im Tanzclub die Mädchen rechts zu finden, die Jungen links. Oder umgekehrt.

- Mein Vater darf beginnen: „Man sagt, Maximilian werde durch uns Rabeneltern die Kindheit genommen."

Das SRF blendet den obig zitierten Blog „Entzieht den Eltern das Sorgerecht" ein.

- Mein Vater weiter: *Richtig sei das Gegenteil, den Klavierspielern und Eislauf-Prinzessinnen werde durch das tägliche stundenlange Training doch eher die Kindheit genommen,* und häufig auch die Zukunft, denn mit Turnen am Stufenbarren beispielsweise sei kaum ein beruflicher Erfolg zu machen. Maximilian brauche im Gegensatz zu den genannten Fällen keinen mehrstündigen täglichen Aufwand. Auch seine Gesundheit sei nicht in Gefahr. Höchstens, wenn er im Wald herumtobt.
- Der Rektor legt nach: „Meine Schule konnte Maximilian, was die Mathematik angeht, Nichts mehr bieten. *Es war nur logisch, dass er sich an die ETH gewandt hat.*"
- Der Hochbegabte ist als Nächster dran: Er schildert seine Schwierigkeiten mit der Hochbegabung. Er wagt kaum etwas zu sagen, und das wenige auch nur im Flüsterton. Weil mein Vater direkt neben ihm sitzt, bekommt er das meiste von dem wenigen mit. Mein Vater sagt, es sei beeindruckend gewesen. Leider ist er der einzige, der das mitbekommen konnte.
- Jetzt haben die Experten das Wort. Sie schildern meine Zukunft in düsteren Farben. Wenn ich erst mal in der Pubertät sei, dann würde sich meine Liebe zur Mathematik rächen. Warum eigentlich? Dabei weiss ich von meinem Vater, dass er meine Mutter rumkriegte, indem er ihr einiges zur Mathematik der Schwarzen Löcher erzählte. Vielleicht etwas origineller als die übliche Anmache.
- Ob ich nicht schrecklich gemobbt werde, als Dreikäsehoch unter vier Jahre Älteren? Hand aufs Herz: Nie wurde ich so gemobbt wie unter Gleichaltrigen in der Primarschule. Der Schulleiter der Primarschule schrieb: „Maximilian steht weinend am Rand des Schulhofes." *Die Zeiten sind vorbei.* Mein Schicksal meint es gut

mit mir. Meine Eltern sagen, im Uni-Hörsaal werde mich gewiss niemand mehr mobben.

Es gibt auch positive Reaktionen. Zufällig stossen wir auf die „EtwasAndereKritik“, ein Blog-Verein[76]. In der Rubrik *„Irrsinn, Medien, Meinungen, Unwissenheit“* findet sich unter dem Titel *„Hochbegabte unerwünscht“* folgender Kommentar zur Clubsendung (2.7.2013):

„*Gegenwärtig führt die Schweiz eine äusserst merkwürdige Diskussion über Maximilian Janisch,* 9 (neun) Jahre alt. Der Knirps hat kürzlich die Maturaprüfung in Mathematik mit Bestnoten abgeschlossen und würde gerne an der ETH Mathematik studieren. Wunderbar, könnte man denken.

- Sogar der „Club“ widmete ihm letzte Woche eine Sendung mit der Überschrift: *„Gefördert oder überfordert“*. „Werden junge Hochbegabte zu wenig unterstützt?“ fragte der SRF im Teaser.
- Gäste neben Maximilians Vater: Eine ETH Professorin für Verhaltenswissenschaften, der Rektor des Gymnasiums [von Maximilian], ein 20 jähriger Hochbegabter [ETH-Student], und sage und schreibe zwei Psychologen.
- „Wahnsinnig“, fand schon am Anfang die Moderatorin Maximilians Aussage, dass Mathematik abwechslungsreich und nicht wie Fussball langweilig sei und fuhr in dem Stil engagiert fort. So fragte sie, wie mit einem „Kind, das blöd tut“, umzugehen sei – heisst mit Kindern, die im Unterricht unterfordert sind. Schwierig, schwierig, Schwierigkeiten, schwierig und Schwierigkeiten, wiederholte sie pausenlos. Direkt fragte sie den hochbegabten Studiogast: „Was ist bei Ihnen gewesen? Einfach schwierig?“
- Diagnose: Hochbegabung. Schnell merkte man: Hochbegabung ist für den Club eine „Diagnose“. Und selbstverständlich stellte sie, [die Moderatorin,] suggestive Fragen, wie die Lehrer und die Gesellschaft mit solchen Fällen umgehen. Woher sie ihr Wissen bezieht, wird klar, als sie das Qualitätsmedium *20 Minuten* zitierte.
- Natürlich sprangen die zwei professionellen Psychoschwätzer [nicht meine Worte, wir sind in einem Zitat] auf diesen Zug auf

[76] Siehe: etwasanderekritik@bluewin.ch. Verantwortlich: Frau Dani Brandt.

[die Redaktion, also mein Ghostwriter und ich, sind für die Meinung des Bloggers nicht verantwortlich] und konstatierten, dass die Schule vor allem soziale Aufgaben hätte. Auch die Demokratie, die ist immer gut, dürfe nicht zu kurz kommen. So erklärte die Erziehungspsychologin: „Menschen haben den Eindruck, bei Sport sei es etwas demokratischer. Wenn man sich genug anstrengt, dann macht man Fortschritte und wird richtig gut."

- Auch auf die benachteiligten Jugendlichen aus bildungsfernen Schichten wurde hingewiesen und ermahnt, dass sie nicht zu kurz kommen dürften und sie die „Förderung" bräuchten. Den Leuten sind die [Hochbegabten] so unheimlich, erfuhr der Zuschauer.
- *Die Moderatorin diagnostizierte, Maximilians Problem sei „So viel Intellekt in so einem kleinen Körper".*

- *Wohl gemerkt, sie ist der Meinung, Maximilian habe ein Problem.*
- Und der Einheitsbrei wurde weiter serviert. Maximilian solle soziale Netzwerke bilden, soziale Erfahrungen machen. In allen Fächern mitziehen, damit er sich später für etwas anderes entscheiden kann, vielleicht studiere er Physik. Er solle die Matura in allen Fächern abschliessen. Er müsse sich der Gesellschaft anpassen und sich auch in anderen Bereichen entwickeln. Auch andere Menschen müssten zurückstecken, das Gleichheitsprinzip.
- Besorgt zeigten sich die Gäste auch, wie er wohl mit 14-, 15-, 16-jährig sein werde. Auch für die Entscheidung der ETH, Maximilian für das Studium nicht zuzulassen, hatte man Verständnis. Die ETH begründete ihre Entscheidung mit juristischen Gründen und dass so eine Zulassung gegen die Regel verstossen würde...
- Das war der Inhalt der ganzen Sendung: Probleme, Schwierigkeiten und Gefühle" (Zitat Ende).

Die EtwasAndereKritik kommt zur Schlussfolgerung:

- *„... dass Maximilian für die Gesellschaft ein Glücksfall, ein „Sechser im Lotto" sein könnte, darüber verlor die Runde kein Wort.*
- Bildung ist der wichtigste Rohstoff, über den die Schweiz verfügt. Sie ist die notwendige Voraussetzung für den Erfolg unserer Wirtschaft und den Wohlstand dieses Landes, hört man immer wieder. Wie sieht die Zukunft einer Gesellschaft aus, die so mit Ihren Rohstoffen/„Rohdiamanten" umgeht? Was ist von einer Gesellschaft zu erwarten, die auf das utopische Gleichheitsprinzip setzt und die die junge Generation dressiert, anstatt sie Denken zu lernen?
- Was ist von einer Gesellschaft zu erwarten, die *Mark Zuckerberg* verehrt und zum mehrfachen Milliardär macht, der aber *Timothy Berners-Lee* („Web"-Erfinder) mehrheitlich unbekannt ist?" (Zitat Ende).

Apropos: *Timothy Berners Lee* entwickelte die Internet-Beschreibungssprache HTML (Hypertext Markup Language), das Transferprotokoll HTTP (Hypertext Transfer Protocol) zur Übermittlung von Daten im Netz, die „Zugriffsmethode" URL (Uniform Ressource Locator) zur Auffindung von Internet-Adressen, den ersten Internet-Browser und den ersten Webserver „CERN httpd" unter dem Betriebssystem „NeXTStep". Diese Entwicklungen können als Ursprung des World Wide Webs angesehen werden. Berners-Lee erstellte auch die erste Webpräsenz, „http://info.cern.ch". Diese Website gibt es bis heute. Du siehst: Ich bin ein Fan von Wikipedia.

Was, bitte schön, hat *Mark Zuckerberg* zum Fortschritt beigetragen? Er stiehlt den Teenies die Zeit, ihren geistigen Reichtum zu mehren. Der Diebstahl bringt ihm Milliarden. Immerhin, einige Millionen spendierte er jetzt sogar für uns Mathematiker[77].

Zurück zum Blog der „EtwasAnderenKritik":

– „Maximilian braucht und verlangt keine Förderung, es würde reichen, wenn ihn die politisch korrekt und präzis genormte Gesellschaft nicht bremsen würde.
– Da fallen mir nur Oskar Panizza mit *„Der Wahnsinn, wenn er epidemisch wird, heisst Vernunft"*[78] und Manfred Lütz *„Irre! – Wir behandeln die Falschen. Unser Problem sind die Normalen"* ein[79].
– Apropos, Schweizerfernsehen hat, zu mindestens theoretisch, einen Informations-auftrag ... No comment!" (Zitat Ende).

Ich bin als Kind nicht bildungsnah genug, um Panizza und Lütz zu kennen. Ich fragte meine Eltern. Sie sagten, es handele sich um Psychologie. Davon verstehe ich Nichts, doch zu mir selber habe ich eine Meinung: *Ich bin für mich und die Gesellschaft ein Glücksfall, und die Mathematik ist für mich ein Glücksfall.* Das übellaunige Internet-Bashing nehme ich, wie gesagt, nicht zur Kenntnis.

***

Jetzt reissen sich auch die Fernsehanstalten um meinen Vater und mich. Das Thema polarisiert. Und zudem war jeder, wie schon geschrieben, mal Schüler/in. Dieses Schicksal verschont keinen. Also

77 *„Breakthrough Prize"*, für 5 Mathematiker, jeweils mit drei Millionen Dollar dotiert.

78 Aus einem Vortrag Oskar Pannizzas (1891). Siehe: www.versand-as.de/eBooks-Downloads/Genie-und-Wahnsinn.html. Panizza war angehender Nervenarzt, bevor er sich entschloss, alsSatiriker zu arbeiten.

79 *Irre! Wir behandeln die Falschen – unser Problem sind die Normalen: eine heitere Seelenkunde*, Gütersloher Verlagshaus, Gütersloh 2009. Lütz ist Psychotherapeut.

kann auch jeder mitreden. Zumindest glaubt das jeder. Und jeder glaubt, über mich reden zu können. Auch wenn er mich nie getroffen hat.

Es gilt die neue Sprachregelung meiner Mutter: Mein Vater darf zum Fernsehen, z.B. zu Tele 1 und Tele Züri, ich aber solle mich draussen halten. Das ist ok. Die Medien nerven inzwischen schon ein wenig. Sogar mich als hilfsbereiten Hauptdarsteller.

Kapitel 18: Das Montagsinterview

Die lokale Presse, insbesondere die *Nordwestschweiz* und die *Zentralschweiz*, sind mir von Anfang an treu gewesen. Sie nerven nicht. Über das nächste halbe Jahr werden sie viele Seiten über mich publizieren. Mein Vater würde sagen, sie machten es nicht schlecht. Das wäre der Verleih der Goldmedaillen. Unter vielen Interviews hier das sympathischste[80]:

Hallo Maximilian, wie ist es an der Prüfung gelaufen? [Es ging um den Bio-Test des heutigen Tages.]

– Maximilian Janisch: Das weiss ich doch nicht, der Test ist ja noch nicht korrigiert.

Was wurde abgefragt?

– Gelenke und Geschlechtskrankheiten.

Geschlechtskrankheiten! Interessiert Dich das als 9-Jähriger?

– (Räuspert sich) Sie sind mir ziemlich egal.

Bist Du aufgeklärt?

– In Biologie oder in Geschichte? [Die Aufklärung war ein Thema im Geschichtsunterricht meiner Klasse.]

Interessiert Dich denn die menschliche Fortpflanzung?

– Nein, aber meine 13- bis 14-jährigen Mitschüler und Mitschülerinnen schon. Die sind ja jetzt in der Pubertät.

Hast Du Dich schon mal verliebt?

– Kommt Zeit, kommt Liebe.

---

80 Daniel Fuchs, *Hochbegabter Max: „Ich mache auch in den Ferien Mathematik“*, Nordwest-Schweiz, 3.7.2013.

Lassen wir das. Hast Du heute schon gerechnet?

– Nein, heute noch nicht. Was ich mache, nenne ich aber eher Mathematik. Rechnen – das sind die Grundrechenarten wie Potenzieren und so.

Dann ist Rechnen Kinderzeug?

– Ich würde es mal so sagen: Rechnen ist auswendig lernen. Beispiel: Das Einmaleins.

Aber Rechnen ist im Alltag wichtig, etwa wenn Du einkaufen gehst oder den Notenschnitt berechnest. Wo bleibt da die Mathematik?

– Ohne Mathematik könnte man keine Elektronik betreiben. So wäre es schwierig, ein Gerät wie Ihr Aufnahmegerät zu entwickeln.

Kannst Du das erklären?

– Klar, für die Elektrotechnik braucht es beispielsweise die imaginären Zahlen. Kennen Sie die?

Ich erinnere mich nicht.

– Ich erkläre sie Ihnen: zum Beispiel die Wurzel von -1, eine imaginäre Zahl. Man nennt sie „i", wobei i im Quadrat -1 ist.

Verwirrend. Welche Disziplin interessiert Dich eigentlich am meisten?

– Ich mag die Stochastik sehr. In der Kombinatorik gefällt mir die hypergeometrische Verteilung. Ich erkläre sie am Beispiel des Zahlenlottos: Will ich die Wahrscheinlichkeit berechnen, *vier Richtige* zu haben, dann muss ich rechnen: 6 (für die Anzahl möglicher Erfolge) über 4 (für die erwünschte Anzahl der Richtigen, nämlich vier), mal die Anzahl der Falschen, also 42 minus die 6, also 36, über 2 (für die Anzahl 2 der Luschen). Das ergibt die *Zahl* aller möglichen Vierer. Ich teile sie durch die Zahl aller Möglichkeiten, sechs Zahlen anzukreuzen, also durch 42 über 6, um jetzt die Wahrscheinlichkeit eines Vierers zu erhalten. Also rechne ich 6 über 4 mal 36 über 2, dividiert durch 42 über 6. Als Fussnote: Was bedeutet „6 über 4"?[81].

---

81 „n über k" ist der Name des Bruches n!/(k!(n-k)!; n und k sind positive ganze Zahlen. n! bedeutet dabei das Produkt 1 · 2 · 3 · ... · n. Es ergibt sich also: {[(6 · 5 · 4 · 3 · 2)/(2 · 2 · 3 · 4)] · [(36 · 35/2)]} / {(42 · 41 · 40 · 39 · 38 · 37 · 36)/(6 · 5 · 4 · 3 · 2)}; dabei ist der erste Bruch ausgeschrieben, die beiden folgen-

Belassen wir es dabei. Was ausser Mathematik ist Dein Lieblingsfach?

– Ich mag die Fremdsprachen sehr, allen voran Französisch. Ich habe gar keine Wahl: In den Ferien, in Südfrankreich, spreche ich Französisch mit den Nachbarskindern.

Sind das Deine Freunde?

– Ja, ich würde schon sagen. Sie sind auch etwa gleich alt wie ich.

Ist nicht Dein Vater Dein bester Freund?

– *Ich bin zufrieden mit ihm.* Aber er ist ja, wie auch meine Mutter, mehr als ein Freund.

Zurück zur Mathematik: Hast Du ein Lieblingstheorem?

– Mir gefällt Fermats gewagte These: a^n+b^n ist immer ungleich c^n für alle n grösser als 2 und alle positiven ganzen Zahlen a, b, c.– Es dauerte mehr als drei Jahrhunderte, bis der Beweis geliefert wurde. Das war 1994[82].

Gibt es ein ungelöstes Problem, das Du gerne lösen würdest.

– *Ich studiere erst einmal die lösbaren Probleme.* Denn ich weiss ja nicht, ob sich ein bisher ungelöstes Problem überhaupt lösen lässt.

Wie wäre es mit einem eigenen Satz – Maximilians Theorem zum Beispiel?

– Nein, das ist im Augenblick nicht mein Ziel.

In der Mathematik gibt es falsch und richtig. Möchtest Du am liebsten auch in Deinem Alltag in falsch oder richtig einteilen können?

– Wenn ich kein brauchbares Feedback erhalte, ob etwas falsch oder richtig ist, dann fühle ich mich schon unsicher. Das Schöne an der Mathematik sind die klaren Antworten. Beim Skifahren zum Beispiel kann man einen Schwung zwar richtig, ihn aber vielleicht noch richtiger machen.

Fährst Du gerne Ski?

---

den sind schon gekürzt; weiteres Kürzen: $= (5 \cdot 5 \cdot 3) / (41 \cdot 38 \cdot 37 \cdot 26) =$ 0,005004 %. Keine Garantie für die Rechnung!

82 Andrew Wiles, *Modular Elliptic Curves*, Annals Math. 141 (1995), 443–551. Richard Taylor, Andrew Wiles: *Ring-theoretic properties of certain Hecke algebras*, Annals Math. 141 (1995), S. 553–572.

– Ja, schon. Aber eben: Mathematik liefert die exakteren Antworten. Im Vergleich zum Skilehrer.

Interessiert Dich Politik?

– Hm, ich werde wahrscheinlich nie Politiker. Und wenn, dann wäre ich wohl eine Art Dagobert Duck-Politiker, der dem Pechvogel Donald sagt: Wenn Du mir hilfst, dann kriegst Du einen Anteil von 0,001 Prozent. Ich weiss jetzt nicht, wie stark Donald in der Prozentrechnung ist.

Eine Alles-oder-Nichts-Strategie also. Manchmal muss man aber auch teilen. Kannst Du das?

– Ich versuche schon, andere zu überreden, das zu machen, was ich will. Ich gestalte den Deal aber dann doch möglichst so, dass er für beide vorteilhaft ist. Es ist wie eine Symbiose: Eine Alles-oder-Nichts-Strategie würde wohl schlecht ankommen, fürchte ich.

Ende Woche beginnen Deine Schulferien. Was magst Du lieber: Schule oder Ferien?

– Nach langer Unterrichtszeit habe ich das Gefühl, der Schulstoff wachse mir aus den Ohren. Wir hatten im vergangenen Semester fast 50 Tests. Das war mir zu viel, und es hat nicht nur mich gestresst.

Und wenn Du wählen müsstest zwischen Mathematik und Ferien?

– Sagen wir es so: Ich mache auch in den Ferien täglich eine halbe oder eine dreiviertel-Stunde Mathematik.

Was treibst Du sonst in den Ferien?

– Ich gehe Schwimmen, spiele mit den Nachbarskindern Touche-Touche oder springe Trampolin. Das lockert mich auf.

Nach den Ferien wolltest Du an der ETH Mathematik studieren. Die ETH lehnte nun ab. Bist Du sehr enttäuscht?

– Das Leben geht weiter. Dieser Entscheid war ja zu erwarten.

Fühlst Du Dich diskriminiert, dass Du noch nicht studieren darfst?

– Ich sage es so: Die ETH diskriminiert mich nicht direkt wegen meines Alters. Sie verhindert aber auch nicht, dass ich durch die Verhältnisse diskriminiert werde.

Weisst Du, was Diskriminierung ist?

– Ja, die Frauenrolle zum Beispiel unter einem Patriarchat.

Weisst Du, wer Nelson Mandela ist?

– Nicht so genau.

Er hat die Rassendiskriminierung in Südafrika bekämpft.

– Dafür ist mir Martin Luther King geläufig. „ I have a dream“, seine grosse Rede, hängt in meinem Kinderzimmer.

Welches ist denn Dein Traum?

– Ich bin eigentlich kein Tagträumer. Ich nehme es, wie es kommt.

Macht es Dich nicht wütend, dass Du nicht die ETH Prüfungen ablegen darfst?

– Nein, nicht wütend. *Ich finde es nur schade, für die ETH. Sie wird es noch bereuen.*

Was machst Du, wenn Du wütend bist?

– Dann warte ich einfach mal ab. Denn die Zeit heilt alle Wunden.

Hast Du Deine Eltern schon einmal richtig wütend gemacht?

– Wie definiert sich „richtig wütend“?

Hast Du sie zum Beispiel schon mal richtig enttäuscht?

– Nein, ich hoffe nicht.

Waren Deine Schulkameraden nicht neidisch, dass Du jetzt so im Rampenlicht stehst?

– Würde sie das neidisch machen, dann wären sie bereits zuvor, bei meiner Matura, neidisch gewesen. Sie sind nicht neidisch, sondern ok.

Hast Du die Kommentare auf die Medienberichte gelesen, in denen es hiess „armes Kind“, „lasst dem Kind seine Kindheit“, „lasst ihn besser im Wald rumtoben“?

– Ja.

Haben sie Dich verletzt?

– Nein. *Denn mir genügt es zu wissen, dass ich im Wald rumtoben darf.* Soviel ich will.

Und, tust Du das?

– Nicht gerade oft. Aber ich könnte, wenn ich wollte. Ich mache lieber Mathematik.

Endlich am Ziel

Kapitel 19: Die Uni

Ein edler Ritter lässt sich nicht entmutigen. Und so habe ich mich bei der Uni Zürich beworben. In den Sommerferien erhielt ich eine Einladung des Dekans der mathematisch-naturwissenschaftlichen Fakultät. Die Familie geriet in Hochstimmung. Kaum aus den Ferien zurück, ging es zur Uni. Hoffentlich gibt's nicht wieder eine Abfuhr, „feinsinnig formuliert" (meine Eltern). Als Sekundanten nehme ich sie wieder mit.

28. August 2013: Wir sind gut vorbereitet, via www.unizh.ch: Der Dekan forscht über Fadenwürmer. Meiner unmassgeblichen Meinung nach wird viel zu wenig über Fadenwürmer geforscht. Sie stellen angeblich mehr als achtzig Prozent der tierischen Biomasse.

– Ich glaube kaum, dass die Menschen in ihrer Gesamtheit auch nur über ein Promille der Biomasse kommen. Obwohl sie überall herumlaufen, wo sie stören können.

Wir hatten wahrhaft Gesprächspartner „auf Augenhöhe", wie unser neuer Gymi-Rektor formuliert: Nicht nur den Dekan, „Rector designatus" der Uni, auch den Direktor des Instituts für Mathematik. Der Direktor forscht über nichtlineare partielle Differentialgleichungen wie beispielsweise die inhomogene Schrödinger-Gleichung. Sie beschreibt unter anderem, wie sich Elementarteilchen so durch den Raum bewegen.

– Man weiss bekanntlich nie genau, wo man sie finden könnte. Erst wenn man sie gefunden hat, weiss man, wo man sie findet. Die Quantenmechanik – fast so bizarr wie das Leben.

Das Gespräch habe sich, so meine Eltern im Nachhinein, auf höchstem Niveau bewegt. Es sei nicht um Verordnungen und Statuten gegangen, *sondern ausschliesslich um die Chancen Jugendlicher, sich mit der Mathematik anzufreunden.* Klarer Gegensatz zu den Bedenkenträgern der ETH-Delegation.

– Und nun eines der seltenen Wunder: *Ich bin zum Assessment eingeladen.* Mein Prüfer heisst Camillo De Lellis. Er soll mein Mentor werden. Im Rahmen der „Junior Euler Society".

Ich will ja keine Reklame machen, aber klicken Sie ruhig mal auf www.eulerzentrum.uzh.ch. Ein Superangebot für Jugendliche.

- *Euler* ist der grösste Mathematiker des 18. Jahrhunderts. Mein Mathe-Kurs hat ihm einige Einheiten gewidmet. Wegen der grossen Primzahlen. Denn Euler zeigte, nicht ohne Mühe, dass 2 147 483 647 prim ist[83]. Zwanzig Jahre hat er über den Beweis gebrütet.
- Noch heute wird an der Edition seiner 866 Publikationen gearbeitet. 70 Bände sind bereits erschienen, darunter das grundlegende Buch *Introductio in analysin infinitorum*, die Geburtsurkunde der Analysis. Selbst Napoleon studierte Eulers mit einem Engländer zusammen verfasstes Werk *Neue Grundsätze der Artillerie*. Er hätte sich lieber auf die Analysin infinitorum verlegen sollen.

Aus der Medien-Erklärung der Universität anlässlich meines Einstandes an der Uni[84]:

- Die Junior Euler Society ist ein Projekt der Mathematisch-naturwissenschaftlichen Fakultät der Universität Zürich. Sie setzt sich zum Ziel, mit verschiedenen Angeboten Jugendliche in ihrem Interesse für die Mathematik zu unterstützen. Insbesondere bietet sie mit verschiedenen Kursangeboten interessierten Mittelschülerinnen und Mittelschülern die Möglichkeit, sich vertieft mit grundlegenden Fragen aus verschiedenen Gebieten der Mathematik wie Geometrie, Topologie, Wahrscheinlichkeitstheorie, Kryptographie, Logik und Kombinatorik zu beschäftigen. Das Spannende besteht darin, selbst Lösungswege zu entwickeln und dabei mathematische Begriffe und Methoden zu entdecken. Die Junior Euler Society schafft ein Forum, in dem diese Fragen im Kreis von Gleichgesinnten unter wissenschaftlicher Anleitung intensiv bearbeitet werden.

***

24. September 2013: Der Dekan der Fakultät hält eine Rede im Rahmen von Aiducation zur Begabtenförderung. Die Studienstiftung hat

---

83 Euler hielt sich an Mersenne: Es handelt sich um die Mersenne-Zahl 2^{31}-1.

84 Medienmitteilung der Universität Zürich vom 12. September 2013.

mich, also die zu fördernde Begabung, und meine Eltern eingeladen. Leider war ich zur Projektwoche abgestellt und konnte nicht kommen. *Aiducation* ist ein Verein, der die Bildung und Ausbildung Jugendlicher in der dritten Welt durch Stipendien unterstützt[85]. Die *Studienstiftung* ist ein Verein, der begabte Studierende hierzulande unterstützt. Ich hoffe, ich bin der ideale Kandidat als Studienstiftler. Aber noch ist kein Geld geflossen.

Der Dekan sandte meinen Eltern und mir die Folien seiner Präsentation:

- Die erste Folie trägt den Titel: „Wer ist das?“. Du hast es erraten: *Ich bin's.* Mein Portrait prangte, so meine Eltern, zwei Meter hoch, auf der Leinwand des Auditoriums, dahinter meine Berechnung des Integrals des natürlichen Logarithmus. Bedauerlicherweise sehe ich auf der Folie ziemlich schlafmützig aus. So, als hätte mich das Integral ganz schön mitgenommen.
- Zweite Folie: „Jetzt will der 9-jährige Max an die Uni.“ Sehr richtig!
- Nächste Folie: Die „Begabungsverteilungskurve“. Es handelt sich, wie nicht anders zu erwarten, um die Gauss'sche Wahrscheinlichkeitsverteilung. Wenige sind auserwählt, denn nur ca. 2,2% der „Lernenden“ haben einen IQ oberhalb des Mittelwertes plus zweimal der Standardabweichung. Ein fetter roter Pfeil zeigt auf die Wenigen: „Brauchen spezielle Unterstützung.“
- Nächste Folie, für die, die von der Gauss-Verteilung abgeschreckt waren, nochmals dasselbe: „Begabte brauchen spezielle Unterstützung, um ihre Begabung optimal entwickeln und entfalten zu können.“
- Nach den ersten beiden Folien zu urteilen, bin zunächst einmal *ich* gemeint. Zuviel der Ehre! Was den geistigen Reichtum betrifft, bin ich zwar, dank des Dekans und des Direktors, bereits in der Vorhand. Finanziell gesehen, gibt's noch Nachholbedarf. Immerhin hat Aline, meine Betreuerin und hoffentlich Managerin in spe, mir schon mal einen Vorschuss versprochen. Favre, der vornehme Verlag, wird sich schon nicht lumpen lassen.

---

85 www.aiducation.org.

– Nächste Folie: „Die Gesellschaft hat die Aufgabe, jedes Kind, jeden Jugendlichen, unabhängig von seiner Begabung, in seiner Entwicklung optimal zu unterstützen."
– Ganz meine Meinung. *Nur mein Kanton und meine Wohngemeinde haben das noch nicht kapiert.* Mein Antrag auf ein kleines Anerkennungshonorar für meinen Mentor Camillo De Lellis wurde vom Kanton postwendend abgelehnt. Die Antwort der Gemeinde blieb zwei Monate aus, wegen sorgfältiger Prüfung. Ahnst Du, wie die Antwort aussieht? Das Argument der Gemeinde: „Die Begabungs- und Begabtenförderung [wird] im Rahmen der Volksschule angeboten." Soll ich mich jetzt da melden, um zum Thema der Eigenwerte von Endomorphismen unterstützt zu werden?

Und hier ein Auszug aus dem „Rahmenkonzept *Besondere Begabung – Hochbegabung*" der „Bildungsplanung Zentralschweiz", Paragraph 6.5: „Für die Förderung von Kindern und Jugendlichen mit besonderen Begabungen müssen die Kantone und die Gemeinden finanzielle Mittel zur Verfügung stellen, eine kostenneutrale Umsetzung ... ist nicht möglich."

Vorne auf der Bühne grosse Worte zur Begabtenförderung, z.B. von den Bildungsdirektoren. Hinter der Bühne dann: April, April. Die Bildungsdirektoren sollten nochmals nachsitzen! *Sie könnten ehrlich sagen: Wir wollen nicht – oder: wir können nicht.*

Nicht einmal zu einer Glückwunschkarte der Gemeinde hat es gereicht.

Ich bin ohnehin fest entschlossen, einen Anhang zu Potemkin zu schreiben (Kap. 29 – 35). Bildung ist ein ideales Thema für Potemkin.

***

Zum Vergleich: Fernsehen und Zeitungen werden seit Monaten beherrscht von der Diskussion über *Carlos*, einen 18-jährigen Kriminellen, der bereits 34 Mal verurteilt wurde. Das weiss ich aus Wikipedia. Carlos hat eine eigene Seite in Wikipedia[86][87] (!). Ich nicht.

[86] de.wikipedia.org/wiki/Fall_"*Carlos*".

[87] „SRF kommt mit Film Carlos 2.0" (Tageszeitung vom 18.08.2014). „Die grössten

– Gymi und Uni haben mir untersagt, mit den „Medien“ zusammenzuarbeiten. Doch Carlos ist ein Dauerbrenner. Die Schweizer Presse berichtete über tausend Mal über ihn. Behauptet die *NZZ*. Ein Rekord!
– Warum beherrschen die Kriminellen die Szene? Ich dagegen habe Fernseh-Verbot. Ich werde das Verbot vielleicht zur Diskussion stellen müssen. Spätestens, wenn jetzt meine Biografie erscheint. Wie soll Aline sonst zu ihrem Blockbuster kommen?

Zurück zu Carlos, dem Fernsehstar: Er erhielt ein „Sondersetting“ für zu Beginn 29’200 Franken im Monat, darunter 5’300 Franken für Unterricht im Thai-Boxen. Welchen allgemeinen Nutzen bringt dieser Kampfsport? Mit meiner Mathematik gefährde ich wenigstens niemanden. Und mit einem Prozent der aufgelaufenen Carlos-Kosten hätte Camillo De Lellis Geld genug erhalten, um die Flugkosten zu den berühmtesten Unis zu finanzieren. Zwecks Weiterentwicklung der Mathematik.

Carlos wird durch ein kopfstarkes Team rund um die Uhr „betreut“ (10 Beteiligte)[88]. Das ist ganz schön teuer, sei aber notwendig, weil er eine schwere Kindheit hatte.

– Die Mathe ist schwierig, und die Schule liegt mir schwer im Magen. Ich sehe dennoch keinen Grund, mich über eine schwere Kindheit zu beschweren. Und ich brauche kein Betreuungs-Team. Meine Betreuung wird neben meinen Eltern von einem Einzigen geleistet, meinem Mentor. Sie kostet nicht 29’000, sondern exakt Null.
– Ich kann also kompetent mitreden: *Nichts gegen die Apanage für Carlos.* Doch der Antrag, meinem Mentor Camillo De Lellis eine bescheidene Anerkennung für meinen Förderkurs in höherer Mathematik zukommen zu lassen, wie gesagt, eine Heidenarbeit, wurde, wie gesagt, von meinem Kanton, Luzern, rundweg abge-

---

Schweizer Medien haben über den „Fall Carlos“ 1053-mal berichtet“ (Thomas Hasler, Tageszeitung vom 15.09. 2014).

88 „Eine Rundumbetreuung für monatlich 29’000 Franken wurde auf öffentlichen Druck hin abgebrochen. Eine 10’000 Franken günstigere Massnahme brachte keinen Erfolg, worauf die Behörden selbst die Notbremse zogen.“

lehnt[89,90,91]. Und von meiner Gemeinde Meierskappel ebenso[92]. Wie gesagt, nach sorgfältiger Prüfung.

Zusammengefasst: Meine Mathe zählt nicht, der Kampfsport wird gepäppelt. Meine Liebe zur Mathematik wird durch den Kakao gezogen, sogar lächerlich gemacht (Kap. 15), die Arbeit meines Mentors nicht geachtet, der Thai Box-Lehrer mit 5'300 pro Monat honoriert. *Wir schiessen uns ins eigene Knie. Nicht mit Patronen, sondern mit Granaten.*

***

Zurück zum Vortrag: Der Dekan bringt die Sache auf den Begriff. Zum Beispiel, einige Folien weiter:

– Das „Enlighted self-interest": *„Auch die Gesellschaft profitiert von der Förderung von Begabten."* Das werde ich meiner Gemeinde mal schreiben.
– „Und die Begabung verpflichtet. Siehe Matthäus 25, 14–30, Lukas 19, 12–27."

Man muss immer seine Bibel mit sich führen. Aber wo ist meine? Die wilde Suche setzt ein. Erfolg! Aha, Matthäus und Lukas: *Das*

---

89 Wikipedia: *De Lellis has been awarded the Stampacchia medal in 2009, the Fermat Prize in 2013, the Caccioppoli Prize in 2014 and the Amerio Prize in 2015.* He has been invited speaker at the International Congress of Mathematicians in 2010 and plenary speaker at the European Congress of Mathematics in 2012. In 2012 he has also been awarded an ERC grant.

90 ERC („European Research Council") Funded Project: *„Regularity theory for area minimizing currents.* Max ERC funding: 919 500 €. Researcher (Principal Investigator): Camillo De Lellis / Host institution: Universitaet Zuerich, Switzerland."

91 Luigi Ambrosio in seiner Rede zur Verleihung des Fermat-Preises*: „Camillo De Lellis made some of the most important achievements of the last years in the Calculus of Variations and in the Analysis of Partial Differential Equations."*

92 „Von der Stadt Zürich gibt's [für Carlos] nicht nur eine Notwohnung [„nur" drei Zimmer] – sondern auch Sackgeld." Und zwar CHF 755 pro Monat. (Beide Zitate aus *BLICK*, 20.10. 2014.) Mein Sackgeld beträgt CHF 5 pro Woche. Es gibt den „Beitrag der Gemeinde an die Schulwegkosten" für mich (CHF 400 pro Jahr), gesamthaft ein einziges Mal bezahlt. Denn er wurde von der Gemeinde zum Ende des Schuljahres („wegen vorzeitiger Beendigung der Schulpflicht") gestrichen.

Gleichnis von den anvertrauten Talenten. Es gilt, mit den anvertrauten Talenten zu wuchern.

Also, ich werde Diplomero antworten. Unverzüglich! *Diplomero*[93] ist eine Internet-Uni zur Verbreitung von Bildung. Sie verbreitet leider auch Humbug. Die Leute von Diplomero haben mich angefragt, Dozent zu werden. Ich bin dabei! Sie können sich beim Dekan bedanken: Der Dekan weist mir den Weg. Und natürlich Matthäus und Lukas.

– *Ich werde die 12. Klassen unterrichten. Im Netz. Zur Vorbereitung auf die Matura.*

Kapitel 20: Mein Mentor – Camillo De Lellis

Camillo ist Italiener. (Wir sind inzwischen per Du.) Er hat an der *Scuola Normale Superiore di Pisa*, einer Gründung Napoleons, promoviert. Napoleon war also doch nicht nur am Militär interessiert. Auch an der Fortbildung der eroberten Völker. Er hätte sie auch ohne Eroberung fortbilden können.

Vor neun Jahren erhielt Camillo den Ruf an die Uni Zürich. Einer der Glücksfälle meines Lebens, wie sich noch zeigen wird.

Die *Scuola Normale* ist eine besondere Uni. Sie hat zwar viele „Fakultäten", aber nur etwa 60 Studenten. Tausende bewerben sich, doch nur wenige werden angenommen. Getreu der Bibel: Nur wenige sind auserwählt. Wir, die Familie, sind nach Pisa gefahren, um uns die ungewöhnliche Uni mal anzuschauen.

Die wenigen Auserwählten residieren im *Palazzo della Carovana*, dem früheren Sitz der Regierung von Pisa. Der Palazzo wurde von einem Künstler namens *Giorgio Vasari* renoviert, ausgebaut und auch bemalt. *Vasari* sei ein herausragender Künstler der Renaissance gewesen, sagen meine Eltern.

– Das glaubt man sofort, wenn man die bemalte Fassade des Palazzo sieht. Ich denke, ich hätte es auch nicht besser gekonnt.

93 www.diplomero.com.

Auf nach Pisa

Mein Dazibao in unserer Garage[94] kann wohl kaum konkurrieren. Die Fassade sei ein Juwel der Renaissance, mit dem der *Schiefe Turm*, einige hundert Meter weiter, Mühe habe, zu konkurrieren. Sagen meine Eltern.

– Vor dem Schiefen Turm drängeln sich Hunderte, vor der Fassade Vasari's hat sich nur unser Fähnlein der drei Aufrechten eingefunden.

94 Siehe Kap. 13.

– Mal schauen, was am Schiefen Turm so abgeht: Tatsächlich, Tausende Schiefe Turm-Banausen aus aller Herren Länder! Soweit das Auge reicht. Denen gilt es mal, das kulturelle Gewissen zu schärfen. Nie was von Vasari gehört?
– *In der Zentralschweiz am Sonntag erkläre ich da als echter Kulturfreak: „Der Schiefe Turm wäre durch mein Gähnen beinahe umgefallen."*

Camillo könnte, vom Aussehen her, als Double des Gottes Apoll angesehen werden. Apoll ist meiner Meinung nach der Attraktivste der Olympier, natürlich nur der männlichen. Kein Wunder, dass die Mathematik der Uni Reklame mit Camillos Portrait macht. Auf dem entsprechenden Plakat, das längst Sammlerwert geniesst, trägt er den grösseren Teil der Bücher der Mathe-Bibliothek, als meterhohen Stapel, der von den Oberschenkeln bis zur Nasenspitze reicht.

– Jetzt weiss ich, warum so viele Bücher der Bibliothek Eselsohren haben. Nach einigen Fotos hat Camillo den zentnerschweren Stapel fallengelassen. Notgedrungen.

Camillo hat uns das letzte Exemplar des Plakates herausgerückt. Denn meine Mutter wollte Nachdrucke in Auftrag geben. Gesagt, getan. Doch dann hat sie den Fehler gemacht, das Original zurückzugeben.

– Von der zu erwartenden Wertsteigerung des Originals haben wir also Nichts. Man müsste allerdings das Plakat selber bewerben. Die Teenies wären verrückt nach dem Plakat. Auch die griechischen Götter hätten etwas davon: Apoll wäre „in". Als „IT"-Boy.

Ob sich die Teenies auch für Camillos Mathematik erwärmen würden, ist weniger wahrscheinlich. Er befasst sich zum Beispiel mit der Hydrodynamik. Er erhielt die *Stampacchia*-Goldmedaille für den Nachweis, dass urplötzlich Turbulenzen *ohne äussere Einwirkung* auftreten können[95]. Was einen See betrifft, vielleicht nur alle Million Jahre, was die Hooligans betrifft, jedes Wochenende.

– Die Stampacchia-Medaille, benannt nach einem italienischen Mathematiker[96], ist erst viermal vergeben worden. Man darf nicht über 35 sein. Ich sage mir, *es gilt, sich zu beeilen.* Meine Jugend ist bald vorbei.

– Sir Godfrey Hardy, der Philosoph unter den Zahlentheoretikern (siehe Kap. 24), sagt: „Ein Mathematiker kann nur in seiner Jugend kreativ sein; kommt er zu spät, wird er nie die Freude einer wichtigen Entdeckung erleben."

***

Hoffentlich findet Camillo noch rechtzeitig vor seinem 35-ten „globale" analytische Lösungen der Navier-Stokes-Gleichungen[97]. Die Gleichungen beschreiben das Strömungsverhalten von Flüssigkeiten und Gasen bei innerer Reibung: Massenerhaltung, Impulserhaltung, Energieerhaltung, und die Zustandsgleichung. „Analytisch" heisst, die Lösungsfunktionen sollen schön glatt sein, keine Ecken, keine wilden Verrenkungen; „global" heisst, nicht nur jeweils in mickrigen Regionen wie früher die Zollfreiheit.

– Der Nachweis der Existenz, oder ein grosser Schritt in Richtung Existenz, bringt eine Million Dollar. Vom Clay-Institute[98].

---

95 Siehe Wikipedia: *Camillo De Lellis*. Und siehe Kap. 29.

96 *Guido Stampacchia* ist Mitbegründer der Theorie der Variationsungleichungen. Lange Zeit war er Präsident der *Unione Matematica Italiana*.

97 *Claude Henri Navier* war *Cauchys* Nachfolger als Inhaber des Lehrstuhls für Mechanik und Analysis an der École Polytechnique. Er gilt als der Begründer der Baustatik. Sir *George Gabriel Stokes*, ein irischer Physiker, wurde auf den *Lucasischen Lehrstuhl* der Universität Cambridge berufen, den er ein halbes Jahrhundert innehatte. Fünf Jahre lang war er Präsident der *Royal Society*. (Zweiter Inhaber dieses Lehrstuhls war *Isaac Newton*, vorletzter *Stephen Hawking*.)

98 Das *Clay Mathematics Institute* mit Sitz in Cambridge, Massachusetts, wurde 1999 vom Stifterpaar *Clay* zur Förderung der Mathematik gegründet.

Bisher hat nur ein einziger Mathematiker eine Million vom Clay-Institut loseisen können: *Grigori Perelmann*[99]. Ihm gelang der Nachweis der *Poincaré*-Vermutung, nämlich dass ein gekrümmter Raum wie das Weltall, wenn er drei Dimensionen hat, beschränkt, aber ohne Rand ist, und keine Löcher wie ein Schweizer Käse aufweist, und wenn er sich nicht in sich selber hineinverkriecht, durch Verformung zur Oberfläche einer vierdimensionalen Kugel gemacht werden kann[100].

- Grigori Perelman hat die Million abgelehnt[101]. Auch den Bonus seines Instituts. Und eine Gehaltserhöhung. Und die Fields-Medaille. So oberflächlich wolle er dann doch nicht sein.
- Ich kriege einen, wenn auch kleinen, Vorschuss für mein Buch. Da bin ich gerne oberflächlich. Ich habe schon mal meine Konto-Nummer an Aline gesandt.
- *Camillo dagegen arbeitet als Mentor kostenlos für mich.* Eine Heidenarbeit. Ich weiss, wovon ich rede. Umgekehrt dasselbe: Auch ich habe für Camillo gut zu tun.

Was die inneren Werte betrifft, so ist Camillo dem Gott Apoll doch wohl überlegen. Im Hinblick auf die Mathematik liegt das auf der Hand. Ob Apoll die 16 Bände der *Elemente* von *Euklid* studiert hat, ist nicht überliefert.

---

[99] *Grigori Perelmann* bewies diese Vermutung von Poincaré aus dem Jahre 1904. Siehe: Masha Gessen, *Perfect rigor: A Genius and the Mathematical Breakthrough of the Century*, Houghton Mifflin Harcourt 2009. Deutsche Übersetzung: *Der Beweis des Jahrhunderts: Die faszinierende Geschichte des Mathematikers Grigori Perelman*, Suhrkamp, Berlin 2013.

[100] [*Jede einfach zusammenhängende, kompakte, unberandete 3-dimensionale Mannigfaltigkeit ist homöomorph zur 3-Sphäre.* Eine 3-dimensionale Mannigfaltigkeit ist etwas, das in einer Umgebung jedes Punktes auf der Mannigfaltigkeit wie ein 3-dimensionaler euklidischer Raum aussieht. Geschlossen bedeutet in diesem Zusammenhang, dass die Mannigfaltigkeit beschränkt ist (also sich nicht ins Unendliche ausdehnt) und dass sie keinen Rand hat. Einfach zusammenhängend bedeutet, dass man jede geschlossene Kurve in der Mannigfaltigkeit auf einen Punkt zusammenziehen kann. Die 3-Sphäre ist die Oberfläche einer 4-dimensionalen Kugel.]

[101] Seine Begründung u.a.: Sein Kollege *Richard Hamilton* habe auch einen wichtigen Beitrag zum Beweis des Theorems geleistet.

Aber Camillo ist Apoll auch durch seine Feinsinnigkeit voraus. Apoll tötete bekanntlich, unter vielen anderen, Riesen wie Zyklopen, auch die Schlange *Python*, die Namensgeberin des Superprogramms, das ich erlernen möchte. Es ist kaum vorstellbar, dass Camillo auch nur einer Fliege etwas antun würde.

– Ich kann den grössten mathematischen Stuss von mir geben, ohne dass Camillo auch nur mit der Wimper zuckt. Mein Vater dagegen zuckt aus einem solchen bedauerlichen, aber nicht seltenen, Anlass am ganzen Körper zusammen. Meine Standardantwort, um ihn zu beruhigen: „Ist das Leben nicht schön?".

KAPITEL 21: DAS ASSESSMENT

4. September 2013: Herzliche Begrüssung durch Prof. De Lellis, also später, seitdem wir per „Du" sind, durch „Camillo". Das Assessment beginnt.

– Meine erste Aufgabe ist der Beweis des Hauptsatzes[102]. Ein Déjà Vue. Seit der mündlichen Matura bin ich gewappnet. Der Königsweg, mit dem Mittelwertsatz, ist mir zwar immer noch unbekannt.

– Es geht jedoch auch direkt: Man benutzt im Wesentlichen, dass jede stetige Funktion auf einem abgeschlossenen Intervall ihr Maximum annimmt. „Stetig" heisst, man kann die Funktion mit einem Strich hinmalen, ohne Sprünge und andere Schwierigkeiten. „Abgeschlossen" heisst, wenn das Intervall nicht zufällig unendlich ist, dann gehören seine beiden Endpunkte zu ihm dazu. Betrachtet man die positiven Zahlen ohne die Null, so läuft einem die Funktion 1/x auf ihnen ins Unendliche davon, wenn man sich der Null nähert. Das kann einem nicht passieren, wenn man die Null zu den positiven Zahlen dazu nimmt. Die Funktion muss sich in der Null zu einem Wert bekennen; man kann sie z.B. aus schwindelnder Höhe auf Null springen lassen. Dann ist sie aber nicht mehr stetig.

[102] *Jede Integralfunktion einer stetigen reellwertigen Funktion f ist differenzierbar, und ihre Ableitung ist f.*

Assessment mit De Lellis

– Man stellt sich der Einfachheit vor, eine in Rede stehende stetige Funktion nehme keine negativen Werte an. Dann besagt der Hauptsatz, dass die Funktion die Änderung der Fläche angibt, die sich unter ihr befindet, wenn man das Intervall ganz wenig nach links oder rechts vergrössert. Zum Beweis nimmt man jetzt eine winzige Strecke, auf der die Funktion definiert ist, und klemmt die Funktion zwischen ihr Minimum und ihr Maximum ein. Je winziger die Strecke, umso näher rutschen Minimum und Maximum zueinander. Der Beweis ist fertig.

– Typisch am Beweis ist, dass man sich das Minimum und das Maximum der Funktion greifen kann. Man spricht von ihrer „Existenz“, obwohl beide nur in unserem Kopf existieren. Und auch das nur, weil man den Zahlen die magische Eigenschaft gibt, dass sich zwischen ihnen keine Löcher auftun. Sonst könnte das Maximum gerade in ein Loch fallen. Zwischen zwei Brüchen gibt es zum Beispiel immer Löcher, egal, wie nahe sie beieinander stehen. Die Löcher zwischen den Brüchen werden mit „neuen“ Zahlen aufgefüllt, bis zum geht nicht mehr. Die alten Griechen erlaubten das nicht; und *Hippasos von Metapont* soll von den Pythagoreern ins Meer versenkt worden sein, weil er auf die Löcher hingewiesen hat.

Auch bei der zweiten Aufgabe komme ich nicht in Verlegenheit. Ich soll zeigen, dass die Berechnung einer Fläche unter dem „Graphen einer stetigen strikt monotonen Funktion“ dasselbe Ergebnis liefert, wenn man dieselbe Methode anwendet, nachdem man das Koordinatensystem um 90 Grad gedreht hat. „Strikt monoton“ heisst, dass die Werte der Funktion echt zunehmen, wenn man nach „rechts“ geht.

– Auch hier fällt mir der Königsweg nicht ein, das *Prinzip von Cavalieri*. Das Prinzip besagt, wenn ich eine senkrechte Säule vor mir habe, die aus Münzen besteht, und ich verschiebe die Münzen, so dass die Säule z.B. wie der Schiefe Turm von Pisa aussieht, dass sich dann trotzdem das Säulen-Volumen nicht geändert hat. Den Pisa-Baumeistern entstanden keine Mehrkosten.
– Ich gehe also wieder zu Fuss vor. Man zeichne die Funktion und betrachte senkrechte Säulen „unter ihr“, die unten auf einer Geraden (die Mathe-Lehrer sprechen von der „x-Achse“) aufsitzen, und waagerechte Säulen, die an der „y-Achse“ kleben. Es entsteht ein Muster, bestehend aus Rechtecken. Ich nehme nur die Rechtecke „unter“ der Funktion, egal ob man von unten (der x-Achse aus), oder von links (der y-Achse aus) guckt. Durch Drehen (um 90 Grad) ändern sich Zahl und die Flächen der Rechtecke nicht. Man macht die Rechtecke jetzt immer kleiner. Nach und nach fül-

len sie die Gesamtfläche unter der Funktion aus. Der Beweis ist fertig.

Die dritte Aufgabe ist eine diophantische Gleichung mit Potenzen in zwei Variablen, d.h. in der Gleichung kommen Potenzen zweier Unbekannter vor.

– Jede solche Gleichung hat natürlich unendlich viele Lösungspaare. (Komplexe Zahlen seien erlaubt: Man wählt für eine Variable willkürlich eine Zahl und setzt sie in die Gleichung ein. Es bleibt ein Polynom in der anderen Variablen. Dafür findet sich in den komplexen Zahlen immer eine Lösung.) Aber gibt es *ganzzahlige*? Wegen dieser Frage heisst die Gleichung „diophantisch". *Diophantos von Alexandria* war ein Star der Algebra des Altertums. Über sein Leben weiss man Nichts, wohl aber über seine Forschungen. Denn zehn seiner Werke, sagt mein Vater, seien aufgefunden worden. Sie beschäftigen sich eben auch mit der Frage der ganzzahligen Lösungen von Gleichungen mit Potenzen. Diese Frage ist ein Ausgangspunkt der modernen Kryptografie.

– Zwei Lösungspaare sieht man in meinem Fall mit blossem Auge. Aber sind das alle ganzzahligen Lösungen? Wieder eine typische Fragestellung der Mathematik. Hier geht es jetzt um die *Nichtexistenz*. Ich weiss nicht, ob Diophant die Frage hätte beantworten können. Ich schlage die Logarithmusfunktion als Lösungsmethode vor. Der vielleicht einfachste Weg. Diophant kannte den Logarithmus noch nicht. Ich hoffe, du erinnerst dich zumindest an ihn.

Doch meine Kondition ist am Ende. Höflich beginnt Camillo, damals für mich noch De Lellis, die Aufgabe selber mit dem vorgeschlagenen Logarithmus zu lösen. Auch er braucht seine Zeit. Ich verstehe nur Bahnhof. Ich nehme mir vor, am nächsten Tag meinen mathematischen Assistenten, meinen Vater, zu konsultieren.

– Auf der Heimfahrt bin ich am Grübeln. 10 Bände, und grossenteils auf Arabisch[103]. Das kann ja heiter werden!

5. September: Eine Mail des Institutsdirektors an meinen Vater: „Ge-

---

[103] Englische Übersetzung der erhaltenen Bände seiner *Arithmetica*: Thomas Heath, *Diophantus of Alexandria*, Cambridge University Press 1910.

maess Camillo De Lellis ist das Assessment sehr positiv verlaufen und er ist gerne bereit, das Förderprogramm zu leiten." Eigentlich bin ich der Adressat, aber ich habe vergessen, meine Mail-Adresse zu hinterlassen. Was die Kommunikation angeht, kann ich noch dazulernen. Von meiner Mutter zum Beispiel. Sie ist Profi. Mein Vater ist bekennender Autist.

Egal. *Ich bin angenommen.*

– Nur die Aufnahme in die *Académie Française* könnte das noch toppen. Wenn die erlauchten Mitglieder der Académie meine Biografie lesen, werden sie mir die Aufnahme schon nicht verweigern. Wieder sage ich mir: Ich gehe einer glänzenden Zukunft entgegen. Ich habe das grosse Los gezogen.

Meine Eltern und das Gymi werden gebeten, einen Vertrag mit der Uni zu unterschreiben: „Das Institut für Mathematik der Universität Zürich bietet, im Rahmen seiner Möglichkeiten und ohne Anerkennung einer Pflicht dazu, dem Schüler des Gymnasiums Immensee Maximilian Janisch ein ausserschulisches Förderungsprogramm in Mathematik an."

– Grossartig! Ein eigener Studiengang, *nur für mich.*

Kapitel 22: Der Hype setzt sich fort

Die Uni gibt eine „Medien-Mitteilung" heraus:

Zürich, 12. September 2013

UZH fördert mathematikbegabten Gymnasiasten

Die Universität Zürich bietet dem zehnjährigen Maximilian Janisch ein ausserschulisches Förderprogramm in Mathematik an, das erlaubt, individuell auf seine mathematischen Fähigkeiten einzugehen. Maximilian wird weiterhin das Gymnasium Immensee besuchen. Eine Immatrikulation an der Universität Zürich ohne Matura ist nicht möglich.

Das Institut für Mathematik der Universität Zürich bietet dem zehnjährigen Maximilian Janisch ein ausserschulisches Förderprogramm im Rahmen der Junior Euler Society an. Dieses Projekt der Mathematisch-naturwissenschaftlichen Fakultät der UZH fördert mathematisch interessierte Jugendliche. Das individuelle Förderprogramm für Maximilian wird von Camillo De Lellis, Professor in Mathematik an der UZH, geleitet. Ziel ist es, dass sich Maximilian unter Anleitung und entsprechend seiner Fähigkeiten und Interessen vertieft mit Mathematik auseinandersetzen kann. „Wir freuen uns sehr über die individuelle Lösung, die die Universität unserem Sohn anbietet", sagt Vater Thomas Drisch.

Da es sich dabei um ein weitgehend selbstorganisiertes Lernen mit geplanten Lektionen alle 14 Tage handelt, wird Maximilian wie bis anhin das Gymnasium Immensee besuchen. Das Förderprogramm erfolgt in enger Zusammenarbeit mit den Eltern von Maximilian sowie der Leitung des Gymnasiums Immensee. „Ich bin überzeugt, dass so die mathematischen Fähigkeiten von Maximilian am besten gefördert werden", erklärt Christoph Schmitt, Rektor des Gymnasiums.

Die Mathematisch-naturwissenschaftliche Fakultät der UZH erachtet das erstmals angebotene Förderprogramm als ein Modell zu einer vertieften Kooperation mit Schulen, insbesondere den Gymnasien. ... Im Vordergrund steht bei diesem Programm, interessierten Jugendlichen mit besonderer Begabung in Mathematik, die die Voraussetzungen zur Immatrikulation an der UZH noch nicht erfüllen, zu ermöglichen, sich unter Anleitung vertieft mit Mathematik zu beschäftigen.

Nicht schlecht, Herr Specht. Mit einer Ausnahme: „Maximilian erarbeitet sich den Stoff grösstenteils im Selbststudium." Da bin ich mir jetzt weniger sicher. Gibt es 10-jährige, die sich die höhere Mathematik im Selbststudium erarbeiten? Vielleicht schon (Kapitel 25). Ich aber nicht. Wie auch immer, bestimmt wird mein Vater ein Sicherheitsnetz aufspannen. Ich baue fest auf ihn.

***

Die Medien sind gierig wie nie. Ich komme in den Fernseh-Nachrichten von Brasilien bis Japan, von Portugal bis zur Türkei. Und keine Zeitung ohne Maximilian, den kleinen Mathematiker.

– Ein für mich neuartiges Medien-Schneeballsystem. Deutschland sei als Beispiel gewählt: Erst die *Frankfurter Allgemeine*, dann die *Berliner Zeitung*, dann die *WELT*, dann der *Spiegel*. Die Journalisten drücken sich die Klinke in die Hand. Gegenseitig. Nicht unsere Klinke. Sie wird von meiner Mutter bewacht.

- Manche Texte überfordern vielleicht die üblichen Sprachkenntnisse eines Christenmenschen. „10 yaşındaki deha *Maximilian Janisch* üniversiteye başlıyor. ... İsviçre'de „eğlence olsun diye" girdiği matematik sınavından en iyi notu alan 10 yaşındaki Maximilian Janisch, özel öğrenim görecek" (*Bugyn*, 3.10.2013). Welche Sprache? Hast Du es herausgefunden? Richtig: Türkisch. Du sprichst kein Türkisch? Also die Übersetzung: „10-jähriges Genie Maximilian Janisch beginnt an der Universität. Er nahm „just for fun" am Mathematik-Abitur teil und erzielte die Bestnote."
- „Ima samo 10 godina, a već studira: Nema vršnjaka s kojima bih mogao raspravljati o Arhimedu (4.10.2013). Desetogodisnji Švicarac *Maximilian Janisch*, bez prevelikih je problema položio test iz matematike na velikoj maturi i pritom dobio najviše ocjene." Serbokroatisch? Was sagst Du? Übersetzen kannst du ja dann selber. Ich kann Dir nicht alle Arbeit abnehmen.
- Den Vogel schossen die Franzosen ab. Ich wurde Titelbild des *Figaro-Magazins*: *„ La vraie vie des surdoués "*. Bei meiner sprichwörtlichen Schönheit keine Überraschung.
- Der Figaro *„ dans la tête des enfants précoces " ?* In meinen Kopf war allerdings niemand gekrochen, ja, es hatte auch kein einziger Franzose mit mir gesprochen. Auch nicht wegen des Titelbildes. Im Inneren: Ganz schön viele Seiten für die „Surdoués". Ich finde mich im Magazin zwischen dem „Mörder von Toulouse" und dem Patriarchen des Klosters *Solovki*. Welche Ehre!
- *Les tribulations d'un petit zebre*[104] macht Reklame für den Figaro, also für mich: „ Aujourd'hui 11 octobre 2013 sort en kiosque le Figaro Magazine qui consacre cette semaine un grand dossier de 11 pages aux surdoués: Ils nous surprennent par leurs aptitudes, mais aussi par leurs échecs. Comment reconnaître un enfant surdoué? Et comment l'accompagner pour qu'il réussisse au mieux?" Gute Frage. Da weiss ich die Antwort: Wenn sich das Kind von

---

[104] *Les-tribulations-dun-petit-zebre.com.* Ein französischer Blog, der über „atypische" Familien berichtet. Zitat: „Du haut de ses 10 ans, ce petit Suisse va bientôt devenir le plus jeune élève de l'histoire de l'université de Zurich. Une histoire incroyable ... " (6.10.2013).

sich aus ans Klavier setzt, tagtäglich, dann liegt man nicht falsch, ein Talent zu vermuten. Um das Talent zu „begleiten", genügt es, das Kind in Ruhe zu lassen. Damit es genügend Zeit fürs Klavierspielen hat.

Titelbild des Figaro

– Der Figaro nennt nicht nur mich als Beispiel, sondern auch noch einige weniger bekannte Zeitgenossen: Als „fürs Alltagsleben hochbegabt" dient *Jodie Foster*, als „für die Wissenschaft hochbegabt" *Cédric Villani*. Nie gehört? Villani, der Träger der Fields-Medaille? Blättern Sie zu Kapitel 27, letzter Teil.
– Meine Schönheit ist, wie bereits mehrfach betont, aktenkundig. Jodie Foster kann jedenfalls nicht mithalten. Sie kam daher nicht

LE FIGARO·fr   NEWS · ORIENTATION · STAGE - 1ER EMPLOI · VIE ÉTUDIANTE · INTERNATIONAL

Vous êtes ici: Les news > Actu > Un petit génie de 10 ans admis à l'université en Suisse

Un petit génie de 10 ans admis à l'université en Suisse

Par Quentin Blanc | Publié le 03/10/2013 à 13:06

L'université de Zurich. Crédits photo: DR

Votre adresse e-mail | RECEVOIR NOTRE NEWSLETTER | 5 | 171 | 45 | 1

À LIRE AUSSI

- Affaire Nabilla: un forum étudiant annule sa campagne de pub
- Étudiant modèle, il fabriquait puis dealer des produits dopants
- Le directeur de Sciences Po Aix démissionne

FIGARO ETUDIANT SUR FACEBOOK

FIGARO ETUDIANT SUR TWITTER

En décrochant la meilleure note possible à l'épreuve de mathématiques du baccalauréat suisse, Maximilian Janisch, 10 ans seulement, a obtenu le droit de suivre des cours à l'université de Zurich.

Si le terme de «petit génie» est parfois galvaudé, l'utiliser pour Maximilian Janisch ne paraît pas excessif. Du haut de ses 10 ans, ce petit Suisse va bientôt devenir le plus jeune élève de l'histoire de l'université de Zurich. Une histoire incroyable qui commence losque cet enfant précoce décide de passer l'épreuve de mathématiques du baccalauréat suisse pour «s'amuser». Mais comme il n'est pas du genre à faire les choses à moitié, il obtient la meilleure note possible.

A l'origine, les parents de l'enfant, des Allemands installés en Suisse, veulent l'inscrire à la faculté de mathématiques, mais cela leur est refusé, car Maximilian n'avait pas passé et réussi toutes les épreuves du baccalauréat. L'université de Zurich a finalement publié un communiqué mercredi pour annoncer qu'il pourra suivre un cours spécial. Des livres seront proposés à l'enfant, qui rencontrera toutes les deux semaines un professeur pour un entretien et des échanges à ce sujet, selon l'université de Zurich.

«Maximilian est un enfant surdoué qui a déjà sauté 3 classes du primaire»

— Son père

«C'est la première fois que nous avons un élève aussi jeune et aussi doué dans notre programme Junior Euler Society, destiné aux lycéens surdoués», a déclaré à l'AFP le professeur Michael Hengartner, président de l'université de Zurich. Fils d'un professeur de maths à la retraite, un Allemand de 67 ans, et d'une économiste de 48 ans, Maximilian est un enfant unique, surdoué, qui a déjà sauté 3 classes du primaire. Il est actuellement au collège, avec des élèves âgés de 13 ans.

Dans une interview publiée en juillet dernier par le journal dominical SonntagsZeitung, Maximilian avouait n'avoir pas trop d'amis. «Je ne suis pas tellement spécialisé en amis», car selon lui, il est difficile d'avoir des amis de trois ans plus âgés. «Je ne trouve personne avec qui je peux parler d'Archimède, et la plupart ne savent même pas qui est Gauss» (NDLR, Carl Friederich Gauss, un célèbre mathématicien allemand mort en 1855)», expliquait-il en plus. Son père se consacre désormais entièrement à l'enseignement des mathématiques à son fils, et lui donne tous les jours des cours particuliers. Si Maximilian va désormais pouvoir tranquillement se consacrer à sa passion, il ne serait pas surprenant que l'on réentende parler de lui un jour...

aufs Titelbild. Sondern ich. Verdientermassen. Und dann plakatierte der Figaro sein Titelbild, also mich, in allen Städten Frankreichs. Wir haben noch ein Foto des Plakates, aufgenommen von einem jungen Paar aus Deutschland, das seinen vier Augen nicht traute.

IL Y A 275 ANS

L'astronome William Herschel naissait en Allemagne (Europe). En 1781, il a découvert la planète Uranus.

UNIQUEMENT PAR ABONNEMENT

vendredi 15 novembre 2013

LA VIE DE LA RÉDACTION : LA JOURNÉE CRAVATE...

BEN QUOI ?

MOI, J'AI UNE CRAVATE TOUTE L'ANNÉE ...

POUR LA JOURNÉE SPÉCIALE, J'EN AI MIS UNE 2ᵉ ! ...

LA MÉTÉO DE DEMAIN

Lever du Soleil : 8 h 01
Coucher du Soleil : 17 h 09

Mon Quotidien

www.monquotidien.fr

Version iPad, iPod touch et iPhone disponible dès 20 h la veille pour nos abonnés

Pour les 10-14 ans : 10 minutes de lecture chaque jour - 0,51 euro

n° 5125

En Suisse (Europe)

▶ CHOIX N°1 DU CLUB DES LECTEURS

À 10 ANS, CE PRODIGE APPREND LES MATHS À L'UNIVERSITÉ !

FOOT p. 4
Les Bleus tenteront de se qualifier pour le Mondial, ce soir et mardi, face à l'Ukraine. Interview de Paul Pogba, 20 ans.

41% des possesseurs de téléphones portables ont des forfaits sans engagement.

RARE p. 6
Un saola, animal ressemblant à une antilope, a été photographié au Vietnam (Asie). Une première depuis 15 ans !

Titelblatt des Mon Quotidien : Einer kopiert vom anderen

– Die Jugend Frankreichs wählte mich zum „Enfant de l'année“. Nicht die ganze Jugend. Sondern die Abonnenten des *Mon Quotidien*, der Zeitung für die Jugend. Und nur die Bronzemedaille. Immerhin, für einen Ausländer nicht schlecht. Auszug aus dem *Mon Quotidien*[105] (15.11.2013): „ En juin, ce jeune Suisse a passé l'épreuve de maths du bac (en terminale) “pour s'amuser”. Résultat: il a obtenu la meilleure note du pays. Il va suivre des cours spéciaux à la faculté de mathématiques de Zurich, en Suisse (Europe). “ Die Klammer ist zur Vorsicht eingefügt. Für diejenigen, die sich fragen, wo die Schweiz liegt.

– Die Goldmedaille gewann ein Mädchen, das die Begegnung mit einem Braunbär lebend überstand, wenn auch aus hundert Wunden blutend. Dann lieber nur Bronze, sage ich mir. Warum sie mich wählten? Wahrscheinlich, weil ich als Comic-Figur einer der Ausgaben des Mon Quotidien diente. Sehen Sie selber, ich bin der kleine links:

Das Interview beginnt

„ L'interview vient de commencer: „ *Pourquoi as-tu souhaité passer le bac de maths ?* “ –

105 Siehe Fussnote 37.

„ J'ai vu cette épreuve comme un exercice "sportif", un jeu. Mais... j'ai du mal à me concentrer. Je suis venu avec des journaux de Donald Duck, pour lire pendant des pauses ! ... "

Alle fragen dasselbe. Und ich antworte allen dasselbe. Das einzig Neue diesmal: *„Il [also ich] a répondu à cette interview en français, par jeu aussi ! "*

***

Die Fernsehanstalten sind wieder vorneweg. Jetzt wollen sie ganze Sendungen mit mir machen. Sie spekulieren auf den „Jö-Effekt": Das kleine Wunderkind im Gymi, an der Uni, beim Judo, bei den Tambouren, in seinem Kinderzimmer .... Jö!

– *Meine Mutter wird energisch. Maximilian dürfe nicht „als das etwas kuriose Vorzeige-Objekt moderner Bildungsauffassung figurieren".*
– Wir seien hier nicht im Zirkus. – Da sollte sich auch Daniel Tammet vorsehen. Seine π-Nummer ist wohl kaum zu übertreffen.

Zuletzt kam eine russische Delegation des grössten russischen Privatsenders. Meine Mutter wurde weich. Sag niemals nie.

Doch auch der Uni wurde es jetzt zu bunt: Doppeltes Medienverbot. Nicht nur für mich. Auch für meinen Vater. Und auch noch für die Russen. Die Uni blieb hart.

KAPITEL 23: FAQ – DIE *Zentralschweiz am Sonntag*

Die Fragen der Journalisten sind, wie geschrieben, meist dieselben. Ich wähle die *Zentralschweiz am Sonntag* als Vorlage. Denn ihr Interview mit mir war heftig[106]:

Die *Zentralschweiz* spendierte für mich, den kleinen Mathematiker, zehn Spalten auf zwei Seiten, zusammen mit einem erstaunlichen Farbfoto, das trickreich zeigt, wie ich angeblich aus dem 5. Stock des Gymi springe. Na hallo! Der mathematische Dreikäsehoch fliegt über den Hof des Gymi!

[106] Ausgabe vom 10.11.2013.

– Grosszügig, wie ich bin, verrate ich Ihnen den Zaubertrick: Ich sprang von einem Riesenstein aus so hoch, wie Iwan Uchow 2012 in London. Schon vergessen? Iwan Uchow gewann die Goldmedaille im Hochsprung. Der Riesenstein ist offenbar Teil eines Kunstwerks im Hof des Gymi, was die Schüler/innen vielleicht noch nicht gemerkt haben. Ich jedenfalls nicht. Für moderne Kunst fehlt mir das Auge.

Ich komme zu den FAQ. Hier einige Auszüge aus der *Zentralschweiz*[107]:

„Erzählst du uns von früher, als man gemerkt hat, dass du kein durchschnittliches Kind bist?"

„... Ich konnte schon [im Kindergarten] die Rechnungen mit Überschlag."

Ich denke nicht, dass sich daraus ein besonderes Talent ableiten lässt.

– Mir wurde erspart, als Kleinkind im Kreis zu sitzen, mit anderen, die ebenfalls noch in Windeln stecken, und auf Englisch bis zehn zu zählen. Also, es stinkt erbärmlich im Kreis. Nicht unbedingt nach „Frühenglisch“. Frühenglisch? Schräge Idee oder Beutelschneiderei? Meine Eltern halten, wie schon gesagt, jedenfalls Nichts davon.

Von Früh-Mathematik im Kindergarten halten meine Eltern schon gar Nichts.

– Und sie halten für die unvermeidliche Frage nach der Früh-Mathematik vorsorglich einige Stories bereit: Dass ich den Bancomat bediente, als fürsorgliche Zeitgenossen mir noch den Schnuller aus dem Mund zogen. Bei praktisch jedem Bancomat. Dass ich die Quersumme der Zahlen auf den Nummernschildern errechnete, wenn wir ein Auto überholten (das Gegenteil kam selten vor). Solange, bis mein Vater mitteilte, der Fahrer, also er, dürfe nicht gestört werden.

Die Journalisten freuen sich über solche Anekdoten. Komme ich auf die Mathematik zu sprechen, kühlt ihr Interesse leider rasch ab. Sage ich etwas zur in der Schweiz eher bescheidenen Förderung jugendlicher Talente, gehen sie häufig in den Abwehrmodus: „Wir kommen vom Ressort „Gesellschaft“, bitte keine Politik!“

– Dominique Gisin hat in Sotschi die Goldmedaille für die Schweiz gewonnen. Sie hat ein „Skigymnasium“ in Engelberg besucht, wie die NZZ berichtete. Ich warte auf den Augenblick, an dem ein „Mathematik-Gymnasium“ in der Schweiz eingerichtet wird[108].

„Musst Du in Mathe manchmal dem Lehrer erklären wie es richtig geht?“ – „Nein, nein. Er bringt ja nur den Schulstoff ... Doch mit der Schulmathematik habe ich Nichts mehr am Hut.“

„Werden die [Erwachsenen] nicht böse, wenn sie von einem Dreikäsehoch korrigiert werden?“ – „Naja, ich bin kein Dreikäsehoch mehr, und fürs Kopfrechnen habe ich eher wenig Sympathie. Im Worst Case tue ich mein Bestes, damit der Erwachsene nicht merkt, wenn ich ihn korrigiere.“

---

[107] Die Fragen der Journalistin *sind kursiv und in Anführungszeichen* gesetzt. Sie sind wörtlich wiedergegeben. Es handelt sich um eine *Auswahl* aus den Interview-Fragen. Die Antworten, soweit sie zitiert sind, sind ebenfalls wörtlich wiedergegeben und ebenfalls von Anführungsstrichen umklammert. Wird nur ein Teil einer der Antworten wiedergegeben, werden drei Punkte gesetzt. Zusätzliche Bemerkungen von Maximilian, die nicht aus dem Interview stammen, sind dadurch erkennbar, dass keine Anführungsstriche benutzt werden.

[108] Siehe *NZZ am Sonntag* vom 14.12.2014: „Kanton Zürich denkt an ein Elitegymnasium ... mit mathematisch-naturwissenschaftlichem Profil.“ (Nachträglich eingefügt)

Wann mein Talent wohl entdeckt wurde? – Da kann ich nur sagen: Spät.

„... *Erkläre uns doch, was dich [an der Mathe] fasziniert?*“ – „Ich würde sagen, es gibt schöne Wege, um in der Mathematik etwas zu beweisen. ... “

– Doch bis man einen Beweis hat, muss man ganz schön kämpfen. *Insbesondere, wenn es um eine Aufgabe meines Mentors Camillo geht.* Am Ende hat man, wie gesagt, einen schönen Lösungsweg hinter sich, manchmal aber auch weiterhin vor sich. Die Lösung wird mir häufig angegeben, den Weg zu ihr muss ich selber gehen. Wie schon Carl Friedrich Gauss[109] sagte: „ Ich habe das Resultat, doch noch weiss ich nicht, wie ich es erhalten kann."

„Hast Du eine Lieblingsformel?" – „. . . Wenn schon, entwickeln wir [Camillo und ich] neue . . . " – Natürlich nur für mich neu. Camillo kennt sie schon. Formeln sind oft die Krücken der Mathematik. Mir helfen sie selten weiter.

„Willst Du später Mathematik unterrichten?" – „Ich tue es jetzt schon. Ich bin Lehrer im Internet: Diplomero.com. Schon was davon gehört?" – *„Nein, noch nie."*

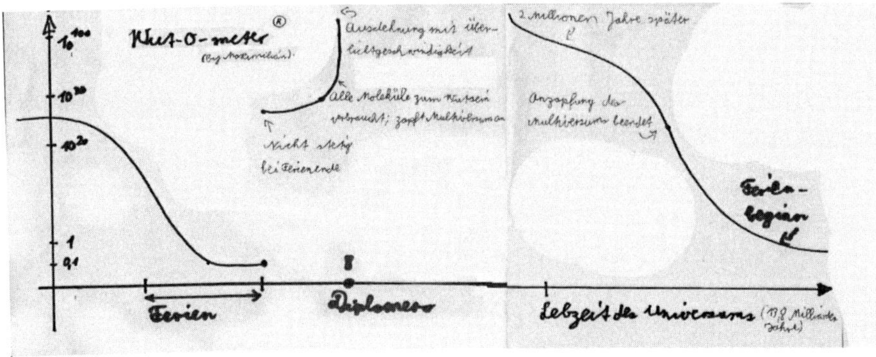

Mein Wutometer: Endlose Arbeit, für Nichts

– Kein Wunder, dass ich kaum einen Schüler/eine Schülerin als Dozent bei Diplomero habe. Der Flop des Jahres. Wo bleibt das Marketing von Diplomero? 29 Kurseinheiten habe ich versprochen, an Zahl mehr als meine zahlende Kundschaft.

---

109 Wichtigster deutscher Mathematiker (Professor in Göttingen). Gesamtausgabe: Band 1 bis 6, Dieterich, Göttingen 1863–1874; Band 7 bis 12, B. G. Teubner, Leipzig 1900–1917. Gauss ist Mitbegründer der Mathematischen Statistik, er bewies den Fundamentalsatz der Algebra und verhalf damit den komplexen Zahlen zum Durchbruch, er leistete entscheidende Beiträge zur Zahlentheorie (z.B. zur Primzahlverteilung) und zur Analysis (z.B. zur Theorie elliptischer Funktionen).

– Mehrere hundert Seiten sind bereits verfasst, wofür ich Gott sei Dank auch einen Ghostwriter habe. Wie bei diesem Buch hier. Du darfst raten, wen! Und mehrere hundert Folien habe ich produziert. Ganz alleine. Und zum Aufzeichnen jeden Kurses muss ich ins Studio nach Zürich fahren. 29 mal.

Nachdem die Mathematik pflichtschuldig abgearbeitet ist, wenden sich die Journalisten dem Thema zu, was die Leser vermutlich am meisten interessiert: Meinem Leben als „Dreikäsehoch".

„Bist Du denn in gewissen Dingen auch ein ganz normales Kind geblieben?" – „... Mir bleibt immer noch genügend Zeit, ein ganz normaler Zehnjähriger zu sein. Da spiele ich dann zum Beispiel „Fangis" oder „Versteckis". ... Da kann man jetzt Nichts darüber schreiben, denn es ist ganz normal."

„Du spielst bei den Tambouren mit? Was macht ihr da so?" – „Wir tambourieren."

Tambouren sind eine Art wandelnde Schlagzeuger. Sie haben eine Trommel umgebunden und bewegen sich mit ihr durch die Strassen. Meine Trommel war am Anfang fast so gross wie ich, und ich weigerte mich, mich mit ihr durch die Strassen zu bewegen. Ich weigere mich auch bis heute, zu Hause zu tambourieren. Was mich als Tambour angeht, würde ich mich als megafaul bezeichnen. Mein Tambourlehrer ist noch weit unter vierzig, hat aber den Gleichmut eines Achtzigjährigen. Angesichts meiner Tambouren-Faulheit. Sie glauben es nicht: Soeben wurde ich ausgezeichnet, weil ich schon fünf Jahre dabei bin, bei den Tambouren. Ich denke, ich habe alle anderen Tambouren-Anfänger überlebt.

Ich, der kleine Tambour

– Ansonsten habe ich noch ein etwas ungewöhnliches Hobby, die Kosmologie. *Die Welt*, gemeint ist die Zeitung in Deutschland, schreibt in einem langen Grundsatz-Artikel (vier Spalten): über mich: „Er [also ich] möge sie [also die Kosmologie], weil es genau wie die Mathematik ein Eintritt in eine andere Welt sei," sagt er [also ich], „und dabei in eine ziemlich abstrakte Welt". ... Das gefalle ihm. *„Ich bin eben abstrakt gebaut."*

***

Beinahe jede Woche gibt's etwas Neues, womit ich die Journalist(en)/innen verblüffen kann. Fast schon ein Ritual. „Wissen Sie das Neueste?", frage ich. Erwartungsvolles Schweigen.

Jetzt springe ich aus dem Busch: „*Bicep2* hat eine Signatur des Urknalls gefunden." Ich weiss, was jetzt kommt: Erstauntes Schweigen.

– *Bicep2* („Background Imaging of Cosmic Extragalactic Polarization") ist ein Experiment an der Amundsen-Scott-Station am Südpol. Es sucht die kosmische Hintergrundstrahlung nach einem „Echo des Urknalls" ab. Und jetzt, am 17. März 2014, wurde von Harvard mitgeteilt, ein Echo sei entdeckt worden, und zwar Gravitationswellen von der Geburt des Weltalls. Als es sich mit millionenfacher Lichtgeschwindigkeit ausdehnte. Sie haben vergessen, was eine Gravitationswelle ist? Zurück zu Kapitel 12!
– Die Entdeckung der Gravitationswellen sei ein Triumph, „grösser als die Entdeckung des Higgs", sagen die Gravitationsphysiker. Die Quantenmechaniker dürften gegenteiliger Meinung sein. Vielleicht ist es auch gar kein Triumph, sondern ein Flop. Wir werden sehen.
– Die kosmische Hintergrundstrahlung erreicht uns aus etwa vierhunderttausend Jahren nach dem Urknall. Die Entdecker der Hintergrundstrahlung glaubten lange, das unaufhörliche Rauschen liege nicht am Weltall, sondern an ihrem Radioteleskop. Irgendwas stimme nicht mit ihrer Apparatur. Ständig sah man sie dabei, wie sie den Taubendreck von ihrer Apparatur wegwischten. Doch

es änderte sich Nichts. Ihr Hang zur Sauberkeit brachte den Erfolg, den Nobelpreis.

– Wer etwas auf sich hält, hat *Stephen Weinbergs* Klassiker *Die ersten drei Minuten* gelesen. Die Story darüber, was uns die Hintergrundstrahlung über den „Anfang von Allem" mitteilt. Was die ersten drei *Sekunden* angeht, hält sich das Buch vornehm zurück. Jetzt geht es um ein Hunderttausendstel eines Milliardstels eines Milliardstels eines Milliardstels der ersten Sekunde. Aus dieser Zeit stammen die Gravitationswellen, und sie brannten ein Muster in die Hintergrundstrahlung. Es ausfindig zu machen, dafür eigne sich das „Loch des Südens". Die Hintergrundstrahlung weise nämlich als Muster kaum wahrnehmbare Unregelmässigkeiten auf. Für diese kaum wahrnehmbaren Phänomene sei eben der Anfang des Universums verantwortlich.

– Wer weiss? *Tiefes Nachdenken setzt Einsamkeit voraus.* Sagen viele Mathematiker. Vielleicht deswegen der Südpol? Man braucht dort nicht zu befürchten, in dem nächsten Milliardstel einer Sekunde von der Presse interviewt zu werden.

Mir jedenfalls wurde der Umgang mit der Presse von der Uni untersagt, wie schon vermeldet. Ich muss hoffen, dass *Du*, geneigter Leser, kein Journalist bist.

***

Nachdem du jetzt meinen Bericht zu *Bicep2* überstanden hast, zurück zum Thema: Mein Leben als Dreikäsehoch.

„Welche Art Kontakt hast Du zu gleichaltrigen Kindern, – etwa in der Nachbarschaft?. . . " – „Ich kenne kaum welche, denn gleichaltrige Nachbarn habe ich eigentlich keine. Nur in Südfrankreich, wo wir ein Ferienhaus haben. . . . "

„Als ich neu an die Uni kam und dort in den labyrinthartigen Gängen herumirrte, fühlte ich mich total verloren. . . . Wie geht es den Dir dabei – Du bist ja noch ein Kind?" –„Naja, ich weiss einfach, ich muss mit dem Lift ins Stockwerk F, dann links, dann rechts, dann links, und dann bin ich im Büro des Professors. Der Rest kann mir eigentlich egal sein."

„Du hast einen strengen Stundenplan mit Schule, Universität und individuellen Lernstunden zu Hause ... Wird Dir das nicht manchmal etwas zu viel?"– „Doch, dann und wann ... Deshalb streichen wir auch Einiges aus dem regulären Unterricht raus ... ."

„Musst du zu Hause auch im Haushalt helfen?" – „Am besten geht man für mehrere Stunden raus zum Spielen ... "

„... In diesem Jahr haben die Zeitungen im ganzen Land über Dich berichtet, ja sogar solche im Ausland." – „Wir haben gar keine Zeit, die Zeitungen zu lesen. Aber es stört uns auch nicht."

„Fragst Du Dich manchmal, was dass alles soll mit diesen Journalisten." – „Ist doch klar, die rennen immer hinter der neuesten Sensation her."

– Eine solche scheine ich zur Zeit zu sein. Zum Unwillen von Uni, Schule und meinen Eltern.

„Welches Gefühl ist das, wenn man sich selber in der Zeitung sieht?"
– „Kein besonderes. Meine Leidenschaft bleibt ja die Mathematik."
„Als das Interview zu Ende ist, kommt Leben in den bisher ruhig dasitzenden 10-jährigen. „Darf ich kurz ihr iPhone haben?", fragt er und beginnt schon, mit flinken Fingern darauf herumzutippen. ... „Wie oft haben Sie denn die integrierte Wasserwaage schon verwendet?" ... „Wissen Sie, dass man die Ankunftszeit der SMS mit Swipen nach links anzeigen kann?""

WARUM MATHEMATIK?

KAPITEL 24: DIE SCHÖNHEIT DER MATHEMATIK

Godfrey Harold Hardy[110], ein Zahlentheoretiker mit einem IQ von mindestens 500, gibt folgende Antworten in seinem Buch *A Mathematician's Apology*[111], einem der wenigen Bestseller eines Mathe-

[110] Britischer Zahlentheoretiker, Professor in Cambridge und Oxford, Präsident der London Mathematical Society.

[111] Essai aus dem Jahre 1940 über die Ästhetik der Mathematik und die Aufgaben eines Mathematikers.

matikers. Selbstredend ziert das Buch auch die Bibliothek meiner Eltern.

Nun das erste Zitat: „No discovery of mine has made, or is likely to make, directly or indirectly, for good or ill, the least difference to the amenity of the world."

- Es kam dann bekanntlich doch anders: Die *Hardy-Weinberg-Regel* z.B. ist ein mathematischer Beitrag zur Populationsgenetik. Nichts davon gehört? Auch für mich war die Regel neu. Sie besagt, dass die relative Häufigkeit der Allele in einem Genpool ohne äussere Einwirkung über die Generationen hinweg konstant bleibt. Ein *Allel* ist einer von mehreren Zuständen ein- und desselben Gens.
- Ohne Selektion gelangt eine Population also in einen unveränderlichen Zustand. Die Mathematik spricht von einem „Fixpunkt" des Genpools. Das Schulsystem ist sogar trotz äusserer Einwirkung in einem unveränderlichen Zustand. Im Hinblick auf die Schule könnte die Regel noch etwas erweitert werden: Auch äussere Einwirkung bewirkt Nichts.

Godfrey will mit dem Zitat also seine Unschuld beteuern. Deshalb legt er nochmals nach; zweites Zitat:

„No one has yet discovered any warlike purpose to be served by the theory of numbers or relativity, and it seems unlikely that anyone will do so for many years."

Mit der „theory of relativity" meint er Einsteins Relativitätstheorie, die Hardy zur „reinen" Mathematik rechnet. Eine Mathematik bezeichnet er als „rein", wenn sie sich keinesfalls für etwas Nützliches verwenden lässt. Vielleicht hatte er Zweifel, ob sich das Universum mit Einsteins sechzehn partiellen Differentialgleichungen beschreiben lässt. Nicht auszuschliessen, dass es bockt.

Also, nach Godfrey handelt es sich um reine Mathematik, trotz der spektakulären „Sonnenfinsternis-Expedition" von *Arthur Stanley Eddington*[112]. Der Grundgedanke der Expedition ist eine Prophezei-

112 Britischer Astrophysiker, der die Struktur des Universums und die chemischen Prozesse in den Sternen untersuchte.

ung Einsteins: Wenn die Materie die Raumzeit krümmt, so muss man Sterne sehen, die quasi *hinter* der Sonne sind. Denn weil die Sonne, in der sich heftig viel Materie angesammelt hat, den Raum krümmt, krümmen sich die Lichtstrahlen der Sterne hinter der Sonne um die Sonne herum. Wir würden sie sehen, quasi um die Ecke, wenn die Sonne selber nicht so hell wäre. Gesucht ist also ein Ort der totalen Sonnenfinsternis.

– So kam die Insel *Principe* ins Spiel, im Golf von Guinea. Der Himmel war ärgerlicherweise verhangen. Die wenigen Fotos, als dann und wann die Wolkendecke aufriss, waren wenig präzise.

Kennen Sie den folgenden Witz? Reporter: „ Es heisst, nur drei Personen hätten die allgemeine Relativitätstheorie verstanden." Darauf Eddington: „Wer könnte der dritte sein?"

Zurück zu Godfrey Hardys Unschuldsbehauptung:

– Seine Ergebnisse aus der Zahlentheorie finden inzwischen in der *asymmetrischen Kryptographie* Verwendung. Das weiss ich wegen meines Mathe Kurses zum RSA[113]-Verfahren. Es geht um Verschlüsselungen, deren Methode zur Verschlüsselung veröffentlicht werden. *Jeder* kann also verschlüsseln (man spricht von „öffentlichen" Schlüsseln), d.h. verschlüsselte Botschaften senden. Und zwar an jedermann. Doch das Unmögliche ist garantiert: *Nur einer* kann entschlüsseln (mit „privatem" Schlüssel). Der gewünschte Adressat nämlich. Selbst der Verschlüsseler kann es nicht. *Magic!*

Keine Armee der Welt ohne asymmetrische Verschlüsselungen. „No one has yet discovered any warlike purpose." Tja, so kann man sich irren. Bei der Entdeckung mathematischer Theoreme ist Vorsicht geboten. Godfrey, du hast dich bestimmt im Grabe umgedreht.

---

113 RSA, das erste brauchbare *asymmetrische* Verschlüsselungsverfahren (1977), benannt nach drei MIT-Mathematikern namens *Rivest, Shamir* und *Adleman*. Es werden *Einwegfunktionen* benutzt, deren Werte leicht zu berechnen sind, während sich (rückwärts) die „Urbilder" kaum ermitteln lassen.

Für Godfrey ist die Mathematik übrigens die schönste aller Künste.

Es gehe nämlich um Kunst, und vorwiegend um Schönheit. Das kann man von moderner Kunst nicht immer behaupten.

Drittes Zitat: „Beauty is the first test. There is no permanent place in the world for ugly mathematics."

Die Eleganz und die Präzision der Mathematik kann ja niemand bestreiten. Doch nicht jeder kann sie nachempfinden.

– Die Theoreme von Hardy-Littlewood z.B. seien von grosser Schönheit. Sie beschreiben das Verhalten von unendlichen Folgen komplexer Zahlen, und zwar für Folgen-„Glieder" weit draussen, man könnte sagen, mit Positionen von ihnen in der Nähe von Unendlich. Ihre grosse Schönheit kann jedenfalls ich nicht beurteilen. *Da bin ich aber nicht alleine;* es fehlt, heute und für alle Zeiten das Publikum, um die Schönheit der Hardy-Littlewood Theoreme angemessen zu geniessen. Die meiste Mathematik wird „von Profis für Profis produziert“[114]. Sie ist nicht gerade allgemeinverständlich.

– Die Leute wollen auch gar nicht die Schönheit der Mathematik „geniessen“. Sie wollen sagen: „Archimedes, was ein Genie!“ Oder in meinem Fall: „Maximilian, was ein Phänomen!“ Ich verstehe inzwischen meine Mutter, wenn sie sagt: „Du bist nicht der Clown der höheren Mathematik.“

Und die Mathematik, behauptet Godfrey schliesslich, sei die *Unschuldigste aller Künste.*

Alles wird gut, wünscht sich Godfrey. Als Kind kann ich das Godfrey nachempfinden.

– Auch wegen der tausend hässlichen, manchmal hasserfüllten, Blogs über mich. Eine Lawine der Aggressivität. *Nur weil ich die Mathematik liebe.* Aber die Lawine liess mich kalt.

Und nun das Schlusswort: Wie schon Godfrey vorweg nahm, ist die Physik längst eine Braut der Mathematik geworden. Und so behauptet einer der grossen Propheten des Urknalls, *Andrei Linde*[115], *„hässliche Physik“ mache keinen Spass.* Ein Nachfahre Godfreys. Er ist, was Schönheit der Physik und Erfolg von *Bicep2* anlangt, der richtige Kandidat für den nächsten Nobelpreis. Warten wir's ab.

Kapitel 25: Die Romantik der Mathematik

Es gibt viele schön-romantische Geschichten aus der Welt der Mathematik. Eine von ihnen beschreibt das Leben und Mathematisieren von *Ramanujan*. Ich kenne die Geschichte aus dem Kurs meines Vaters: „Approximation von π“. Der Kurs begann mit den regelmässigen Vielecken von Archimedes und endete mit den unendlichen

[114] Christian Hesse (siehe Fussnote 8).

[115] *Inflation and Quantum Cosmology*, Academic Press, Boston 1990. Das Weltall habe sich zu Beginn mit irrwitziger Geschwindigkeit ausgedehnt, demgegenüber die Lichtgeschwindigkeit (300 000 km pro Sekunde) winzig sei.

Reihen von Ramanujan. Die Leute haben sich durch die Jahrhunderte zur Berechnung von π wahrhaftig allerhand einfallen lassen[116]. Aber Ramanujans „*Modulformen*“ sind unschlagbar.

Srinivasa Ramanujan lebte in Tamil Nadu, einer Provinz Südindiens. *Tamil Nadu* ist bekannt wegen der Liebe der Einwohner zur Geometrie. Viele Frauen fertigen jeden Morgen höchst komplexe Linienmuster mit vielen Symmetrien an, *Kolams* genannt, indem sie weisses Reismehl zwischen Daumen und Zeigefinger herunterrieseln lassen. Die täglich erneuerten Muster heissen Besucher willkommen und locken die Schlangengöttin *Naga* an, die eine Glücksbringerin ist. Das weiss ich aufgrund der Aufgabe 7 des Känguru-Adventswettbewerbs 2012, bei dem ich alle 24 Punkte „geangelt“ habe. Obwohl der Wettbewerb sich an wesentlich Ältere wendet.

Känguru ist ein internationaler mathematischer Multiple-Choice-Wettbewerb, an dem rund 6 Millionen Schüler/innen teilnehmen, darunter zwei Millionen russische (!). Känguru ist damit der grösste Schülerwettbewerb weltweit. Die Idee stammt von *Peter O'Holloran*, einem Mathematiklehrer aus Sydney. 1994 wurde der internationale Verein *Kangourou sans frontières* mit Sitz in Paris gegründet. Seit 1995 wird der Wettbewerb auch in Deutschland ausgetragen, organisiert vom Institut für Mathematik der Humboldt-Uni Berlin.

– Wichtigste Konkurrenz im Rahmen von Känguru ist der Schulwettbewerb im März, an dem etwa 10 000 deutsch-sprachige Schulen teilnehmen. Was meine Schule betrifft, so denke ich, vermutlich gewonnen zu haben, obwohl ich da Känguru-Küken bin.

Zurück zu Ramanujan: Als Kind stiess er auf einige Bücher zur *Trigonometrie*. Sie weckten in ihm die Liebe zur Mathematik. Man glaubt es kaum: Er wurde durchs Selbststudium ein Genie. Mein Selbststudium ist mehr als mickrig. Um ein Genie zu werden, reicht es mit Sicherheit nicht.

– Der Direktor der Mathematik der Uni Zürich empfahl mir, wie bereits geschrieben, dringend das Selbststudium. Da muss ich ihn enttäuschen. Vielleicht hat der Direktor des mathematischen In-

[116] Siehe z.B. Nachwort, Kap. 5.1.

stituts aber doch nicht Unrecht. Morgen, spätestens übermorgen, versuche ich es mal mit dem Selbststudium. Überall in unserem Haus liegen Bücher zur Analysis und Algebra herum, wie in anderen Häusern Süssigkeiten. Was ist die Absicht dahinter?

Ramanujans Klassenkamerad(en)/innen sagten: „Wir verstanden ihn nur selten.“ Doch Godfrey verstand ihn. Trotz seines eigenen IQs von, wie geschrieben, mindestens 500 kam er zur Überzeugung, derjenige Ramanujans sei noch höher. Er holte ihn nach Cambridge an die Uni. Ramanujan war bereits krank. Nach fünf Jahren in England ging er zurück nach Indien, wo er mit 32 Jahren starb (1920).

Ramanujan ging davon aus, dass es der Gott *Shiva* war, der ihn inspirierte. Mag ja sein. *Bisher ist Shiva allerdings noch nicht über mich gekommen.* Vielleicht, weil er in Indien wohnt. Und Flugangst hat.

– Ich bin ohnehin überrascht, welche Fähigkeiten indische Götter aufweisen: Nach seinem Tod übergab Ramanujans Witwe die Notizbücher Ramanujans, in die er 3542 Theoreme fein säuberlich eingetragen hatte, der Universität von Madras. 1976 wurde im Trinity College eine Schachtel mit fast 600 weiteren mathematischen Theoremen Ramanujans gefunden[117]. Vielleicht war er nicht der ordentlichste. Dann hätten wir, Ramanujan und ich, wenigstens *etwas* gemeinsam.

Bei 4'000 Theoremen blieb ihm nicht viel Zeit für Beweise. Ein Segen! Eine endlose Schar von Mathematikern hat Stoff für endlos viele Beweisversuche.

Noch auf seinem Totenbett schrieb Ramanujan einen Brief an Hardy mit siebzehn Beispielen der von ihm neu entdeckten *Mock-Theta-Funktionen.* Die Theorie dahinter blieb mysteriös, denn die ersten Seiten dieses Briefes gingen verloren. 2007 sei das Rätsel gelöst worden, behauptet die NZZ. Immerhin weiss man jetzt, dass es unendlich viele Mock-Theta-Funktionen gibt. Wie gesagt, ein Segen für endlos viele Mathematiker.

---

[117] George E. Andrews/Bruce C. Berndt (Hrsg.): *Ramanujan's Lost Notebook,* Springer-Verlag, New York London 2005.

***

Für den an Romantik, doch weniger an Mathematik interessierten Leser versuche ich jetzt, ein kleines schönes Beispiel romantischer Mathematik vorzuführen: Ramanujans Approximation von $1/\pi$ aus dem Jahre 1914[118]. In der Mathematiker-Community allgemein bekannt.

Ramanujan gab 1914 die folgenden Bausteine einer Formel zum Besten:

$$2\sqrt{2}/9801 \cdot (4n)!\,(1103+26'390 \cdot n)/((n!)^4 \cdot 96^{4n})\ .$$

Es sind unendlich viele Steine, denn für „n“ darf man alle positiven ganzen Zahlen einsetzen, einschliesslich der 0. n! bedeutet für n>1 das Produkt der ersten n positiven ganzen Zahlen: $n! := 1{\cdot}2{\cdot}3{\cdot}\ldots{\cdot}n$. (Du erinnerst dich hoffentlich an meine Ausführungen zum Lotto.) Und es ist $0! = 1! = 1$ vereinbart. Lies die Bausteine anhand dieser Handreichung ruhig noch einmal. Denn jetzt werden die Ausdrücke addiert: Man beginnt mit $n = 0$ und addiert dazu denselben Ausdruck, jetzt aber mit $n = 1$, dann addiert man denselben Ausdruck mit $n = 2$, dann den mit $n = 3$, und so fort, *bis ins Unendliche. Lass dir Zeit!*

- 1914 fehlten die Taschenrechner. Doch dir hilft heute die moderne Elektronik:

Für *n =0* ergibt sich $2\sqrt{2}/9801 \cdot 1103 = 0{,}318\,309\,878$, (die anderen Summanden bzw. Faktoren des Bausteins sind sämtlich = 1). Der Kehrwert ist 3,141 592 734. Addiere jetzt den zweiten Summanden, also den Ausdruck für *n =1*, zum ersten dazu, was mit einem Taschenrechner leicht möglich ist. Der Kehrwert der Summe der beiden Ausdrücke (für n=0 und n=1) ist 3,141 592 653 589 79. Fällt dir etwas auf?

Doch dann stösst du rasch an deine Grenze, Entschuldigung, an die Grenze deines Taschenrechners. Mit Mühe kann er vielleicht noch den dritten Summanden *(d.h. den für n=2)* errechnen. Dann ist

---

118 In mathematischer Notation: $\frac{1}{\pi} = \frac{2\sqrt{2}}{9801} \sum_{n=0}^{\infty} \frac{(4n)!(1103+26390m)}{(n!)^4 396^4}$

Schluss. Mein Computer brachte es bis auf die Summe der ersten 10 Ausdrücke.

Ich glaube kaum, dass Ramanujan versuchte, auch nur den vierten Summanden (also den mit *n=3*) zu errechnen, gewissermassen zu Fuss. (Für n=3 gilt es nämlich u.a., 396 hoch 12 auszurechnen.) Zumindest sind ihm alle weiteren Bausteine unbekannt geblieben. Er konnte nicht voraussehen, dass ein halbes Jahrhundert später erste Computer der Sache zu Leibe rücken würden. *Doch, unglaublich, er kannte die Summe aller unendlich vielen Summanden:*

- *Ramanujans Theorem*[119]*: Die „unendliche Summe“ aller unendlich vielen Bausteine ergibt 1/π.*

Eine „unendliche Summe“? Damit drückte er aus, dass man durch Aufaddieren genügend vieler Summanden beliebig nahe an 1/π kommt. *Ramanujan kennt mit seiner „Summe“ „im Prinzip“ alle Nachkommastellen von* π. Aber das ist nicht nur graue Theorie. Denn die Sache hat eine ganz praktische Seite. Hat man mal einige Summanden addiert, so gilt:

- *Jeder weitere Summand liefert acht weitere korrekte Nachkommastellen für 1/π.*

Das sagte Ramanujan voraus. Der erste Summand ist bereits auf 6 Nachkommastellen genau. Meine Summe der ersten 10 Summanden ergeben also mindestens 86 korrekte Nachkommastellen für 1/π (und damit für π). Ramanujan hat mit seiner Prophezeiung Recht behalten, sie wurde rund 70 Jahre später bewiesen[120]. Also die Devise: Wähle eine Nachkommastelle aus, z.B. die achtmillionste. Flugs geben wir dem Computer den Auftrag, die erste Million der Ramanujan-Summanden aufzuaddieren und den Kehrwert zu nehmen. Schon haben wir die Antwort. Was ein Gegensatz zu *Daniel Tammet*, dessen Kenntnis der π – Nachkommastellen irgendwann zu einem Ende kommt!

---

119 Srinivasa Ramanujan, *Modular Equations and Approximations to* π, Quart. J. Math. 45 (1914), 350–372.

120 Siehe: J.M. Borwein and P.B. Borwein, *Pi and the AGM – a study in analytic number theory and computational complexity,* Wiley, New York 1987.

Allerdings hatte auch schon *Archimedes* eine Superstrategie der π*-Berechnung angegeben*, durch Approximation der Kreislinie mit regelmässigen Vielecken. Aber schon für nicht allzu viele Nachkommastellen vonπ wird seine Methode ganz schön heftig, selbst für Computer.

Seitdem Computer für alle erschwinglich sind, stürzt sich die ganze Welt auf das Rezept Ramanujans und auf verwandte noch viel „schnellere" „unendliche" Summationen. Die Summation solcher Ausdrücke, die stets bausteinartig hergestellt werden, nur unter Einsetzung verschiedener Zahlen „n", ist nämlich die Leibspeise der Computer. Meist lässt sich der jeweils folgende Baustein rasch aus seinem Vorgänger errechnen. Man spricht von „Rekursion".

– 1985 wurden 17 Millionen Nachkommastellen unter Verwendung des Ramanujan-Ausdrucks kalkuliert. 1999 konnten *Takahashi* und *Kanada* mit einem speziellen „π- Computer" und einem neuartigen Rezept in Anlehung an Ramanujans Vorgehen 206 Milliarden Nachkommastellen von π berechnen. Die Speicherung des errechneten Dezimalbruches benötigt geschätzte 140 CDs.
– Nur ein zweiter Computer kann überprüfen, ob der Computer richtig gerechnet hat. Vielleicht ausser *Daniel Tammet*, Mister π.

Die Japaner lassen nicht locker: Sie sind bei mehr als zehn Billionen Nachkommastellen angekommen[121]. Die Rechnungen stressen die Computer, denn sie müssen ziemlich rasch sehr kleine Häppchen addieren. Die beiden Japaner brauchten ein ganzes Jahr, inklusive der Zeit, um an ihrem Computer herumzuschrauben.

Nächstes Jahr erlerne ich, wie geschrieben, *Python*, ein Programm, das mit ellenlangen ganzen Zahlen umgehen kann. Damit kann ich spielend einige Millionen Stellen von π selber errechnen.

– Ich brauche die Japaner dann nicht mehr. Denn, bescheiden wie ich bin, mir genügen einige Millionen Nachkommastellen von π durchaus. Wie siehst du das?
– Zur Berechnung des Umfanges und des Volumens des Weltalls in

[121] Siehe z.B. Alexander J. Yee/Shigeru Kondo, *Round 2... 10 Trillion Digits of Pi*, http://www.numberworld.org/misc~runs/pi-10t/details.html, 28.12.2013.

der durch unser Wissen über es begrenzten Genauigkeit genügt schon die Summation der ersten sieben Ramanujan-Ausdrücke.

KAPITEL 26: WAS NÜTZT DIE MATHEMATIK?

Ständig werde ich das gefragt. Die Schönheit der Mathematik genügt den Leuten nicht. Weil es ihnen Mühe macht, die Schönheit nachzuempfinden. Ganz ohne Mathematik geht es bei der Nachempfindung nämlich nicht. Also fragen sie: Was nützt die Mathematik?

Annabelle hat das auch gefragt (4/2014). Und zwar den Herrn Taschner[122]. „Annabelle" ist übrigens keine Freundin von mir, sondern eine Frauenzeitschrift. Herr *Taschner* macht Superpropaganda für die Mathematik.

Annabelle tastet sich langsam voran: „Viele Menschen erinnern sich mit Schaudern an die Mathematik." ...

– Was zum Beispiel die windschiefen Geraden betrifft, kann ich, Maximilian, kaum widersprechen.

Jetzt Herr Taschner, aus lauter Höflichkeit gegenüber Annabelle: „Zu den Klassikern der Mathematik-Erinnerung gehöre auch der Satz: „Ich habe immerzu diese Giraffe gezeichnet und nie begriffen, was sie bedeutet." „ Zur Auflösung: Es handelt sich um das Integralzeichen.

Das Interview schleppt sich so vor sich hin. Annabelle fragt, was braucht es an Mathematik? Da kommt Herr Taschner in Fahrt: „Sie machen bei einem Brustkrebs-Screening mit und werden positiv getestet. Bedeutet dies, dass sie krank sind? Nicht unbedingt, in den meisten Fällen handelt es sich um einen Fehlalarm. In den meisten Fällen weiss das nicht einmal der Arzt."

– Jetzt wissen es die Käuferinnen von Annabelle. Und auch die von meinem Buch. Hoffentlich informiert mein Buch Tausende von

---

[122] Rudolf Taschner ist Mathematik-Professor an der Universität Wien. Siehe z.B.: Die Zahl, die aus der Kälte kam: Wenn Mathematik zum Abenteuer wird, Carl Hanser Verlag, München 2013.

Frauen. Zugunsten ihrer Gesundheit. Und zugunsten des finanziellen Fortschritts von Aline und mir: Bei *sehr seltenen* Ereignissen ist der Fehlalarm natürlich viel häufiger als das Ereignis selber. Herr Taschner empfiehlt, diesen Tatbestand im Hinterkopf zu behalten. Insbesondere für den Fall, dass die Mammographie behauptet, ich habe Brustkrebs. Naja, dieses Ereignis ist in meinem Fall besonders selten. Also breche ich auch nicht in Panik aus, wenn ich positiv getestet werde. Zum Test erscheine ich vermutlich auch nicht.

Ob die Leute diesen Tatbestand im Hinterkopf behalten? Unsicherheit bei Herrn Taschner angesichts dieser Frage. Warum eigentlich die plötzliche Unsicherheit? Zur Erklärung seiner Zweifel zitiert er eine typische PISA-Aufgabe:

– Ein Rezept stelle fest, man brauche für 100 ml Salatsauce 60 ml Öl, 30 ml Essig und 10 ml Soja-Sauce. Ich werde mal meine Mutter fragen, was sie von diesem Rezept hält.

Und jetzt die Frage: Wenn ich 150 ml Salatsauce machen will, wieviel Öl brauche ich dann?

– Mehr als ein Drittel der 15-jährigen konnte die Frage nicht beantworten.

Das sind ja schöne Aussichten. Zumindest, was die Salatsaucen betrifft. Ich entschliesse mich an Ort und Stelle, ein Kapitel über PISA-Tests zu schreiben. (Um Ihnen das Suchen zu ersparen: Kapitel 33.)

Selbst Annabelle fühlt sich jetzt animiert und gibt eine *Kapitänsaufgabe* zum Besten: „Auf einem Schiff befinden sich 26 Schafe und zehn Ziegen. Wie alt ist der Kapitän?"

– *Kapitänsaufgaben:* Zu Beginn der Achtziger stellten französische Wissenschaftler Zweit- und Dritt-Klässlern diese Aufgabe[123]. Von 97 teilnehmenden Kindern gaben 76 die Antwort: 36 Jahre. Es nützt Nichts, in der Aufgabe das Alter selbst bekanntzugeben: „Ein 27 Jahre alter Hirte hat 26 Schafe und 10 Ziegen. Wie alt ist der Hirte?". Antwort der grossen Mehrheit: 36.
– In der Lehrerschaft sorgte die Untersuchung für Empörung. „Eine Schande, so etwas Kindern anzutun".

123 *Institut de Recherche sur l'Enseignement des Mathématiques.*

– Untersuchungen zeigen, dass nur ca. 10% der Kindergartenkinder die unsinnige Antwort geben. Aber die grosse Mehrheit der Viertklässler. Was ist da falsch gelaufen?
– Was falsch gelaufen ist, zeigt folgender Dialog (siehe Annabelle):
Lehrer: „Du hast 10 Bleistifte und 20 Buntstifte. Wie alt bist du?" Julia: „30 Jahre!" Lehrer: „Aber du weißt doch genau, dass du nicht 30 Jahre alt bist!" Julia: „Ja, klar. Aber das ist nicht meine Schuld. Du hast mir die falschen Zahlen gegeben."

Diagnose: Mathematik-Unterrichtsgeschädigt. Das Denken wird durch den Mathe-Unterricht ausradiert. Siehe Kapitel 33.

***

Annabelle und Herr Taschner spannen uns auf die Folter. Jetzt kommt immer noch nicht die Nützlichkeit der Mathematik zur Sprache, sondern die „Mathematischen Helden" sind angesagt. Archimedes zum Beispiel: „Er hat die römische Flotte mit riesigen Flaschenzügen, Katapulten und Blendspiegeln geschlagen, also letztlich mit Mathematik."

– Meine Meinung: Für seine Heldentat bezog er sein Salär. In Erinnerung blieb er aber eher wegen weniger aufregenden Berechnungen, z.B. der Fläche eines Parabelabschnitts. Camillo gab mir die Approximation als Übungsaufgabe. Bescheiden will ich feststellen, dass Archimedes zur Approximation fast ein ganzes Buch brauchte. Ich habe es leider zu spät entdeckt.
– Unsterblich auch sein Buch *„perì sphaíras kaì kylíndrou"* („Über Kugel und Zylinder"). All das dürfte den Herrscher von Syrakus allerdings weniger interessiert haben, verglichen mit den Kriegsmaschinen.

Die ARD, das erste Deutsche Fernsehen, hat mich als „Wunderkind" ins Samstag-Abend-Programm eingeladen. Vielleicht schlage ich „Archimedes" als Thema vor. Wahrscheinlich werde ich postwendend ausgeladen.

Annabelle wäre nicht Annabelle, wenn jetzt nicht die Frage nach den mathematischen *Heldinnen* käme. Taschner wäre nicht Taschner, wenn er nicht eine Anekdote parat hätte: *Hypatia*. Sie scheint etwas von den Planetenbahnen gewusst zu haben. Unerhört!

– Hypatia wurde auf Betreiben des Erzbischofs von Alexandria solange mit Tonscherben geritzt und gefoltert, bis sie verblutet war. In der Kirche. Wegen der Planetenbahnen! Der Erzbischof wurde, was Herr Taschner aus Anstand verschweigt, heiliggesprochen.

Immerhin: *Mathematik formt den Charakter.* Es ist beliebig schwierig, sich einzugestehen, etwas nicht verstanden zu haben. Die Selbstdisziplin wird durch die Mathematik erzwungen. *Daniel Tammet* meint sogar: „Zahlen machen uns, richtig betrachtet, einfach zu besseren Menschen." Vielleicht nicht die Zahlen selber, sondern der Umgang mit ihnen, also die Mathematik. Daniel scheint ein Optimist zu sein.

Dann endlich kommt Herr Taschner zur Sache: „Stellen sie sich vor, es würde tatsächlich einmal ein so starker Sonnenwind auf die Erde kommen, dass die elektrischen Systeme für ein paar Monate ausfielen." Wie würden wir dann dastehen? Wir kämen nicht einmal mehr aus der Haustüre heraus. Sie funktioniere elektrisch.

Herr Taschner hält die Fahne der Mathematik hoch: Eine gute Schauergeschichte hilft.

Zur Geschichte von Herrn Taschner kann ich sagen: Da hat meine Familie Glück: Unsere Haustüre funktioniert noch mechanisch.

– Mein Vater sagt, das sei der Grund, warum wir noch hundert Jahre ohne Schwierigkeit aus der Haustüre kämen. Das würde er uns beweisen. Ich wünsche ihm ein langes Leben.
– Die linearen Differentialgleichungen des Elektromagnetismus von *James Clerk Maxwell*[124] sind die Grundlage der modernen Technik. Sie seien „das Tiefste und Fruchtbarste, das die Physik seit

---

124 Schottischer Physiker, der mit den genannten Differentialgleichungen die Grundlage der *Theorie des Elektromagnetismus* legte. Er zeigte, dass das Licht eine *elektromagnetische Strahlung* ist und sich – wie jede elektromagnetische Welle – mit der Geschwindigkeit von 300 000 km pro Sekunde fortbewegt. Mit der *Kinetischen Gastheorie* konnte er die Gesetze der *Thermodynamik* erklären. Er veröffentlichte auch die erste Farbfotografie zum Beweis der *additiven Farbmischung*.

Newton entdeckt hat" (Albert Einstein). Denn die „wunderbaren" Gleichungen ermöglichen unter anderem die Berechnung der Lichtgeschwindigkeit, als höchste Geschwindigkeit überhaupt. Die Lichtgeschwindigkeit ist bekanntlich der Start der speziellen Relativitätstheorie.

– Dass zum Beispiel die Haustüre elektrisch funktioniert, auch das verdanken wir Maxwell. Auch wenn mein Vater diese wertvolle Elektronik hartnäckig hintertreibt.

Die Elektrotechnik ist ein gutes Beispiel: Keine Glühbirne, keine Elektrolok, kein Röntgengerät, keine Batterie, keine Herdplatte, kein Staubsauger, kein Kaffee-Automat, ohnehin kein Automat, kein Funk, kein Radio, kein Fernsehen, keine CD bzw. DVD, kein Computer, kein Telefon ohne Maxwells Theorie.

Jeder weiss, die Liste lässt sich endlos verlängern, doch mein Buch soll nicht mehr als 200'000 Zeichen haben. Sagt Aline. Ich fürchte schon jetzt, an dieser Stelle, ich komme damit niemals aus. Ich nähere mich jetzt schon den 200'000.

Mathematik ist „zur wichtigsten Ressource unseres Lebens geworden". Ich weiss nicht mehr, wer das gesagt hat. Noch ein Zitat: „Die Algorithmen sind an der Macht." Ohne sie kein Google, Facebook, Twitter. Die Mathematik dringt in das tägliche Leben ein: Ohne Algorithmen kein Aktienhandel. Der spielt sich ja in Millisekunden ab. Keine rechtzeitigen Tsunami-Warnungen. Die Drohnen werden die Kriege führen. Von Algorithmen gesteuert.

Die Mathematik bestimmt zwar unser Leben mit. Das ist jedenfalls meine Meinung. Doch die Mathematiker haben eigentlich wenig zu sagen.

– Sie stellen ihr Licht unter den Scheffel. Ich bin da eher die Ausnahme. Mein Buch trägt ein bisschen dazu bei, die Sache ins Lot zu bringen. Ein wenig Reklame für die Mathematik. Sicher, Herr Taschner kann das tausendmal besser.

Weiter in der Mathe-Werbung: Die Mathematik *erklärt* auch die Welt. Es sind Erklärungen *voller Fantasie*. Kein Fantasy-Film kann mithalten.

Ich nehme mein Lieblingsbeispiel, die *Kosmologie*: Die Berechnung der Planetenbahnen ist reine Mathematik. Sie zeigt, was sich im Sonnensystem abspielt. Mathematisch lässt sich auch erklären, wie Sterne und Galaxien entstanden sind. Und wie das Universum. Und noch eine neue Vorstellung: Vielleicht existieren jenseits unseres Universums vielleicht unendlich viele „Paralleluniversen“. Ein spannendes Thema nicht nur für Fantasy-Romane, sondern sogar für Kinderbücher.

Nicht alle finden es lustig, dass die Erde ein Sandkorn in der Milchstrasse und die Milchstrasse ein Sandkorn im Universum und das Universum ein Sandkorn in der Sandwüste unendlich vieler Parallelwelten ist. Wo bleibt die eigene Wichtigkeit?

***

Annabelle findet die Maxwell-Gleichungen, oder zumindest „diese Zivilisation“, umgekrempelt durch Maxwell, jetzt doch „sehr zerbrechlich“. Die Sache mit dem Sonnenwind kommt ihr vermutlich bedrohlich vor. Sie fürchtet wohl, dass sich heute Abend ihre Haustüre nicht mehr öffnen lässt. Verlasse nie ohne Not-Zelt deine Wohnung! Zumindest nicht, wenn deine Haustüre elektrifiziert ist.

Herr Taschner geht ganz höflich auf Annabelle ein: „Zerbrechlichkeit bedeutet an sich nichts Schlechtes. ... Feine Keramik sei auch zerbrechlich.“ Vielleicht trinken Annabelle und Taschner gerade Tee.

Leider lässt er die Gelegenheit aus, um auf die Nichtzerbrechlichkeit der Mathematik hinzuweisen. Wohl aus lauter Höflichkeit.

- Herr Taschner weiss natürlich besser als ich: Jedes Ergebnis der Mathematik ist *„unkapputbar“* (*Der Spiegel*). Das Theorem meines Mentors Camillo zu den Turbulenzen *ohne äussere Einwirkung* bleibt gültig, bis das Universum untergeht. Also mindestens noch 22 Milliarden Jahre. Auch letzteres ist ein Ergebnis, was heftig auf der Mathematik beruht.
- „Ein mathematischer Beweis ist ein rhetorisches Mittel, um jemanden davon zu überzeugen, dass eine mathematische Aussage wahr oder gültig ist“ (ein amerikanischer Prof.). Einstein beispielsweise war in meinen Augen ein Marketing-Genie. Vielleicht sollte man jedoch hinzufügen, dass ein mathematischer Satz „wahr oder

gültig ist", ganz unabhängig davon, ob sich jemand überzeugen lässt.

- *Auf lange Sicht ist die Mathematik die Siegerin. Sie alleine überlebt, nur sie.* Alles andere ist vergänglich. In 22 Milliarden Jahren wird Napoleon längst vergessen sein. Alle werden sich weiter am Satz des Pythagoras erfreuen können.
- Und dann zum Abschluss der Werbung: Das Universum wird leider untergehen, hoffentlich werden neue, ganz andersartige Universen entstehen – vielleicht mit anderen Naturgesetzen, wer weiss. Aber mit derselben Mathematik. *Das kann als sicher gelten.*

DRITTER TEIL: EIN KURZER BLICK VORAUS

KAPITEL 27: MEINE ERSTE KLAUSUR

19. März 2014: Ankunft in der Uni Zürich, Bau 27. *Heute ist Klausurtag.* Ich bin schon 10 Minuten zu spät, trotz meines olympiareifen Spurts über das Unigelände. Bei dem Verkehr in Zürich kann kein aufstrebendes Talent rechtzeitig zur Stelle sein. Prüfender Blick auf das Aufgabenblatt: Erleichterung, nur vier Aufgaben.

Los geht's. Ich komme halbwegs voran.

Nach eineinhalb Stunden beginne ich mit der letzten Aufgabe. Man nehme den von den trigonometrischen Funktionen cos(jt) und sin(jt), j durchlaufe die ersten k positiven ganzen Zahlen, aufgespannten linearen Unterraum der differenzierbaren reellen Funktionen und berechne die Eigenwerte der Derivation auf diesem Unterraum.

Ein Blick auf die Uhr. Die ersten Etappen schaffe ich gerade noch: Die lineare Unabhängigkeit der trigonometrischen Funktionen wird mir geschenkt. Was ist zu tun? Also erstens der Nachweis der Linearität der Derivation, zweitens die Bestimmung der 2kx2k-Matrix der Derivation bzgl. der durch die genannten trigonometrischen Funktionen gegebenen Vektorraum-Basis. Jetzt gilt es, das charakteristische Polynom zu berechnen und seine Nullstellen zu bestimmen.

– Hast du schon mal die Determinante einer Matrix zu berechnen versucht, in deren Diagonalen sich zusätzlich die Variablen „Lamda" versammelt haben? Mathematiker lieben das griechische Alphabet.

Dabei ist davon auszugehen, dass es gar keine reellen Eigenwerte gibt, nur solche im Komplexen. Denn die Derivation spielt auf den trigonometrischen Funktionen „Bäumchen wechsle dich". Von sin zu cos.

– Verdammt: Gleich wird es acht Uhr. Mein Vater steht schon in der Tür. *Abgabe.*

Heimfahrt: Wir diskutieren die Aufgaben; genauer: meine sehr bescheidenen Beiträge. Ich glaube, ich kriege 10 Punkte. Das könnte gerade so reichen. Wer weiss, wie Camillo benotet?

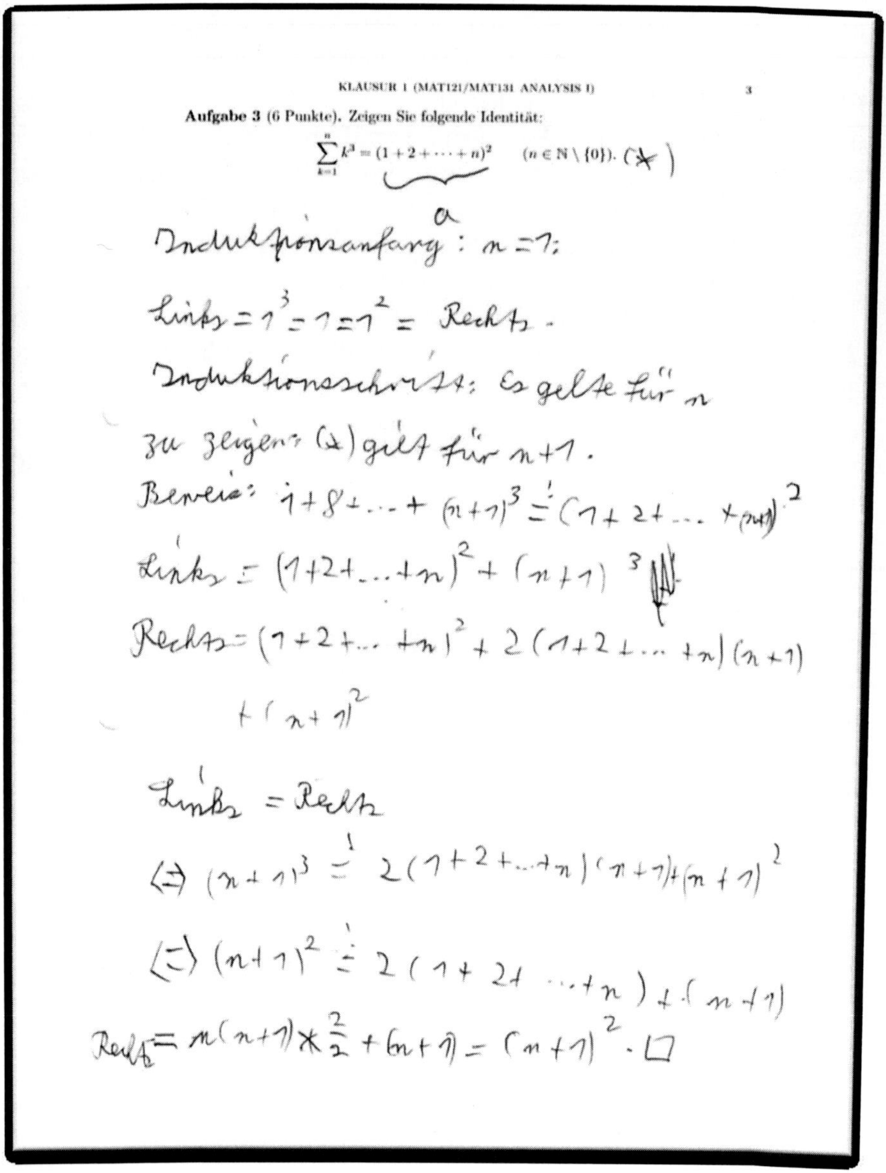

KLAUSUR 1 (MAT121/MAT131 ANALYSIS I) 3

Aufgabe 3 (6 Punkte). Zeigen Sie folgende Identität:

$$\sum_{k=1}^{n} k^3 = \underbrace{(1+2+\cdots+n)^2}_{a} \qquad (n \in \mathbb{N}\setminus\{0\}).\ (*)$$

Induktionsanfang: $n=1$:

Links $= 1^3 = 1 = 1^2 =$ Rechts.

Induktionsschritt: Es gelte für n

zu zeigen: $(*)$ gilt für $n+1$.

Beweis: $1+8+\ldots+(n+1)^3 \overset{!}{=} (1+2+\ldots+(n+1))^2$

Links $= (1+2+\ldots+n)^2 + (n+1)^3$

Rechts $= (1+2+\ldots+n)^2 + 2(1+2+\ldots+n)(n+1) + (n+1)^2$

Links $=$ Rechts

$\Leftrightarrow (n+1)^3 \overset{!}{=} 2(1+2+\ldots+n)(n+1) + (n+1)^2$

$\Leftrightarrow (n+1)^2 \overset{!}{=} 2(1+2+\ldots+n) + (n+1)$

Rechts $= n(n+1) * \frac{2}{2} + (n+1) = (n+1)^2$. □

Eine Klausur-Aufgabe meines Mentors

20. März: Heute ist der Tag aller Tage: Camillo hat meine Klausur mit „5“ bewertet. Hier die Nachricht im Original:

Von: camillo.delellis@math.uzh.ch

Datum : 20/03/2014 - 15:59 (UTC)

Betreff: Sehr schöne Klausur

Lieber Maximilian, lieber Thomas,
Maximilian hat die Pruefung bestanden, mit 5.
Ich habe 10P ueber 16P ihm gegeben (2P fuer Ex2, 3P fuer EX2, 4P fuer EX3, 1P fuer EX4). Ich weiss aber, dass die Pruefung ziemlich schwer war, weil 90 Minuten nicht viel Zeit sind (ich meine „schwer“ als „schwer auch fuer einen Student an der Uni“). Deswegen hatte ich eine Note 6 schon fuer 13P gegeben.

– Der Einfluss Deutschlands in der Welt wird vor allem durch den Deutschen Satzbau gebremst. Selbst ein unzweifelhaftes Genie wie Camillo hat da so seine Mühe. Obwohl er, sagen meine Eltern, als Italiener zum „indogermanischen Sprachraum“ gehöre.

Ich muss ihm Recht geben: Die Prüfung war schwierig, zumindest für mich, und *am Ende standen mir die Tränen in den Augen.* Und jetzt ein kleiner Triumph: Denn Camillo meint, ich gehöre mit diesem Ergebnis zur Spitzengruppe seiner Studenten. Mein Quotient ist 10 Punkte auf 16 = 0,625, besser als der beste Quotient seiner Studierenden im Rahmen seiner letzten Klausur an der Uni.

– Naja, wenn Sie *mich* fragen: Dass ich mit meinem sehr mässigen Ergebnis von 10 Punkten zur Spitzengruppe gehöre, das kann kaum an mir liegen. Es erklärt höchstens, weshalb die Mehrheit der Student(en)/innen in Mathe das Handtuch wirft.

Wo bleibt übrigens der Erzengel Gabriel, um mir seine Glückwünsche auszusprechen? Jeder Urlaub muss mal ein Ende haben, auch deiner, Erzengel Gabriel! Schliesslich muss der Erzengel den Text der Mail von Camillo noch in die Münsterbrücke in Zürich hämmern; sonst tut es ja keiner. Wie es 1958 die Irish Academy mit den Rechenregeln der Quaternionen machte. Zu Ehren ihres Entdeckers,

Sir Hamilton[125]. Die Inschrift an der *Broome Bridge* ist, verunziert durch einen gelben Graffiti-Haken, nur noch mit Mühe zu entziffern: „Here as he walked by on the 16 of October 1843 Sir William Rowan Hamilton in a flesh of genius discovered the fundamental formula of quaternion multiplication: $i^2 = j^2 = k^2 = ijk = -1$." Romantische Anekdote. Gerne gehe ich nochmals über die Münsterbrücke. Hoffentlich überkommt mich auch der Genius. Grosse Chancen rechne ich mir nicht aus. Mit meinem Klausurbeitrag kann ich mich nicht gerade schmücken.

– Sir Hamilton hat die Ehrung leider nicht mehr erlebt. Die Inschrift kam mit mehr als hundert Jahren Verspätung. Ich hoffe, der Erzengel ist in meinem Fall weniger nachlässig.
– Man hätte die Brücke im Übrigen ruhig nach Sir Hamilton benennen können. Schliesslich gibt es auch eine *HawkingBridge* in Dublin. Oder ist es nur eine Strasse? Und geht es um *Stephen*? So bleibt es im Falle Hamiltons bei dem Namen eines Mondkraters. Mit einem Mondkrater, der meinen Namen trägt, wäre ich zur Not auch zufrieden. Vielleicht sollte ich mal mit der NASA Verbindung aufnehmen.
– Besser wäre doch eine Gedenktafel an der Münsterbrücke. Mein Textvorschlag: „Als Maximilian über die Brücke schritt, überkam ihn der Genius, und er wusste plötzlich, was er in der Klausur hätte schreiben sollen."

Zum weiteren Verständnis der Mail: Mit „Thomas" ist mein Vater gemeint. Es geht nämlich bei Camillo zu wie beim Pingpong. *Er stellt praktisch unlösbare Aufgaben, und mein Vater und ich kontern, so gut wir können.* Das Spiel ist nicht zu gewinnen, aber der wahre Held, also ich, kämpft auch in aussichtsloser Position.

125 Sir *William Rowan Hamilton* war ein irischer Mathematiker und Physiker, der für seine Beiträge zur Mechanik und für seine Untersuchungen der Quaternionen bekannt ist.

Kapitel 28: Wie geht es weiter?

Zurück zum Vertrag mit der Uni: Alle seien jederzeit berechtigt, ohne Gründe anführen und ohne eine Frist einhalten zu müssen, das Förderprogramm zu beenden. ...

– Ich jedenfalls beende nicht. Ich wäre verrückt. Und auf meinen Mentor ist Verlass.

Steve Jobs sagte im Stadion der Stanford University: „Ich hatte Glück – ich habe schon früh herausgefunden, was ich gerne machen wollte. ... Wirklich erfüllt ist man nur, ... , wenn man seine Arbeit liebt."

Und ich hätte keinen Anspruch auf irgendwelche Ausbildungsausweise oder diesbezügliche Erklärungen.

– Ich selber wurde zwar nicht gefragt. Der fertige Text wurde mir vorgelegt. *Doch das Risiko bleibt voll an mir kleben,* am Kleinsten in der Runde. Ich habe trotzdem das grosse Los gezogen. Selbst wenn ich am Ende ohne Credit Points dastehe. Camillo traue ich, aber was entscheiden die Bürokraten?

Soviel zum Vertrag zwischen dem Dekan der Fakultät, dem Direktor der Mathematik, dem Rektor meiner Schule, meinem Mentor und meinen Eltern. Ich blieb als Vertragspartner aussen vor.

Jede Woche schicke ich Camillo einen dicken Brief mit Lösungen zu typischen Erst-Semester-Übungsaufgaben. Es fing vor einem halben Jahr mit „Linearer Algebra" an. 13 Briefe, mehr als 60 Aufgaben. Ein fetter Leitz-Ordner voll. Die Lösungen würden ein Buch füllen, dicker als das vorliegende.

– Camillo ist nicht zu beneiden. Bei meiner Sauklaue.

Jetzt ist die „Analysis" dran. Dazu brauche ich Nichts schreiben, jeder weiss, um was es sich handelt. Und dann folgen die „Grundlagen der Mathematik". Hier weiss nicht jeder, worum es sich dabei handelt. Es geht unter anderem um Mengenlehre. Nicht um die schulische Mengenlehre vom Typ: „Sammle die grünen Dreiecke." (Ein solcher „Test" hält auch noch rote Dreiecke und rote sowie grüne Kreisscheiben bereit.)

– Das ist eher eine Karikatur der Mengenlehre und eine Beleidigung der Kinder.

Vielmehr geht es darum,

– wie sich die in der Mathematik verwendeten Eigenschaften unendlicher Mengen auf einige wenige Spielregeln zurückführen lassen, und
– wie sich die unübersehbare Struktur des Unendlichen mithilfe der Regeln ausleuchten lässt,
– und vielleicht auch darum, wie sich die Eigenschaften der Zahlen aus den wenigen Spielregeln folgern lassen und wie die reellen Zahlen, ein heftiges Konzept, hergestellt werden können.

***

Alles Weitere zu meiner Zukunft verliert sich jetzt im Nebel der Zukunft. Vielleicht ziehe ich einen Teil des Bachelor-Studium während meiner Gymi-Zeit durch. Mit weiteren Klausuren. Auf Camillo ist Verlass.

– Vielleicht widme ich mich mehr der Pubertät. Das käme unweigerlich so, behaupten die psychologischen Experten. Ich weiss noch nicht so genau, was ich pubertär dann so viel zu tun habe, dass die Mathe hinten runter fällt. Vielleicht verzichte ich aber auch auf die Pubertät.

Ein Argument kann ich nicht mehr hören: Ich sei nicht reif für die Uni. Das mussich ja gar nicht sein. Ich studiere nicht Philosophie. Wer das vorhat, sollte vielleicht warten, bis er ins Pensionsalter kommt. Um Mathe zu machen, ist der Philosophie- und Geschichts-Unterricht der Oberstufe weniger nützlich.

Andere sehen das wie ich. Ein Beauftragter Harvards hat tatsächlich angerufen. Er fängt begabte Studenten für Harvard ein. Gegen Provision.

– Gerne werde ich nach Harvard kommen, aber nicht heute. Heute will ich mit meinen Eltern zusammen essen, dreimal am Tag, mit meiner Mutter „Bauchberühren“ spielen, dreissigmal am Tag, meine Katzen streicheln, im äussersten Notfall im Garten helfen, nur gegen Naturalien selbstverständlich, wie z.B. kostenpflichtige

Apps, und abends den Mathe-Kurs besuchen. In Harvard dürfte ich auch nicht mehr über Mathe erfahren. Müsste aber ins Dorm.

***

„Träume nicht dein Leben, sondern lebe deine Träume." Sagt Lena, die Angebetete aus dem *Pampa Blues*. Naja, sie hat es immerhin bis Wingroden, dem Kaff in der hintersten Provinz, geschafft.

Der Traum der Mathematik ist grenzenlos. Ein Land der Träume, das viel grösser ist als das Weltall. Man muss sich bescheiden.

– Schon die alten Griechen hätten das gewusst: „Aei ho theos geometrei", sagt mein Vater. [Er liefert die griechische Schreibweise[126].] Was die Griechen sagen wollten? Schon seit unendlicher Zeit macht Gott ständig Mathematik, doch an ein Ende ist er nicht gekommen.
– Auch wenn man sieben Leben hat wie angeblich unser Kater Achill und flink wie das Licht ist, man bleibt ein Zwerg in der Unendlichkeit der Mathematik. Es ist hart, das einzusehen. Derjenige, der das Unendliche in unendlich viele Stufen auffächerte, *Georg Cantor*[127], hat es kaum ausgehalten. Schon mit 40 wurde er depressiv. Trotz seiner Riesenerfolge. Was die Stufen im Unendlichen betrifft, so wies er nach, dass jede Menge „mehr" Teilmengen hat als Elemente. Bei endlichen Mengen liegt dieser Tatbestand auf der Hand. Bei unendlichen besteht die Meisterleistung darin herauszufinden, was „mehr" bedeutet.
– Einige meiner talentierten Mitkinder sind, was das Universum der Mathematik betrifft, allerdings ganz anderer Meinung. So schreibt die Mutter von Jacob Barnett[128]: „ The 12-year-old taught himself calculus, algebra and geometry in two weeks. "[129] Da kann ich jetzt nicht mithalten. Mit meinem Vater zusammen mache ich Streifzüge durch Calculus, Algebra und Geometrie. Tagtäglich. Nach vier-

126 ʾ Ἀεὶ ὁ θεός γεωμετρεῖ (Platon).

127 Georg Cantor, Professor in Halle, öffnete mit seinem Begriff der „Gleichmächtigkeit" von Mengen die Tür zur Strukturierung des „Unendlichen".

128 Gemäss Michelle Castillo, TIME, 26. März 2012.

129 Ich empfehle das Youtube-Video: Learn Calculus Visually in 5 minutes.

jährigem Studium bin ich auf der 2. Stufe einer Treppe angelangt (der Stufe „Analysis II"), die bis in den Himmel reicht. Ich freue mich auf viele weitere Stufen, beispielsweise der Analysis (Masstheorie, Funktionentheorie, Differentialgleichungen, ...)

- Schlussfolgerung: Man sollte die Konkurrenz nicht unterschätzen: Jacob hat, mir gegenüber, zumindest zwei unbestreitbare Vorteile: Ein unfehlbares Gedächtnis, und dann eine besondere Fähigkeit, Muster zu erkennen. Beides sind zwei entscheidende Standbeine mathematischer Arbeit. Doch die Mathematik braucht mindestens soviel Beine wie ein Tausendfüssler. Die üblichen: Disziplin, Engagement, Selbstkritik, Ausdauer. Doch auch weniger übliche, z.B. *Zutrauen*: Der Mathe-Schüler erlernt Definitionen und Propositionen, ohne zunächst zu wissen, wie und wann sie verwendet werden.
- Ein Beispiel: *Die Schrödingergleichung – Jacob weiss Bescheid*

$$i\hbar\frac{\partial}{\partial t}|\psi(t)\rangle = |H\psi(t)\rangle$$

Dabei bezeichnet *i* die imaginäre Einheit, $\hbar$ die Plancksche Konstante, $\frac{\partial}{\partial t}$ die partielle Ableitung nach der Zeit und H den „Hamiltonoperator" des zu beschreibenden Systems. Der Hamiltonoperator ist eine Abbildung eines (unendlich-dimensionalen) Hilbertraumes in sich; $\psi(t)$ ist eine Abfolge von Vektoren in diesem Raum, der die Zustände des Systems in Abhängigkeit von der Zeit *t* beschreibt. H „wirkt" auf den jeweiligen Zustand (rechte Seite der Gleichung), was die zeitliche Veränderung der Zustände (linke Seite der Gleichung) mit sich bringt.

Schrödingers Katze – lebendig oder tot?

- Jacobs Mutter erklärte, ihr12-jähriger Sohn wäre drauf und dran, Einsteins allgemeine Relativitätstheorie zu revolutionieren[130]. Der arme Kerl! Vielleicht war das doch ein wenig voreilig. Die Landung dürfte in diesem Fall hart ausfallen. Vielleicht ist sie schon erfolgt. Er kann sich trösten: Er wurde der „neue“ Einstein – als Star der amerikanischen Fernseh-Shows.
- Ständig geht es im Internet bekanntlich um die Widerlegung des „alten“ Einstein, meist in wolkigen Andeutungen. Der übliche Ärger nach den Auftritten von Jacob liess nicht auf sich warten, z.B. bei Youtube: „Relativity Fraud“, „Einstein's Jewish Science“, „Einstein's „Theory“ of Relativity Must be Removed from Science“. Jacob ist vorsichtig genug, zur Sache selber Nichts mehr verlauten zu lassen, jedenfalls nicht auf Youtube, seinem bevorzugten Medium.

***

130 Kristine Barnett, *The Spark*, Random House, New York 2013. Deutsche Übersetzung: *Der Funke*, Kailash Verlag, München 2014. Siehe Kap. „Eine neue Theorie“. Oder die 3. Einbandseite. Die amerikanische Presse beförderte ihn daraufhin zum Nobel-Preis-Anwärter, die TIME selber allerdings eher indirekt. T-Online (Deutsche Telekom, Darmstadt) war mutiger: „Wunderkind stellt Einstein in den Schatten“ (t-online.de, Titel vom 1.4.2011).

Zurück zur Realität: Mal abgesehen davon, dass man sich in der Welt der Mathematik wie ein Zwerg vorkommt, hat die Mathe noch einen heftigen Nachteil: Sie wird schlecht bezahlt. Schon Mozart beschwerte sich zur Recht anlässlich der Aufführung der Krönungsmesse: „Viel Ehr', doch wenig Cash". (Ins Neudeutsche übersetzt.)

Meine Träume zu meiner Zukunft sind daher noch sehr vage.

Vielleicht sollte ich doch besser Banker werden. Nur für einige Jahre. Ich bin bescheiden. Einige wenige Boni genügen mir.

- Getreu der Bibel. Das vom Dekan zitierte *Gleichnis von den anvertrauten Talenten*[131] gibt nämlich zu denken: „Wer hat, dem wird gegeben." Wahrhaft prophetische Worte. Es liegt auf der Hand: Gemeint sind die Banker des 21. Jahrhunderts.
- Die nicht Auserwählten sind der Meinung, Jesus habe sagen wollen, „wer Nichts hat, dem wird Nichts gegeben." Lottriger lässt sich die Bibel nicht auslegen, wie schon Hartz IV[132] zeigt. Es ist mit der Logik so eine Sache. Denn das Bibelzitat bedeutet: „Wem Nichts gegeben wird, der hat auch Nichts." Wohl war.

---

[131] Matthäus 25, 14–30, Lukas 19, 12–27.

[132] Deutsche Sozialhilfe.

Anhang: Potemkin reloaded

Der geneigte Leser erwartet jetzt, am Ende des Buches, mein tiefsinniges Urteil zu Gymi, Matura, Uni, Förderprogramm. Zu Recht. Denn ich bin der Haupt-Betroffene. Und, als Sahnehäubchen, wünscht sich der Leser möglicherweise auch noch einige kleine Bemerkungen von mir zu den Zeitläuften. Ich übernehme keine Gewährleistung. Wie kann ich solchen Erwartungen entsprechen?

Da versichere ich mich mal der Schützenhilfe meiner Eltern. Dieser Anhang ist also nicht mein Text. Sondern das Protokoll vieler Diskussionen im Familienkreis, während der Monate März/April 2014, in denen die ersten drei Teile des Buches entstanden sind. Es handelt sich um eine durch das Familien-Team erarbeitete Potemkin-Studie über das Schulsystem. Das Schulsystem scheint besonders Potemkin-anfällig zu sein.

Die Diskussionsteilnehmer sind zwar drei „pädagogische Laien" (so meine Eltern). Doch ihre Erfahrungen sind zahlreich. Und täglich kommen neue Erfahrungen hinzu. Unsere Diskussionen kamen kaum hinterher.

Die Endfassung stammt von meinem Ghostwriter. Die Sache sprachlich auf den Punkt zu bringen, würde mich total überfordern. Aber es sind doch die Gedanken, die mir im Kopf rumgehen. Und die Argumente, die die weiteren Familienmitglieder beigesteuert haben.

Kapitel 29: Potemkin – und Miley Cyrus

28. März 2014: Die Krim hat soeben den „Besitzer" gewechselt. Mein Vater sagt, das wundere niemanden, ausser die Politiker der EU. Denn die Russen hätten die Krim den Osmanen schon vor mehr als 230 Jahren abgeluchst, „von nun an und für alle Zeiten". Das habe die Zarin gesagt.

- Im Internet kann man Strände der Krim sehen, auf denen sich Tausende von Sonnenhungrigen drängeln. Wahrscheinlich auch viele Russen. Kein Wunder, dass sie ihr eigenes Mallorca haben wollen.

Grigori Alexandrowitsch Potjomkin (im Deutschen *Potemkin*) sei der furchtlose Haudegen gewesen, der die Krim für Russland enterte. Das kann man ebenfalls dem Fernsehen entnehmen: Denn seine Zarin, *Katharina die Grosse*, ist auf allen TV-Kanälen zu sehen. Manchmal auch Potemkin. Er soll berühmt geworden sein durch seine Raffiniertheit: Aus Anlass des Besuches der Zarin in der neu eingefangenen Krim habe er die Vorderseite der Häuser angehübscht, um Eindruck zu schinden. Mit bunten Farben und mit durchschlagendem Erfolg. Er wurde bekanntlich zum Oberbefehlshaber der Russischen Armee ernannt. Fernsehen bildet.

Von Potemkin haben viele gelernt: *Der Schein entscheidet. Kurz gefasst: Vorne hui, hinten pfui.*

- Mein Vater berichtet, für den G-8-Gipfel im Juni 2013 in Nordirland habe die nordirische Regierung leer stehende Geschäftslokale mit Fototapeten bekleben lassen. „Um geschäftiges Treiben vorzuspiegeln." Das habe *RTÉ* berichtet, „Ireland's National Television and Radio". „Man konnte wohl darauf bauen, dass die Politiker den Betrug nicht bemerken." Ist nur ein Beispiel.
- Für die bahnbrechenden neuen Lösungen der inkompressiblen Eulerschen Differentialgleichung von meinem Mentor Camillo interessiert sich kein Mensch. Der Song *Wrecking Ball* von *Miley Cyrus* dagegen wurde auf Youtube 600 Millionen Mal angeklickt. Ist auch nur ein Beispiel.

– *600 Millionen Mal!* Vielleicht, weil sie ohne Klamotten auf einer Abrissbirne schwingt und einen Vorschlaghammer abschleckt.

Immerhin, voller Einsatz, getreu deiner Devise, Miley: *„Wer nicht erster ist, ist letzter."* Was Abrissbirnen angeht, ist sie ohne Frage die allererste. Das muss man neidlos anerkennen.

Miley hat im Übrigen die 20 schon überschritten. Sie sieht trotz ihres fortgeschrittenen Alters noch ganz proper aus. Der Beweis: ihr klamottenloser Auftritt auf der Abrissbirne.

– Vielleicht sollte ich etwas weniger Mathematik machen und mich mehr für Abrissbirnen interessieren. Und bei Youtube auf ihnen schwingen. Das ist inzwischen wohl mega-cool. Man könnte nach und nach die altmodischen Schaukeln auf den Kinderspielplätzen durch schwingende Abrissbirnen ersetzen.

Zurück zu einem *echten* Fortschritt, zur neuartigen Lösung der Eulergleichung durch meinen Mentor. *Cédric Villani*, der letzte Nobelpreisträger der Mathematik, also, wie geschrieben, der Gewinner der Fields-Medaille, schreibt in seinem Buch „Das lebendige Theorem":

– „Stellen Sie Sich vor, Sie gehen an einem friedlichen Sommernachmittag im Wald spazieren und halten an einem See inne. Alles ist ruhig, nicht einmal ein Windhauch. Plötzlich beginnt die Oberfläche des Sees zu zucken, alles erbebt in einem gewaltigen Wirbel. Und dann, nach einer Minute, ist alles wieder ruhig." Wahrlich, eine furchtbare Vorstellung!

Mein Mentor bewies zusammen mit Székelyhidi dieses (gemäss Villani „monströse") Theorem[133]. Es besagt, dass sich das *See-Zucken-Paradoxon* nicht aus der Welt schaffen lässt. Geben Sie also acht, wenn Sie das nächste Mal an einem See spazieren gehen!

– Hätte mein Mentor das Ergebnis seiner jahrelangen Kämpfe mit der Eulergleichung, „der ranghöchsten aller partiellen Differentialgleichungen" (Villani), bei Youtube eingestellt, so hätte es nicht 600 Millionen Mal Klick gemacht. Ja ich befürchte, es hätte *nur einen einzigen Klick* gegeben, den meinen.

---

133 Siehe z.B.: De Lellis/Szekelyhidi, *The Euler equation as differential inclusion*, Ann. of Math. 170 (2009), 1417–1436.

Anhang: Potemkin reloaded

Annals of Mathematics, 170 (2009), 1417–1436

The Euler equations as a differential inclusion

By CAMILLO De LELLIS and LÁSZLÓ SZÉKELYHIDI JR.

We propose a new point of view on weak solutions of the Euler equations,
describing the motion of an ideal incompressible fluid in R^n with $n \geq 2$.

THEOREM 4.1. *Let $\Omega \subset \mathbb{R}^n_x \times \mathbb{R}_t$ be a bounded open domain. There exists $(v, p) \in L^\infty(\mathbb{R}^n_x \times \mathbb{R}_t)$ solving the Euler equations*

$$\partial_t v + \operatorname{div}(v \otimes v) + \nabla p = 0 \quad \textit{and} \quad \operatorname{div} v = 0$$

such that

- $|v(x,t)| = 1$ *for almost all* $(x,t) \in \Omega$, *and*
- $v(x,t) = 0$ *and* $p(x,t) = 0$ *for almost all* $(x,t) \in (\mathbb{R}^n_x \times \mathbb{R}_t) \setminus \Omega$.

Moreover, there exists a sequence of functions $(v_k, p_k, f_k) \in C^\infty_c(\Omega)$ such that

- $\partial_t v_k + \operatorname{div}(v_k \otimes v_k) + \nabla p_k = f_k$ *and* $\operatorname{div} v_k = 0$,
- f_k *converges to* 0 *in* H^{-1},
- $\|v_k\|_\infty + \|p_k\|_\infty$ *is uniformly bounded, and*
- $(v_k, p_k) \to (v, p)$ *in* L^q *for every* $q < \infty$.

Das monströse Theorem

– Zwar gibt es noch einige wenige weitere Interessenten des „schockierenden Paradoxons“ (ebenfalls Villani), aber die haben mit Youtube vermutlich Nichts am Hut.

Mein Vater sagt, Potemkin sei unsterblich. *Sein Geist wehe überall in Raum und Zeit.* Die Vogelgrippe sei harmlos gegen die Ansteckungsgefahr, die von Potemkins Geist ausgehe. Auch ich solle auf der Hut sein. Plötzlich sei man selber dran.

Ich schaue jetzt erst mal, wie sich andere angesteckt haben.

Potemkin und die Matura

Kapitel 30: Das synthetische Urteil a priori

- *Dieses Kapitel ist die Kritik der Verwendung der Philosophie als Hürde des Abiturs. Ich bin zur Zeit in Frankreich und nehme das französische Baccalauréat (=„Bac" (wie „Abi")) als Beispiel. Ich weiss nicht, ob es anderswo anders ist.*
- *Dann ziehe ich den Vergleich zur Verwendung der Mathematik im Abitur.*
- *Die Kritik wird im folgenden Kapitel fortgesetzt.*

Bisher habe ich über die Schule, die Uni, Diplomero, die Mathematik geschrieben. Aber es gibt auch ein Leben darüber hinaus. Es fällt zwar, zeitlich gesehen, für die Kinder und Jugendlichen ziemlich kurz aus, jedenfalls für mich. Früher, sagen meine Eltern, habe man als Kind oder Jugendlicher Zeit gehabt, nachmittags einfach auf die Strasse zu gehen. Es fand sich immer jemand, mit dem man spielen oder chatten konnte. Denn auch die anderen Jugendlichen gingen auf die Strasse. Bei jeder Fahrpreiserhöhung war der Teufel los. Alle Mann auf die Geleise der Strassenbahn! Aufregende Zeiten. Sie sind vorbei.

- *Heute* hat man als Schüler/in nicht einmal mehr Zeit zum Demonstrieren. Ist dir schon aufgefallen, dass es keine Schüler/innen-Demos mehr gibt? Ausser in der dritten Welt, wo die Schule noch nicht so zeitaufwendig ist.

Jetzt berichte ich also mal über Nichtschulisches, über einige Ergebnisse der Unterhaltungen „en famille" an den vielen Abenden in den diversen Restaurants.

- Meine Eltern zieht es in die Restaurants wie die Hühner an den Körnertrog.

Manchmal kann ich mich erfolgreich drücken, indem ich eine wichtige DVD über den Urknall einlege.

Wenn der Trick nicht funktioniert, bin ich selbstredend mit Laptop und Headphone bewaffnet. Aber wenn das Essen kommt, muss ich diese wichtigen Teile seltsamerweise beiseitelegen. Es kommt zur Unterhaltung. Da kann ich Nichts machen.

– Ich werde die *Harvard Business Review* auf die folgende gemeinsame Studie meiner Familie aufmerksam machen. Denn pädagogische Zeitschriften werden die Ergebnisse unserer abendlichen Betrachtungen wohl nicht veröffentlichen. Sie sind vielleicht nicht gerade ein Kompliment an die Schul-Pädagogik.

Los geht's! Typisches Thema am Abendtisch: In Frankreich bestehen geschätzt mehr als 80 Prozent eines Jahrganges das Bac. Prozentual fast viermal soviel wie in der Schweiz die Matura. Vielleicht sind die französischen Jugendlichen viel schlauer als die Schweizer?

– Allerdings macht dieser unglaubliche Erfolg der französischen Jugend nicht nur meine Eltern, sondern offenbar auch die französischen Firmen, etwas misstrauisch: Sie stellen keine jungen Abiturient(en)/innen ein. *Vielleicht befürchten sie, das Bac sei eine Potemkin-Variante der Matura.* Rund um unser Haus im Süden Frankreichs ist die Lage der Jugendlichen nach dem Bac ganz schön düster. Arme Roxanne! Da mag sie eine noch so gute Studentin sein.
– *Es gibt ja auch die Umkehrung zu Potemkin:* Die ehrlichen Gebäude der Krim, schön, aber nicht geschönt, sie gingen wohl im bunten Betrug unter.
– Häufig wird der Vorschlag gemacht, mit der Geburtsurkunde vielleicht das Baccalaureat-Zeugnis auszuhändigen! Eine Menge unnötiger Arbeit wäre eingespart. Und auch der Personalausweis. Und die Ehrlichkeit wäre wieder hergestellt.

Um der Sache auf den Grund zu gehen, hat meine Mutter diverse Bücher zur Vorbereitung des französischen Bac besorgt. In unserer Buchhandlung in Perpignan finden sich ganze Regale voll solcher Vorbereitungsbücher. Da kann *Stephen King* nicht mithalten. Nach kurzer Inspektion der Bücher kann ich nur hoffen, dass meine Mutter nicht zum Bac antritt.

***

Also, hier ein Beispiel aus Prépabac, *Toute la Terminale*[134] (ST2S[135]), Philosophie; Teil 7: *Immanuel Kants Kritik der reinen Vernunft*. Als kleines Licht hüte ich mich selbstredend davor, zu den Gedanken der grossen Meister etwas zu sagen. (Es kommen später noch zwei weitere Philosophen ins Bild.) Ausser zu bemerken, dass die DVDs aus meiner Sammlung zum Kosmos die Welt aus einem anderen Blickwinkel betrachten als Immanuel. Doch dazu, dass die Gedanken der Meister im Bac abgefragt werden, darf ich sicher etwas beisteuern. Als Schüler, den es gruselt.

Geliefert werden 13 Zeilen aus der „Kritik". Zusammen vier Sätze. Also in der Frage der Satzlänge wurde Immanuel von James Joyce doch weit übertroffen.

– Die 13 Zeilen zeigen uns, wie mir meine Eltern zu erklären versuchen, wie wir „von der Erfahrung zur Erkenntnis zu gelangen". Immanuel meint zum Beispiel, Raum und Zeit seien von Anfang an in meinem Kopf verdrahtet, so dass ich das, was ich so um mich herum wahrnehme, also das Dinner hier im Restaurant, in meinen Kopf-Raum und meine Kopf-Zeit hineinschieben kann. Dadurch würde zur Erkenntnis, was als Erfahrung so um mich herum passiert. In meinem Kopf. Lustige Vorstellung. Und nicht so leicht zu verstehen. Ich schiebe erst mal ein Stück Pizza in mich hinein. Von der Erfahrung zur Erkenntnis: Die Pizza ist lecker!

Damit der Leser weiss, wovon die Rede ist, und zur Verdeutlichung der Verdrahtung in meinem Kopf, steuere ich auch zwei etwas einfachere Sätze von Immanuel bei: „Die Synthesis der Räume und Zeiten als der wesentlichen Form aller Anschauung ist das, was zugleich die Apprehension der Erscheinung, mithin jede äußere Erfahrung, folglich auch alle Erkenntnis der Gegenstände derselben möglich macht, und was die Mathematik im reinen Gebrauch von jener beweiset, das gilt auch nothwendig von dieser. *Alle Einwürfe dawider sind nur Chicanen einer falsch belehrten Vernunft . . .* ."[136]

---

134 Éditions Foucher 2013. Das *Terminale* ist die letzte Schulklasse vor dem Bac.

135 „Baccalaureat sciences et technologies de la santé et du social."

136 Ausgabe der Preussischen Akademie der Wissenschaften, 1900, 2. Buch: *Die Analytik der Grundsätze*.

Alles klar? Es geht zu wie bei einem mathematischen Beweis: Das nächste folgt notwendigerweise aus dem davor.

Mein Vater machte mich auf diese lesenswerte Passage der „Kritik" aufmerksam.

Gemäss „Prépabac" gilt es, anhand von 13 Zeilen (ersatzweise anhand der 10 von mir vorher zitierten Zeilen) diese Idee Immanuels zu analysieren. *Diskussion im Familienrat.*

– Mein Vater sagt, er stelle sich die Bac-Vorbereitung bildlich vor: Da kommen die künftigen Opfer des *synthetischen Urteils a priori*, ob männlich oder weiblich, gutgelaunt vom Shopping, mit Jeans und T-Shirts in den Einkaufstaschen.
– Meine Mutter sagt, beim Shopping könne man keine Jungs finden. Klingt plausibel. Auch mich findet man dabei nicht. Also ausschliesslich Mädchen; auch gut, wenn auch quoten-problematisch. Ich sage: Ob männlich oder weiblich, das ist mir egal; *jeder/ jede könne Fan von meinem Buch werden!*
– Nachdem das Wichtige erledigt ist, das Shopping nämlich, geht's zur Bac-Vorbereitung: *Immanuel Kant* ist angesagt. Erhebliche Bedenken meines Vaters. „Die Apprehension der Erscheinung?" Immerhin, die Quote stimmt: Jetzt ist's ganz ohne Bedeutung, ob männlich oder weiblich. „Und bitte alle auf Augenhöhe mit Kant: Das synthetische Urteil a priori. Packen wir es an! Wie steht es zum Beispiel mit dem Raum und der Zeit in unseren Köpfen?" Doch die Diskussion könnte wirr sein, und die Laune bald im Eimer sein.

Was sagst du? Ich zum Beispiel sage: Ziemliche Hochstapelei der Bac-Kommission. *Potemkin im Quadrat.* Dagegen sind ja die windschiefen Geraden ein nettes Entgegenkommen der Schweizer Lehrplan-Planer[137]. Zumindest gibt es einfache Rezepte zu den windschiefen Geraden.

[137] Was den Abstand solcher Geraden betrifft, gibt es wenigstens ein einfaches Rechen-Rezept: Man bettet eine der beiden Geraden in eine Ebene ein, die parallel zur anderen Gerade verläuft. Du weisst schon, wie es weiter geht: Man greife jetzt auf die Hesse'sche Normalenform zurück (Kapitel 11, gegen Ende).

Aber wie steht es mit einem einfachen Rezept für Kants *synthetische Urteile a priori*?

– Jeder hat schon mal von „nichteuklidischen Geometrien" gehört[138]. Seltsame Geometrien, erst mal nur im Kopf der Mathematiker. Parallelen schneiden sich plötzlich. Das störe den Anschauungsraum von Immanuel nicht, sagt mein Vater. Beides sei verträglich. Die Gedanken seien frei. Jeder kann „seine" Geometrie ins Feld führen. Egal, wie krumm sie ist. Kant fand die gerade Geometrie sympathisch.
– Aber dann hat das Universum zugeschlagen. Im allabendlichen Mathe-Kurs lernte ich, dass der Anschauungs-Raum von Immanuel nicht zum Weltall passt. Das Weltall schiebt sich nicht in unseren Kopf-Raum und unsere Kopf-Zeit hinein, es ist umgekehrt: Die „Raumzeit" wird erst durch die Sterne und Ähnliches hergestellt. Falsch belehrte Vernunft?
– Das Universum, was selbst mir Philosophen-Knirps bekannt ist, krümmt sich dann auch noch unter dem Einfluss der Sterne und Ähnlichem. Ich weiss das aber nur, weil ich DVDs zur Kosmologie sammle. Alle DVDs sagen dasselbe: *Immanuel hat Pech gehabt.* Hätte er doch DVDs wie die meiner Sammlung gehabt! Das Weltall will nicht so wie Immanuel. Der Kopf-Raum, meint er, sei denknotwendig. Das Weltall denkt aber nicht.

Die Jugendlichen mögen, so wie ich, das Anliegen Kants nicht auf Anhieb kapieren. Ich kapiere es sowieso nicht. *Sie sind aber nicht so blöd, nicht zu kapieren, dass sie von den Bac-Lernzielen verarscht werden.* – Nur meine Meinung.

***

Die Philosophie bewegt sich in schwindelnder Höhe, die Mathematik ist dagegen in den tiefsten Keller gerutscht. Das hat Methode: Henri Bergson erhält gleich zwei Kapitel im Vorbereitungsbuch; jeder wird ermutigt mitzusülzen. Was aber die Mathe betrifft, so nützt das Sülzen Nichts.

---

[138] Siehe Nachwort, Fussnote 212.

– Die Mathematik bringt es unweigerlich an den Tag: Auch einfachste Aufgaben lassen sich nur dann erledigen, wenn man sein Handwerk erlernt hat.

Eine fatale Ausgangslage, die Sache mit der Mathe. *Der erste Ausweg:* Man stellt Prüfungs-Aufgaben, die zuvor im Unterricht schon siebenmal geübt wurden. Also das *Verfahren der Wahl* aller Gymis, denen das Matura-Schicksal ihrer Schüler/innen am Herzen liegt. *„Schülerangepasst, leichtgängig, vielleicht auch etwas potemkinsch",* sagen meine Eltern: Wiederholung der siebenmal eingeübten Rezepte. Z.B. in der Matura: Da staunen die Eltern der Zöglinge/Zöglinginnen Bauklötze, wenn sie sich die Matura-Aufgaben anschauen: Was die Maturanden und Maturandinnen doch so alles zustande bringen!

– Ich fürchte, ich war in der Matura der einzige, der die Mathe-Rezepte nicht im Kopf hatte. Schliesslich hatte ich den Mathe-Unterricht nach einigem Schnuppern in der Mathe-Oberstufe geschwänzt.

Hier in Frankreich ist der Ausweg Nummer Eins leider kaum möglich. Wegen des Zentral-Abis, eines ziemlich rücksichtslosen Vorgehens der Regierung gegen fast 80% ihrer eigenen Jugend. Potemkin kann unter diesen Umständen nicht zu seinem Recht kommen. Daher ist jetzt *die zweite Alternative* angesagt: Die Anforderungen müssen abgespeckt werden.

– Als Beispiel diene die erste Aufgabe des Vorbereitungskurses (d.h. aus Prépabac, Fussnote 116): „Die Stadt hat 30'546 männliche Einwohner, davon 4'197 über 65 Jahre. Sind dies 48,58% oder 13,74% oder 6,67% oder 6,12%?" Tja, wer kann das wissen, bei solch komplizierten Zahlen? – Und so geht es weiter. Wer die Grundrechenarten beherrscht, oder einen Taschenrechner bedienen kann, der ist stark im Vorteil.
– Die Aufgabenserie endet mit derselben Frage, diesmal für Frauen, wohl wegen der Quote! Die Frauen sollen sich keinesfalls mathematisch übergangen fühlen. – Jetzt sind aber nicht die über 65-jährigen dran, wie bei den Männern, sondern die unter 25!

Zu Beginn wird vom „fundierten mathematischen Urteil" gesprochen, hinten kommt dann die Prozentrechnung dran. Hui!

Man kann die Sache gewiss nicht auf das französische Bac schieben. Im Augenblick wird z.B. über das Hamburger Abitur diskutiert[139]. Zur intellektuellen Aufrüstung Richtung Mathe werden zunächst 36 „Anforderungsbereiche" angeführt und 20 „Operatoren" beispielhaft erklärt.

– Das kann ja schwierig werden.

Ich wähle eine Aufgabenstellung, die kurz und bündig ist[140]:

– Die Firma Betasecure stellt Überwachungsgeräte aus 30 Einzelteilen her. Jedes Teil versagt mit 2% Wahrscheinlichkeit. Mit welcher Wahrscheinlichkeit funktioniert so ein Gerät? (Aus den Hamburger Richtlinien für die Abiturprüfung.)

– Antwort: Mit 98% Wahrscheinlichkeit funktioniert jedes Einzelteil. Zwei Einzelteile also mit 98% mal 98%. Dieser schwierige Gedanken wird in der Oberstufe vielfach wiedergekäut. Daher wusste jeder, die 98% sind 30-mal miteinander zu multi-plizieren. Die Aufgabe ist durch folgende Tastendrücke auf einem Taschenrechner erledigt: 0,98, dann Hochtaste, dann 30. Es kann kein Schaden sein, zu wissen, wo die Tasten zu finden sind. Mehr wird nicht verlangt.

Werden wir hier nicht für blöd verkauft? Nicht durch die Aufgabe selber, man kann sich seine Kundschaft ja nicht aussuchen. Aber dann doch durch die ambitionierte „intellektuelle" Aufrüstung zuvor, mit den 20 „Operatoren". – Die Aufgabe zieht sich dann übrigens über viele Teilaufgaben hin, zur Verbesserung der Geräte-Performance von Betasecure, jedoch auf ziemlich gleichbleibendem Niveau.

– Mir fehlt jetzt gerade der Taschenrechner, aber ich kann ja die binomische Formel auf (1–0,02) hoch 30 anwenden. Von den 31 Summanden der Formel fallen nur die ersten drei ins Gewicht; das geht im Kopf:

$$1 - 30*0,02 + [(30*29)/2]*0,02^2 = 1 - 0,6 + 0,17.$$

139 Siehe *Die Zeit* 18/2014, die *WELT* 31.3.2014.

140 www.bildungsserver.hamburg.de/alte-abituraufgaben-mathematik.

Es dürfte also für die Wahrscheinlichkeit, dass das Teil funktioniert, nur wenig mehr als 1/2 herauskommen.

Das Gerät kann gleich in die Tonne geworfen werden.

KAPITEL 31: DAS SCHÖPFERISCHE WERDEN

- *Dieses Kapitel ist die Fortsetzung der Kritik der reinen Unvernunft bei der Verwendung der Philosophie als Abitursḧurde.*
- *Ich beginne mal mit Bergson. Die Bergson-Hürde steht der Kant-Hürde in Nichts nach.*

Dir fällt es schwer zu glauben, dass die Prozentrechnung als Bac-Prüfung verwendet wird? Siehe Prépabac, (ST2S)[141].

Man vergleiche mal die Berechnung der Betasecure-Wahrscheinlichkeiten (sechsmal auf den Taschenrechner tippen) mit *Henri Bergsons* „Sur le pragmatisme de William James" (Prépabac,*Philosophie*, Teil 5). Nie was vom Pragmatismus des *William James* gehört? Ich auch nicht. Ich rate dir, rüste doch bitte nach, um mitreden zu können: Kaufe

- *Immanuel Kants* „Kritik der reinen Vernunft" (670 Seiten, gebundene Ausgabe, EUR 7,95, ein Schnäppchen; durchschnittliche Kundenbewertung: *4 Sterne* (bei Amazon)),
- und *Henri Bergsons* „Denken und schöpferisches Werden", (290 Seiten, Taschenbuch, EUR 14,90, *5 Sterne*, was wohl den Aufpreis rechtfertigt),
- und das weniger bekannte Werk „Pragmatismus und radikaler Empirismus" von *William James* (201 Seiten, Taschenbuch, EUR 10, keine einzige Kundenrezension, *sehr merkwürdig*).

Die Zahl der Sterne der Kundenrezensionen trage zu unserer Orientierung bei, so Amazon: *Miley Cyrus* zum Beispiel erhielt für ihre Autobiografie (*Two Worlds*, natürlich ausverkauft) deren *fünf*. Dass sie sternenmässig über Immanuel triumphierte, damals, im Alter von sechzehn Jahren, stimmt ein wenig bedenklich. Naja, ich bin ja auch erst 10. Mein dürftiges Buch lässt selbstredend keinerlei Vergleich

[141] S. 272, 1. Aufgabe, a. bis d.

mit dem von Miley zu. Das brauche ich eigentlich gar nicht zu betonen. Aber ich verliere nicht meine Zuversicht: Es könnte sein, dass die Auflage eines Buches nicht so sehr mit dem Gehalt eines Buches zusammenhängt. Der *Ulysses* hat unverdient das Nachsehen, von der *Kritik der reinen Vernunft* ganz zu schweigen. Der Preis der *Kritik* zeigt: ein Ladenhüter.

– Trotzdem: Ein Glück für Immanuel, dass er dieses Ranking nicht mehr erleben musste.

Nach ihrem ersten Erfolg als Schriftstellerin legte Miley nach: *Miles to go*, ebenfalls *5 Sterne*. Vom Verlag empfohlenes Alter: *10 – 11 Jahre*. Die Empfehlung dürfte dem Umsatz nicht gerade gut tun. Welches 10-jährige Kind geht in die Buchhandlung? Immerhin: Der Verlag zeigt Realitätssinn.

Zurück zu William James: Mein Vater sagt, er habe aus der Psychologie fast eine Naturwissenschaft gemacht. Die Folgen sind enorm: Psychologie-Student(en)/innen büffeln deskriptive und induktive Statistik.

– Ich weiss das von meinem Aupair Nati. Sie sass mit den Psycholog(en)/innen in denselben Übungen. Sie studiert zwar Kommunikation und Ethnologie, doch ohne Statistik-Schein läuft auch hier Nichts. Gott sei Dank gibt es SAS, *Statistical Analysis System*, und SPSS, *Superior Performing Software System.*

– Die Namen sind ein wenig irreführend: Es handelt sich um private Software-Unternehmen, die die Psychologiestudent(en)/innen abzocken.

William James: Seine Meinung, dass die Wahrheit an ihrem „Cash Value“ gemessen werden solle, sagt mein Vater, sei schon etwas seltsam. Aber nicht für jederman. Miley Cyrus leuchtet die vielleicht etwas schräge These gewiss unmittelbar ein. *Ganz allgemein passe die These in unsere Zeit,* sagt mein Vater.

William biete noch eine zweite Variante: Die Wahrheit sei auch daran zu messen, was die Leute glauben, dass die Wahrheit sei. Für Bergson ein gefundenes Fressen, soweit ich das beurteilen kann. Nämlich anhand der 15 Bergson-Zeilen, die Prépabac grosszügig zur Verfügung stellt. „La réalité coule, nous coulons avec elle ... “

– Cash Value oder Mehrheitsmeinung? Wofür wollen wir uns entscheiden? Beide seien inzwischen beinahe deckungsgleich, sagt mein Vater. Also reicht ein einziges Beispiel, vielleicht die Mehrheitsmeinung.
– Hierzu eine Anekdote zur Mehrheitsmeinung aus einem meiner Mathe-Kurse („Approximationen von π"): „IT happened in Indiana ... a bill [Nr. 246] *to legislate* π*:* „Since the rule in present use [π equals 3.14159...] fails to work ..., it should be discarded as wholly wanting and misleading in the practical applications." „The Committee on Education gave the bill a „pass" recommendation and sent it on to the full House, which approved it unanimously, 67 to 0." Der Gesetzesentwurf liess den Bürgern von Indiana die Wahl zwischen 3,2 und 3,23 und, ein Beispiel mustergültiger Toleranz, sogar 4.

Doch die Senatoren waren wenig bibelfest. Im zweiten *Buch der Chroniken*, Kapitel 4, wird π errechnet. Anhand praktischer Erfahrung mit Salomons Tempel von Jerusalem; Ergebnis bekanntlich: 3. Ich bin mir nicht sicher, ob dieses tolle Ergebnis dem weisen Salomon mitgeteilt wurde. Er hätte bestimmt sein Gewand zerrissen. In meinem Mathe-Kurs war die Sache mit dem Wert von π ein Highlight. Mein Mathe-Kurs ist eine kulturelle Veranstaltung.

Leider lässt sich die biblische Berechnung auch nicht mehr nachprüfen. Bekanntlich wurde der Tempel von *bildungsfernen Babyloniern* zerstört. Daher hatten die Gesetzesvorstösse in mehreren (!!) US-Bundesstatten, π per Abstimmung zu 3 festzulegen, keine so guten Chancen.

Kapitel 32: Schwindelei auf hohem Niveau

– *Zurück zu Bergson: die Epistemologie. Ob ich jetzt schlauer werde?*

Die Baccalaureat(en)/innen werden eingestimmt durch das *„epistemologische Hindernis"*. Nie was davon gehört? Ich auch nicht, auch alle Baccalaureat(en)/innen vermutlich nicht. Dessen bin ich mir fast sicher.

– Mein Vater meint, die „Epistemologie“ treffe bei den Teenies auf ein „umfassendes Unwissen“. Bei mir bestimmt. Und meine Mutter sagt: Bei ihr auch.

Es scheint darum zu gehen, ob das auch *richtig ist*, was ich *glaube*, herausgefunden zu haben. Es gebe zum Beispiel Vorurteile in der Wissenschaft. Vorurteile, die der Wissenschaftler, wenn es seine eigenen Vorurteile sind, nicht einmal bemerkt.

– Für die Philosophen könnte die epistemologische Gefahr vielleicht ziemlich gross sein.

– Ich habe, Gott sei gepriesen, mehr mit Mathematik zu tun. Die Mathematik ist, für sich gesehen, mehr oder minder vorurteilsfrei. Die Mathematiker dagegen sind auch nur Menschen. Doch ihre Vorurteile schaden der Mathematik nicht.

Schon die alten Griechen seien, als grosse Philosophen, epistemologisch verseucht gewesen. Sagt mein Vater. Er hatte die Ehre, die platonischen Dialoge in der Originalsprache lesen zu dürfen. Auch eine Übung, die auf das Leben vorbereitet. Mir wurde sie erspart. Und heutzutage vermutlich den allermeisten. Hoffentlich kann ich mich trotzdem auf mein Leben vorbereiten.

– Aber „Epistemologie“ für Maturanden? Mit Freude habe ich an der Mathe-Matura mitgemacht. Doch die „Epistemologie-Matura“? Grauenhafte Vorstellung. Ich denke, auch wenn ich doppelt so alt bin wie heute, mein Kopf bleibt dafür zu klein.

Die epistemologischen Hindernisse verschärfen sich dadurch, dass die Gedanken des Wissenschaftlers davon abhängen, in welcher Lage er sich befindet. So belehrt uns das genannte *Prépabac*. Das Sein bestimme das Bewusstsein. Wer hat das eigentlich gesagt?

– Die Hindernisse *existieren*, das kann ich bestätigen. Meine Lage ist auch nicht immer die beste. Nach längeren vergeblichen Versuchen, eine der heftigen Aufgaben von Camillo zu lösen, von der ich bei Beginn noch nicht weiss, dass nicht ich, sondern *nur Camillo* sie lösen kann, zentrieren sich meine Gedanken auf folgendes Problem: Warum gehe ich eigentlich nicht gleich zu McDonalds?

– Also, wie soll ich da meinen Gedanken auf den Grund gehen? Warum denke ich an McDonalds statt an die schöne Abschätzung von *John Nash*, ebenfalls Vorlage einer der schönen Übungsaufgaben von Camillo? Du kennst den Film über John Nash: *A beautiful mind*[142]? Dazu gibt es auch ein Buch mit der genannten Abschätzung[143].
– Aus mathematischer Sicht könnten es höchstens noch die sechzehn nichtlinearen Differentialgleichungen der Allgemeinen Relativitätstheorie an Schwierigkeit mit der epistemologischen Schwierigkeit aufnehmen.

Bergson hat die Feldgleichungen Einsteins möglicherweise auch nicht genug studiert. Ihm fehle das mathematische Rüstzeug, schreibt er. Mir geht es auch nicht besser. *Und so hat die Allgemeine Relativitätstheorie nochmals Glück gehabt.* Er behauptet nämlich, Raum und Zeit seien grundverschieden: „ L'analogie entre le temps et l'espace est en effet tout extérieure et superficielle. "

– Für diese steile These erhielt er den Nobelpreis, der der Allgemeinen Relativitätstheorie dann doch vorenthalten wurde. Dabei besteht die Geometrie des Universums, wie schon erwähnt, bekanntlich aus Krümmungen der Raumzeit. Es ist die *Raumzeit*, die sich krümmt, nicht der Raum für sich alleine! Meine DVDs übertreffen einander, Bilder der gekrümmten Raumzeit vorzuführen. Obwohl man die Raumzeit eigentlich nicht sehen kann.

Bergson verwende das Wort „Zeit" für etwas anderes als die Physik, für eine Art innere Uhr, die in meinem Gehirn tickt, sagt mein Vater. Meine innere Uhr hat dann doch etwas gemeinsam mit der physikalischen Uhr: Sie verlangsamt sich in gewissen Schulstunden extrem, so, wie es die physikalische Zeit bei Annäherung an die Lichtgeschwindigkeit tut.

---

142 US-amerikanischer Spielfilm aus dem Jahre 2001. Die Lebensgeschichte von John Forbes Nash.

143 Harald W. Kuhn/Sylvia Nasar, *The Essential John Nash*, Princeton University Press 2002, S. 225.

Bekanntlich war Bergson die Sache nicht ganz geheuer. Er schrieb ein Buch zur Speziellen Relativitätstheorie! Der „Mathematik-verdrossene“ Leser, sagt mein Vater, könne Bergsons Argumente gut verdauen. Denn diese Theorie, für die Einstein ebenfalls keinen Nobelpreis erhielt, braucht keine höhere Mathematik.

– Kein Nobelpreis für die Relativitätstheorien? Vielleicht, sagt mein Vater, weil die Zeitläufte ausser Kontrolle gerieten. Die „jüdische Physik“ sei unter Generalverdacht gekommen. Sie vernebele das Gehirn der Arier. Hätten viele Arier behauptet.

– Das behaupteten aber vor allem die, die nie eine Zeile der *Elektrodynamik bewegter Körper*[144] gelesen haben. Die Einleitung zur *Elektrodynamik* versteht auch jeder mathematisch-physikalische Amateur. Sogar ich, der kleinste, der sie je gelesen hat. Warum jeder relativ zu jedem ist, in seinen Bewegungen. Ausser denjenigen, die sich mit Lichtgeschwindigkeit bewegen. Das ist das Neue.

– Die wenigen Zeilen der Einleitung Einsteins: Sie sind an Einfachheit und Klarheit nicht zu überbieten. Doch der nachfolgende Text hat es in sich. Kleine Kostprobe: „Wir haben zu berücksichtigen, dass alle unsere Urteile, in welchen die Zeit eine Rolle spielt, immer Urteile über gleichzeitige Ereignisse sind“ (Kap 1, Paragraph 1). Dazu eine kleine Anekdote entlang dieses 1. Kapitels der Elektrodynamik: Ich stehe vor der geschlossenen Bahnschranke. Ein Zug fährt vorbei. In der Mitte des Zuges steht das schöne Mädchen. Im Augenblick, in dem wir uns Aug in Aug gegenüber stehen, schlagen zwei Blitze in den Zug ein: ganz vorne und ganz hinten. Für mich gleichzeitig. Doch weil sich das schöne Mädchen mit dem Zug weiter bewegt, sieht es den Blitz vorne vor dem Blitz hinten. (Das Licht ist nicht unendlich schnell.) Für es schlagen die Blitze nicht gleichzeitig ein, und es hat genauso Recht. *Das Mäd-*

---

144 Albert Einstein, *Zur Elektrodynamik bewegter Körper*, Annalen der Physik und Chemie, Jg. 17, 1905, S. 891–921. Es gibt mehrere Versionen im Internet; graphisch angenehm zu lesen ist z.B.: isusers.physik.fu-berlin.de/~kleinert/files/1905_17_891–921.pdf.

chen hat eine andere Vergangenheit und Gegenwart als ich. Von der Zukunft ganz zu schweigen[145].

– Heftig wurde die Angelegenheit mit der Elektrodynamik also dann doch, zumindest für mich, wegen des Kurses meines Vaters *zur relativistischen Mechanik*. Vertrackte Trigonometrie. Die Arier hatten vielleicht Recht: Zu hoch für sie.

Zum Glück waren die beiden Nobelpreise von *Madame Curie* schon ausbezahlt: Frau, Polin, Jüdin, was kann schlimmer sein, sagen meine Eltern. Das Geld wäre zwei Jahrzehnte später konfisziert worden. Vielleicht für Nachhilfestunden für die Arier.

– Bergsons Buch wurde ein Blockbuster. Hoffentlich wird es das meine auch. Ich würde es Aline gönnen. Und mir auch.
– Anders kam es mit Einsteins *Elektrodynamik*, zugegeben beim Weiterlesen etwas schwere Kost. Man kann sich leicht verschlucken. Mein Vater hatte auch wenig Erfolg, in mir die Begeisterung für die *Elektrodynamik* zu wecken.

Ich kenne ihn. Es kann nicht lange dauern, und er wird mit der *Elektrodynamik* wieder um die Ecke kommen. Der Text lässt sich kaum unauffindbar verstecken. Er ist in einem meiner Mathe-Ordner abgeheftet.

– Vielleicht hätte ein provokanter Titel der *Elektrodynamik* zum Umsatz des Einstein-Textes beigetragen, vom Typ: „*Warum Raum und Zeit relativ sind. Warum sie zur Raumzeit zusammenkleben.*" Vielleicht wären die Teenies dann verrückt nach der Relativität gewesen. Einstein scheint der Verkaufserfolg der *Elektrodynamik* egal gewesen zu sein. Mir aber nicht, zumindest was mein Buch betrifft.

Ich hatte für mein Buch den Titel „*Ein Parcours durch Schule und Uni*" vorgeschlagen, gemäss Alines Anfrage. Hierzu Aline im Originalton: „ ... en vue de la publication de ton ouvrage intitulé très provisoirement „Moi, un phénomène ? "" Das wurde dann auch, wie geschrieben, der Titel des Buches. Zweifellos befürchtete sie, mit

[145] Gekürzte Nacherzählung aus: Thomas Bührke, $E = mc^2$, Deutscher Taschenbuchverlag, München 1999.

dem von mir vorgeschlagenen Titel sei kein einziges Exemplar zu verkaufen.

– Ich denke, sie könnte Recht haben. Hoffentlich wird sie meine Managerin, um mir solche fatalen Fehler wie den falschen Buchtitel zu ersparen. Eins ist sicher: Sie ist top aufgestellt. Da sehe ich auch darüber hinweg, dass sie über 20 ist. (Ganz knapp.) Und der Buchtitel etwas protzig. Ich bin ein stinknormales Kind.

***

Mein Vater sagt, Bergson sei ein ehrenwerter Mann gewesen. Bergson habe sich persönlich mit Einstein getroffen, und dann habe er den Nachdruck seines Buches verboten. Er wird seine Gründe gehabt haben.

– Die Leute wollen sich mit den Relativitätstheorien aber wohl nicht so gerne abfinden, von meiner Schulkollegin *Mahina* mal abgesehen. Sie und ich, wir bildeten ein Team, was sich an der Mathematik erfreute.

– Nach seinem Tode wurde Bergsons Buch also fleissig nachgedruckt. *Durée et Simultanéité* steht sogar im Internet. In voller Länge. Daher habe ich meine Weisheit.

Einstein hatte, wohl wegen der Unterstützung durch das Weltall, den Mut zum Widerspruch gegen die Denknotwendigkeit, also zu den „Chicanen einer falsch belehrten Vernunft." Der Kopf-Raum und die Kopf-Zeit Immanuels scheinen dennoch populärer als die gekrümmte Raumzeit zu sein. Warum wohl? Dreimal darfst du raten!

Genügend Kostproben der Bac-Themen für Schüler/innen, die vielleicht gerade vom Shopping kommen und noch nicht so genau wissen, was ihnen bevorsteht.

– Wenn du nach *meiner* Meinung fragst: Schwindelei auf höherem Niveau. „Wovon man nicht sprechen kann, darüber muss man schweigen." Mein Bruder hat den Spruch mehrfach anzubringen versucht, mit magerem Erfolg. Der Spruch stamme von einem verkannten Österreicher[146]. Kein Wunder, dass er verkannt ist. Wie

146 Ludwig Wittgenstein, *Tractatus Logico-Philosophicus*, Erstzausgabe: Paul Kegan, London 1922.

kann es anders kommen, wenn der schlaue Österreicher dem Abi-Gesülze seinen Spruch entgegenhält?
Potemkin jedenfalls wäre ob solcher Themen für die Jugend entzückt. Er würde sofort den Oberbefehl über die russische Armee abgeben, um sich der endlosen Galerie der Prépabac-Literatur zu widmen. Gewiss würde er Miley Cyrus für den Nobelpreis vorschlagen. Zur Prozentrechnung könnte sie sicherlich was beitragen. Bestimmt kriegt sie Prozente für jedes verkaufte Exemplar ihres Buches. Ich ja auch. Man sollte Miley nicht unterschätzen. Bei ihr geht's wohl in die Millionen, bei mir hoffentlich in die Hunderte.
Hier ist der Beweis! Heute kommt folgende Nachricht: Das *Skidmore College* im US-Staat New York bietet ab diesem Sommer einen neuen Kurs an: „Die Soziologie der Miley Cyrus: Rasse, Schicht, Geschlecht und Medien". In 251 Punkten. Schön, dass Miley eine Soziologie hat. Und auch ein Geschlecht. Letzteres hatte ich zwar schon seit Längerem vermutet. Aufgrund von *Wrecking Ball*. Doch ich freue mich jetzt, dass meine Vermutung wissenschaftlich bestätigt wird.

Mein Vater sagt, es handele sich beim Miley-Kurs wohl um als Wissenschaft verkleideter soziologischer Firlefanz. Bestenfalls als Wissenschaft getarnter Klatsch. Der Hörsaal des Skidmore College dürfte rappelvoll sein.

Andererseits solle man, wie er sagt, Sängerinnen nicht deswegen abwerten, weil sie einen Vorschlaghammer abschlecken. Heute Abend werde ich meinen Eltern im Home Cinema Mileys *Wrecking Ball* vorführen. Ich erwarte Standing Ovations.

Potemkin und PISA

Kapitel 33: PISA – das Fest der Statistiker

– *Von der Philosophie zur Mathematik: jetzt ein kurzer Blick auf die Abi-Aufgaben in Mathematik.*

PISA („Programme for International Student Assessment")[147]: Ein weites Spielfeld für alle Psycholog(en)/innen und Pädagog(en)/innen, die den Statistik-Schein in der Tasche haben. Die siebenköpfige Hydra ist Nichts dagegen: Pisa plus, Pisa E, Pisa Eltern, Pisa AC („adult competencies"). Und die Deutschsprachigen immer vorneweg. Noch vor den Koreanern.

„Alltags- und berufsrelevante Kenntnisse" der 15-jährigen werden durch Pisa (ohne „plus" etc.) getestet. Das zeigt etwa folgendes Beispiel: Das Hotelzimmer hat zwei Klima-Regler, einen für die Temperatur und einen für die Luftfeuchtigkeit, und es hat zwei Displays, nämlich einen für Temperatur und einen für Luftfeuchtigkeit. Stelle fest, welcher Regler was regelt!

– Wer dieses knifflige Problem nicht lösen kann, hat nicht unbedingt einen Nachteil: Er wird kaum in einem Hotel mit zwei Klima-Reglern übernachten können.

Meist sind die Fragen etwas abstrakter. Beispiel zum Lesetest: Anhand „eines nicht-textuellen Lesematerials", früher Diagramm genannt, soll festgestellt werden, wie tief der Tschad-See, der weltweit größte „endorhëische Frischwasserkörper" (Wikipedia), ist. Du weisst nicht, wann ein Frischwasserkörper endorhëisch ist? Also, ich glaube, wenn er keinen Ablauf hat. Dazugelernt?

– Die Tiefe des Tschad-Sees: Gewiss alltagsrelevant; am Wochenende gehe ich gerne mal im Tschadsee tauchen. Gut zu wissen, dass er nur sieben Meter tief ist, damit ich mir nicht den Kopf anschlage.

Das Beispiel weckt jetzt meine Neugierde. Wird im „Kompetenzbereich" Mathematik vielleicht die Prozentrechnung getestet? Die Bac-Kandidatenpersonen würden sich gewiss freuen.

PISA definiert die mathematische Kompetenz als

– „die Fähigkeit einer Person, die unterschiedlichen Rollen zu erkennen und zu verstehen, die Mathematik in der Welt spielt, fundierte mathematische Urteile abzugeben *und sich auf eine Weise mit der Mathematik zu befassen, die den Anforderungen des Le-*

[147] *Messung der Schüler-Kenntnisse und –Kompetenzen*, OECD, Paris 1999.

bens dieser Person als konstruktivem, engagiertem und reflektierendem Bürger entspricht."

- Der Schweizer „*Lehrplan 21*"[148] für die Volksschulen, der den „bildungspolitisch legitimierten Auftrag der Gesellschaft an die Volksschule erteilt," beginnt im Kapitel „Grundkompetenzen für die Mathematik" bescheidener: „Ohne mathematische Grundbildung erschliesst sich die moderne, von Information, Kommunikation und Technik geprägte Welt nur unzureichend und reduziert sich die Mitgestaltungsmöglichkeit und Teilhabe am gesellschaftlichen Leben." Das leuchtet mir schon eher ein.
- Doch dann der Hammer: „Dies kommt auch in der PISA-Definition der mathematischen Grundbildung als „mathematical literacy" zum Ausdruck. Es folgt die PISA-Definition im Wortlaut, siehe zwei Absätze weiter oben. Die PISA-Definition ist den Lehrplan-Autoren dann doch nicht ganz geheuer: Sie stelle etwas einseitig die Vorbereitung auf die gesellschaftliche Rolle als Bürger in den Vordergrund und *betone die persönliche Selbstverwirklichung, das lebenslange Lernen und den Bildungswert der Mathematik weniger.*

Also gut. Wie hilft mir PISA bei meiner „persönlichen Selbstverwirklichung"?

- Erste Aufgabe: die *Tropfrate*. Es geht um Infusionen für Kranke. Die Zahl der Tropfen pro Minute ist umgekehrt proportional zur Dauer der vorgesehenen Infusion. Denn je höher die Tropfrate, desto schneller ist der Infusionsbeutel leer. Wenn das nicht eine fundierte Theorie ist!
- Und nun die Frage: Wie muss die Krankenschwester die Tropfrate verändern, wenn die Infusion doppelt so lange dauern soll?

Ach so, sie muss die Tropfrate halbieren. Hättest du's gewusst?

Zum „Kompetenzaufbau" in Mathematik finden sich im neuen Schweizer Lehrplan für die Volksschulen *350 „aufzubauende Kompetenzen"*. Unter insgesamt 4'753 schulischen Kompetenzen. Andere Fächer kommen also noch schlechter weg.

---

[148] Projekt der Deutschschweizer Erziehungsdirektoren-Konferenz (EDK).

– *Wahre Kompetenzkanonen werden dic Schulen in Zukunft verlassen.*

In Mathe geht es los mit „Operieren und Benennen“, beispielsweise: „Die Schülerinnen und Schüler können [im ersten Zyklus] bis zu 20 Elemente auszählen.“

– Aha, das erinnert mich doch an etwas. Jetzt weiss ich, warum ich zum täglichen *Zwangszählen* bis 20 herangezogen wurde. Ich war Opfer des Lehrplans.

Mein Mentor jedenfalls vermittelt mir keine „positiven Selbstwirksamkeitsüberzeugungen“, sondern Mathematik. Ebenso mein Vater. Einfach nur Mathematik. Deswegen kann ich die Eigenwerte eines Endomorphismus berechnen. Das nützt in der Tat ganz unabsichtlich meiner Selbstwirksamkeit. Die Überzeugung von meiner Selbstwirksamkeit muss mir daher nicht vermittelt werden. Und es nützt meinem späteren Fortkommen, und nicht nur von mir, sondern vielleicht auch noch von anderen.

– *Meine* Meinung zu dem Verhalten von Mentor und. Vater: Überlegene Didaktik statt etwas komischem Gesülze.

***

Der *BLICK* fasst das Ergebnis des letzten PISA Mathe-Tests wie folgt zusammen: *Die Schweizer Teenager seien Mathe-Genies*[149]. Tja, wer solche Aufgaben wie die Tropfrate zu lösen in der Lage ist, muss wohl als genial bezeichnet werden.

– Ich dagegen fasse die PISA-Definition der mathematischen Kompetenz als ganz schön abgehoben auf. Vielleicht, weil ich die Mathe liebe.
– Und ich habe den dringenden Verdacht, dass PISA die Krankenschwestern für etwas debil hält.

Immerhin ist die Tropfrate alltags-relevant. Wenn man in der Klinik überleben will, ist man gut beraten, die Tropfrate im Auge zu behal-

149 BLICK, 3.12.2013. Bei den Erwachsenen lief es nicht ganz so gut: „Peinlicher Pisa-Test für erwachsene Schweizer“ (BLICK, 2.1.2012). Christian Aeberli (48), Bildungsexperte bei Avenir-Suisse, stellt PISA vom Kopf auf die Füsse: Er fordert den „PISA-Test für Lehrer“ (BLICK, 20.1.2012).

ten. Aber ich bin mir sicher, dass alle Krankenschwestern mit den Infusionen zurechtkommen, auch ohne am PISA-Test teilgenommen zu haben. Nicht so klar ist mir, warum die PISAner derartiges Zeug abfragen.

Also, die „mathematische Kompetenz" von PISA will mir nicht so einfach in den Kopf:

– „... sich auf eine Weise mit der Mathematik zu befassen, die den Anforderungen des Lebens dieser Person als konstruktivem, engagiertem und reflektierendem Bürger entspricht."
– *Potemkin hoch drei.* Ich soll ein „konstruktiver, engagierter und reflektierender Bürger" sein, nur weil ich Mathe mache? Und dadurch den „den Anforderungen des Lebens" entsprechen? Mathe ist mir wichtig, doch die Anforderungen *meines* Lebens sind zum Teil ganz andere: Deck' bitte mal den Tisch! Wo ist dein Turnzeug?
– Eher selten wurde mir folgender Wunsch genannt: Berechne die Eigenvektoren dieses Endomorphismus! Genau besehen, nur von meinem Mentor. Trotzdem: Echte Mathe statt vornehmer Formulierungen, was Mathe ist. Beim Tischdecken wie bei den Endomorphismen bringt das von PISA vorgegebene „Reflektieren" nämlich herzlich wenig.
– Jeder weiss es: Die Anforderungen des Lebens werden nicht mithilfe der Mathematik bewältigt, sondern mit gesundem Menschenverstand. Meine Meinung ist unverdächtig, denn ich liebe die Mathematik.
– Und zur Wahrheit gehört auch noch: Der Kampf mit der eigenen Bequemlichkeit ist gefordert. Nicht nur beim Tischdecken.

Gerne wiederhole ich mich und meine Eltern: Nichts spricht dagegen, dass sich die PISA-Statistiker nach ihrer Kundschaft richten. Es kommt mir aber merkwürdig vor, dass uns bildungsfrommen Gymnasiast(en)/innen dieselben Aufgaben gestellt werden wie den sogenannten „ausbildungsmüden"[150] (=„abm") Jugendlichen. New speech! Uns vom Gymi trennt weniger von unseren Eltern als von

[150] Charakterisierung der (in der Regel männlichen) Schul-und Ausbildungsverweigerer. In: Heinz Bude, *Die Ausgeschlossenen*, Carl Hanser Verlag, München 2008.

den *abm*-15-jährigen. Wir sind gehalten, tagtäglich unser „Textverständnis" zu entwickeln. Was gut so ist, fürs „Leben" sogar nützlicher als die Mathematik. Die Abms dagegen sind eher gezwungen, ihren Durchsetzungswillen innerhalb ihrer Kollegen unter Beweis zu stellen. (Kolleginnen kommen nicht vor.) Ich weiss, wovon ich rede. Ich wurde schon in der Primarschule gemobbt. Das erhöhte das Ansehen der Mobber.

Die PISA-Testautoren sind nicht zu beneiden. Ein heftiger Spagat.

– Die „Vollmundigkeit" (meine Eltern) der Pisa-Begründungen erinnert an Potemkins bunte Färbung der Fassaden ruinöser Scheunen. – Bildung für alle, so heisst die Devise. Doch dann schreiten wir zur Tat: Potemkin für alle! Nach der etwas hochgestochenen Einführung stellt PISA mir Aufgaben, die belegen, dass die Testentwickler nicht nur die Krankenschwestern, sondern auch mich eher für schwachsinnig halten. Der Weg zu etwas mehr Ehrlichkeit ist durch die sprachliche Abgehobenheit versperrt, sagen meine Eltern. „... fundierte mathematische Urteile abzugeben ... "

Da ist mein Buch, wenn auch vielleicht ganz schön mager, doch die bessere Erzählung: *Es beschreibt nur das, was ich erlebe oder denke.* Eins zu Eins.

Echt schade, dass die Satiriker des Deutschen Fernsehens noch nicht an der PISA-Studie für Erwachsene teilgenommen haben. Ein Superformat würde entstehen, wie folgendes Beispiel aus „Pisa für Erwachsene" zeigt[151]:

Abgebildet ist ein Thermometer mit einer Skala in Fahrenheit und einer Skala in Celsius. Der Zeiger zeigt auf 78 Grad Fahrenheit.

– Und nun die erste Aufgabe: Welche Temperatur zeigt das Thermometer in Fahrenheit („°F") an? Und dann die zweite: Wenn die angezeigte Temperatur um 30 Grad Celsius sinkt, was ist dann die Temperatur in Grad Celsius („°C")?
– Geben Sie bitte ihr fundiertes mathematisches Urteil ab! Beweisen Sie, dass Sie ein „reflektierender Bürger" sind!

---

151 *Frankfurter Allgemeine Zeitung* („FAZ"), 8.10.2013, 2. Beispiel.

PISA prüft die Erwachsenen auch mit einer Super-Variante der Kapitänsaufgaben: *Die Lösung ist bereits im Aufgabentext zu finden.* Sie glauben es nicht? Googeln Sie „Pisa für Erwachsene", 1. Beispielaufgabe:

„Willkommen in unserem Kindergarten. Wir freuen uns auf ein grossartiges Jahr mit viel Spass, Lernen und gegenseitigem Kennenlernen. ... " Es folgen neun „Kindergartenregeln". Die ersten zwei und die mathematische Hürde (Regel 7) seien angeführt:

– „Bitte sorgen Sie dafür, dass Ihr Kind bis 10:00 Uhr hier ist."
– „Bringen Sie eine kleine Decke oder ein Kissen und/oder ein kleines Stofftier für den Mittagsschlaf mit. ... "
– Die mathematische Hürde: „Frühstück gibt es bis 8:30 Uhr."

Und nun die mathematische Frage: „Um welche Uhrzeit sollten die Kinder spätestens im Kindergarten eintreffen?"

***

– *Warum ich jetzt so ausführlich werde?*

Den etwas hochgestochenen PISA-Plattitüden sind endlos viele Länder auf den Leim gegangen. Meine Meinung. Eine heftige Konkurrenz der Nationen nahm ihren Lauf. Die Olympiade ist Nichts dagegen. Selbst die Lehrer hauen in Scharen ab. Die NZZ von heute schreibt, 49% der Junglehrer seien nach fünf Jahren verschwunden.

– Man stelle sich vor, auch die Schüler dürften abhauen. Totaler Schwund. Leere Schulruinen überall.

Die chinesischen Schüler/innen haben, wie geschrieben, in den PISA-Tests die Nasen vorn. Ihr Vorsprung ist uneinholbar. Denn es geht zu wie bei „Hase und Igel". Kaum haben die Schüler im Westen die nächste Etage erreicht, sind die Chinesen schon wieder zwei Etagen weiter. Der Turm des überflüssigen Wissens ragt bis in den Himmel.

– Ein gewisser Marc Sosio kommentiert das China-Spektakel in Facebook[152]: „Erinnert mich an die Folge der Simpsons, wo alle schlechten Schüler in den Keller gesperrt wurden, während der

[152] Im *BLICK* vom 03.12.2013. 41 Likes.

Vergleichstest gemacht wurde. Aber solange das alle so machen, ist es immer noch vergleichbar."

- Was die Mathematik betrifft, werden nicht nur die schlechten Schüler in den Keller komplimentiert. In der Mathematik sind wir alle gemäss PISA die absoluten Kellerkinder. 100 Meter unter der Erdoberfläche.

Im Grossen und Ganzen sehen sich viele Schüler/innen wohl als Fusssoldat(en)/innen der „Pisanischen Himmelsstürmerei" (mein Vater). *Der Himmel hängt zwar tief, in der Mathematik hängt er sogar im Keller.* Es geht im Grossen und Ganzen weniger darum, uns fit fürs Leben zu machen, *sondern fit für den PISA-Test.*

Und auch nicht jeder/jede fühlt sich beim PISA-Test als Fusssoldat. Die Leute sagen, es gäbe die „Bildungsschere". Den Kolleg(en)/innen meiner Schule jedenfalls dürften die zitierten Aufgaben nur ein müdes Lächeln abringen.

Jedenfalls: Die Statistik-Büffelei im Psychologie-Studium wirkt sich aus. Die Statistiker haben das Kommando übernommen. Nicht gerade zum Vorteil von uns Schüler(n)/innen.

Kapitel 34: Neues von der Medien-Front

- *Nach Philosophie und Mathematik zurück zu meinen eigenen Erfahrungen.*

Ich habe, wie schon geschrieben, zwölf Schulfächer. Davon sind sage und schreibe zwölf „versetzungsrelevant". Vom Sport bis zur Hauswirtschaft. In allen Fächern bis auf Sport und *Bildnerisches Gestalten* gibt es schriftliche Klassenarbeiten. Pro Jahr in Summe zwischen achtzig und neunzig an der Zahl. An etwa 175 Schultagen. Dazu Prüfungen in Sport und Bildnerischem Gestalten. Eine kurze Kopfrechnung zeigt, dass da was falschgelaufen ist.

- Aline hat Recht. Beim Gymi handelt es sich um einen sechsjährigen *„Parcours"*. Ich selber werde hoffentlich nicht ausser Atem kommen. Die Psychologen murmeln zwar in meinem Fall unverständliches Zeug von Pubertät und ähnlichem. Vielleicht spare ich, wie schon geschrieben, die Pubertät ein. Bei meiner Zeitnot.

– Und geht es an der Uni nicht nahtlos weiter? Die *Bologna-Reform*: ein weiterer Hürdenlauf. Eine Flut von Vorlesungen, Seminaren, Übungen, Hausarbeiten, Präsentationen, Referaten, Prüfungen, „Präsenznachweisen". Mein Aupair Nati lässt grüssen. Sie steckt mitten in der Mühle.

Meine Klausur in „Linearer Algebra" bringt 9 „ETCS"-Punkte[153]. Für den Bachelor benötige ich 180 davon. Das ist, Entschuldigung, eine Form des PISA-Wahns an der Uni. Zumindest mein Fortkommen wird massiv gebremst.

– Kein Wunder, dass angeblich vier von fünf Erstsemestern das Mathematikstudium an den Nagel hängen. Das behauptet zumindest *Der Spiegel*[154], eines der Lieblingsblätter meines Vaters. Mein Vater sagt, er habe *Den Spiegel* seit einem halben Jahrhundert abonniert. Also mehr als 2'500 Ausgaben. Nicht auszudenken, was wäre, hätte er sie gesammelt. In unser Haus käme man nicht mehr hinein. Obwohl die Tür mechanisch funktioniert.

Immerhin hat *Der Spiegel* eine Journalistin zu uns in die Schweiz geschickt. Wegen eines Artikels über mich in der *Berliner Zeitung*. Der Artikel ging zunächst, wie die meisten „Reportagen" über mich, unbemerkt an uns, den Familienmitglieder(n)/gliederinnen, vorüber. Bis die Journalistin aufkreuzte.

Sie sei für die Rubrik „Gesellschaft" zuständig, sagte die Journalistin zuvor am Telefon. Naja, nicht jeder kann Glück im Job haben.

– Rubrik „Gesellschaft": Ich habe eine vornehme Frau in High Heels erwartet. Stattdessen sah die Journalistin wie eine junge Studentin aus. In studentischer Einheitskleidung: Jeans und Ballerinas. Total sympathisch. Vermutlich sagte sie sich, im Ausland sieht mich *Der Spiegel* ja nicht.

Neben den Flugkosten trug sie auch noch die Kosten des gemeinsamen Mittagessens, in meinem Lieblingslokal. Zu Recht, selten dürfte

---

[153] „ETCS" ist die Abkürzung von „European Credit Transfer System".

[154] *Spiegel online*, 8.11.2012.

sie so anregende Gesprächspartner wie mich antreffen. Schliesslich zitiert sie mich mit dem unsterblichen Satz:

– „*Mathematik sei für ihn* [gemeint bin ich] *eine „Beschreibung der Welt.*"“

– Das seien meine Worte. Ich hoffe, meine Worte sind jetzt für die Ewigkeit gerettet. Pythagoras lässt grüssen. Er hat bekanntlich schon dasselbe gesagt.

Wir, das Familientrio, starteten gleich nach dem Mittagessen, von „*Dem Spiegel*“-Gespräch beschwingt, zur üblichen Tour nach Norditalien. Die Italiener hätten sich mal etwas zurückhalten sollen: Die Sehenswürdigkeiten der Jahrtausende gehen in die Tausende. Allein in Norditalien. Zu meinem Missvergnügen.

Wir waren noch nicht weit gekommen, schon schrieb Die Spiegel-Bildredaktion: Sie wollten ein *neues* Foto von mir. Dabei gibt's im Internet Dutzende Fotos von mir. Googeln Sie ruhig mal „Maximilian Janisch“.

Für *Den Spiegel* tun wir jedoch Alles. Wir bogen sofort nach Como ab. Wenn schon ein Foto, dann doch vor dem Tempio Voltiano in Como. Vor dem Tempio, denn schliesslich geht es um mich kleinen Mathematiker als grossen Wissenschaftler in spe.

– *Alessandro Volta* ist halbwegs bekannt wegen der Messeinheit der elektrischen Spannung. Sie heisst „Volt“. Schon davon gehört? Selbst Napoleon interessierte sich für eine Erfindung Voltas, die Batterie. Er durfte sie ihm in Paris vorführen. Er wurde zum Senator ernannt und bekam eine Pension auf Lebenszeit. Und eben einen Tempel in seiner Heimatstadt.

Hoffentlich geht es mir auch einmal so. Am liebsten, wenn ich noch unter 20 bin. Dann rentiert sich die Pension so richtig.

Naja, am Ende hat die Bildredaktion *des Spiegel* den Tempel auf dem Foto weggeschnitten. Übrig geblieben ist ein kleiner Junge mit einem riesigen Mathe-Ordner.

Die Journalistin wählte die Überschrift „Maximilian *der Grosse*.“ Das klingt ein wenig nach „Alexander dem Grossen“, einem blutrünstigen Despoten, mit dem ich ungern in einem Atemzug genannt werde. *Ich liefere ordentliche Arbeit.*

Vor dem Tempio Voltiano

Ansonsten war die Spiegel-Story nicht schlecht. Ich hoffe, Sie schlagen mal nach: Heft 46/2013, S. 63. Der drittletzte Satz gefiel mir besonders: *„Sie* [gemeint sind meine Eltern] *konnten Maximilian nicht vor seinem Talent in Schutz nehmen."*

– Allerdings bin ich nicht nur meinem Talent schutzlos ausgeliefert, das bin ich doch gerne, sondern auch dem Schulsystem, da habe ich so meine Probleme.

Gesellschaft

Maximilian der Große

EINE MELDUNG UND IHRE GESCHICHTE: Ein hochbegabter Junge löst eine Debatte über Rabeneltern aus.

Als Maximilian zwei Jahre alt war, gab er für seinen Großvater beim Einkaufen den PIN-Code der EC-Karte ein. Damals trug Maximilian noch einen Schnuller im Mund. Kurz vor der Einschulung, im Alter von fünf Jahren, interessierte ihn die Potenzrechnung. Er wollte wissen, welche Zahl 10^4 ergibt, 10^5, 10^6. Er sehnte sich nach den großen Räumen, dem Universum der Billionen und Trillionen.

Da war Maximilian Janisch sechs Jahre alt. Mittlerweile ist er zehn und lebt mit seinen Eltern zwischen Luzern und Zürich in einem Haus am Hang. Er sitzt auf dem Sofa und isst ein Überraschungsei. Man begegnet einem Kind, das kein Kind mehr ist. Kinder gehen zum Spielen nach draußen. Sie fahren Fahrrad oder bauen sich eine Bude. Wenn Maximilian spielt, vertieft er sich mit seinem Vater in mathematische Aufgaben: „F sei die folgende Fläche." Die Fläche ist auf Karopapier gemalt. Die folgende Behauptung soll Maximilian beweisen: „Wenn die Kantenlänge eines Schachbretts durch sechs teilbar ist, lässt es sich mit Flächen der Form F pflastern, und umgekehrt."

Maximilian hat diesen Vormittag im November damit verbracht, eine Lösung zu finden. Er hat sie aufgeschrieben, auf zwölf Seiten. Er sagt, Mathematik sei für ihn eine „Beschreibung der Welt". Das sind seine Worte.

Maximilian taucht seit einiger Zeit als junges Genie in Zeitungen auf, zuerst nur in der Schweiz. Aber als er in den Herbstferien mit seinen Eltern in Frankreich Urlaub machte, sah er auf Plakaten an den Kiosken sein Bild auf dem Titel des „Figaro"-Magazins. Die portugiesische Zeitung „Correio da Manhã" berichtete über ihn, außerdem die Abendnachrichten in Japan und Brasilien. Maximilian ist mit einem Mal ein Held der vermischten Seiten, doch seine Geschichte hat eine Wendung genommen.

Die Eltern, Monika Janisch und Thomas Drisch, müssen viel aushalten. In Internetforen werden sie als „Rabeneltern" beschimpft. Sie hätten dem Kind die Kindheit gestohlen.

Maximilian sagt, dass die Welt der Mathematik eine subjektive sei. Mathematik sei eine Frage von Perspektiven. Vielleicht stimmt der Vorwurf ja: Ein Kind, das so spricht, klingt wie ein Wissenschaftler, aller Kindlichkeit beraubt.

Maximilian geriet in diese Welt im Jahr 2003, mit einem Intelligenzquotienten von 148 oder mehr, das zeigten spätere Tests. Sein Vater ist Professor für Mathematik, seine Mutter promovierte Betriebswirtin. Sie sagen, dass der Junge schon als Kleinkind diesen „Hang" zu Zahlen gehabt habe. Gerade war er in der ersten Klasse, da wechselte er schon in die zweite. So ging es weiter. Nach insgesamt einem Jahr Schule besuchte er bereits die vierte Klasse und verzichtete auf den Mathe-Unterricht. Er wechselte im vergangenen Jahr auf ein Gymnasium, auf dem er im Frühjahr die Mathe-Matura, das Mathe-Abitur, ablegte. Seine Mutter hatte ihm vor den Prüfungen eine Flasche Wasser eingepackt, eine Banane und ein paar Riegel Kinder-Country. Maximilian schnitt als einer der Besten ab.

Schüler Maximilian

MAXIMILIAN JANISCH: Der zehnjährige Sohn deutscher Eltern darf an einem Spezialprogramm der Universität Zürich in Mathematik teilnehmen. Der Junge hatte aus Spaß die Schweizer Abiturprüfung für das

Aus der „Berliner Zeitung"

Was sollte er als Nächstes tun?, fragte er seine Eltern, die fragten sich das auch.

Für talentierte junge Fußballer gibt es Sportschulen. Aber welche Möglichkeiten hat ein Kind mit einem Mathe-Talent? Es hat keine, fanden die Eltern heraus. Sie suchten lange nach einer Lösung, weil sie wollten, dass Maximilian glücklich wird. Die Lösung hieß Camillo De Lellis, ein italienischer Mathematikprofessor, der Maximilian seit ein paar Wochen an der Universität Zürich unterrichtet. Maximilian sagt, er habe in De Lellis, dem fremden Gelehrten, endlich einen Menschen gefunden, der ihn verstehe.

Es ist nicht einfach, mit einem Kind wie Maximilian klarzukommen. Die Leute vom Hochbegabten-Club wollten, dass Maximilian zu ihnen stößt. Aber Maximilians Eltern waren dagegen, weil sie fanden, dass es in deren Kursen zu viele Kinder gebe, die vor lauter Langeweile das Lernen verweigerten. Ihr Sohn hat kein Problem. Er hat ein besonderes Talent.

Die Eltern fahren Maximilian alle zwei Wochen nach Zürich und bringen ihn zum Büro des Professors. An der Uni ist Maximilian wie ein Erwachsener im Körper eines Kindes. An der Schule war er ein Kind, das bereits zum Nerd geworden war. Mittags kommt er zum Essen nach Hause. Maximilian sitzt auf dem Schoß der Mutter, sie hält ihn fest. Hat er Freunde?

Maximilian sagt nichts. Seine Mutter streicht ihrem Jungen über den Kopf und sagt: „Kameraden hat er. Echte Freunde nicht."

Sie und ihr Mann luden andere Kinder zu sich nach Hause ein, feierten Geburtstage mit Schokoladenkuchen und Tischbomben, schraubten einen Basketballkorb an die Garagenmauer. Aber Maximilian interessierte sich mehr für Sonnensysteme, und seine Eltern dachten um. Es war sinnlos, ihn in ihrer eigenen Vorstellung von Kindheit festhalten zu wollen. Sie konnten Maximilian nicht vor seinem Talent in Schutz nehmen. Es war ihnen nicht mehr wichtig, ob sie von nun an als verantwortungslose Eltern galten. Wichtig war, dass Maximilian sein Leben führen kann.

BARBARA HARDINGHAUS

DER SPIEGEL 46/2013 63

Der Spiegel vom 11.11.13

***

Andere Gazetten machen es auch nicht schlecht. Nehmen wir z.B. die *L'Illustré vom* 5. März 2014., Titel *„Génie des maths."* Jeder erwartet jetzt eine Reportage über Ramanujan. Aber nein: *Ich* soll das Genie sein! Voll daneben!

L'illustré

www.illustre.ch

L'ÉDITO

Maximilian, un QI de 148 et cette question: que faire des surdoués?

«Les profs se retrouvent souvent désemparés face à un élève différent»

On se concentre un peu, s'il vous plaît. *n N\{0, 1, 2}, (a, b, c) (N*) 3, an +bn = cn)*. Aïe, vous avez déjà mal à la tête? Lui, le théorème de Fermat, comme les fonctions linéaires dans les espaces vectoriels, ça l'éclate complètement. Lui, c'est Maximilian. Il a 10 ans, il affiche 148 de QI au compteur, il habite dans les alentours de Lucerne avec ses parents, et le fait qu'il suive déjà les cours de l'université a propulsé ce petit bout d'homme – par ailleurs fan de Mickey et de Donald – en couverture du prestigieux *Figaro Magazine*. Pour illustrer un dossier sur les petits génies, on s'en doutait. Maximilian a bénéficié de son intelligence et de celle du système scolaire suisse, suffisamment souple pour lui permettre de sauter quatre classes. Il a pu s'appuyer sur un environnement familial favorable. Avec un père prof de maths et une mère docteur en économie, il y a fort à parier que son don aurait été décelé, même s'il n'avait pas su multiplier les numéros des plaques minéralogiques dès l'âge de 4 ans. Enfant à part, Maximilian suit un cursus à part. C'est formidable pour ce chic garçon épanoui, presque comme les autres. Malheureusement, en Suisse, tous les élèves ne sont pas logés à la même enseigne.

Maximilian, c'est l'évidence née d'un cas extrême. Mais qu'en est-il des autres? De ces gamins à haut potentiel, qu'on appelle enfants HP, et qui ne sont pas diagnostiqués. Des enfants qui, même si cela peut sembler paradoxal, risquent un échec scolaire définitif et lourd de conséquences sur le plan psychologique, faute de structures susceptibles de les repérer et de les prendre en charge différemment. L'ironique contradiction de notre société obsédée par l'excellence, c'est de ne pas faire en sorte que les enfants les plus doués puissent aller jusqu'au bout de leur potentiel et de favoriser généralement plutôt un nivellement par le bas.

Soyons clairs, notre système scolaire est bon. Mais il est encore perfectible. En théorie, une pédagogie différenciée a été mise sur pied pour gérer la différence. Mais les mentalités – on pense à celles d'une partie du corps enseignant – peinent à évoluer. La plupart des profs se retrouvent encore désemparés face à un élève qui n'est pas comme les autres. Seuls certains cantons ont mis sur pied des cours de japonais, de robotique et d'astronomie pour permettre à ces enfants de s'intégrer au système scolaire sans être frustrés sur le plan intellectuel. Et notre société n'est pas toujours encline à engager des deniers publics pour une détection efficace des petits élèves HP, ce qui a pour conséquence de créer un système à deux vitesses. Les tests coûtent cher et ce sont ainsi majoritairement des petits issus de la classe moyenne à favorisée qui sont diagnostiqués. C'est bien dommage. Car s'il est un endroit où chacun devrait avoir les mêmes chances, c'est bien à l'école.

Celles et ceux qui désirent se renseigner, savoir comment reconnaître un enfant HP, peuvent se tourner vers l'Association suisse pour les enfants précoces: www.asep-suisse.org

Michel Jeanneret
rédacteur en chef
michel.jeanneret@ringier.ch

Editorial der Illustré

Das Editorial ist zunächst mir gewidmet: „Maximilian suit un cursus à part. C'est formidable pour ce chic garçon épanoui ... " „Chic", „épanoui": Ich bin gut getroffen. – Aber da gäbe es die anderen, für die Nichts getan wird (wohl wahr!), und die dann schulische und psychologische Probleme bekämen.

– Auch für mich hat das Bildungssystem wenig übrig gehabt. Meine Eltern und mein Mentor haben die katastrophalen Auswirkungen, wie sie die Experten im Dienstagsclub befürchteten (Kapitel 17), gerade noch verhindern können.

Ob Aline das Editorial gelesen hat? Vielleicht ist sie beim Durchblättern des Blattes auch nur auf mein Foto gestossen.

– Ein doppelseitiges Foto: Ich sitze herzig zwischen meinen Eltern. Es war doch eher dieses herzallerliebste Foto, das Aline auf mich aufmerksam machte. Denn ich bin der Schönste im ganzen Heft. Noch vor den sonstigen, weniger wichtigen Schönheits-Kandidat(en)/innen: Cate Blanchett, der neuen Perle Lupita Nyong'o, dem Hermelin, in lebender Form, und dem Papst.

Hätten meine Eltern und ich gewusst, wie der Titel der Story über mich ausfällt, so hätten wir uns allerdings nur von hinten fotografieren lassen. Der Plot beginnt dann auch entsprechend: „Portrait d'un Einstein en herbe." Peinlich!

Aber das ändert sich dann doch. Ich kann nur hoffen, dass die Leser der *L'Illustré* noch einige Zeilen weiterlesen. Die Kurve weg von der blöden Charakterisierung von mir beginnt unauffällig, mit der Erwähnung unseres Katers: „Il ronronne si son maître [das bin ich] s'occupe de racines cubiques." Der Kater ist bei jeder Mathe-Lektion mit dabei. Liebevoll wird meine LTB-Sammlung gewürdigt und diese oder jene unserer Anekdoten wiedergegeben.

Das zweite Foto der Reportage zeigt, meiner Erfahrung nach ganz ungewöhnlich für Zeitschriften, einen Ausschnitt aus meiner Bearbeitung einer der unlösbaren Aufgaben von Camillo, der ich durch „farbige" Klebetechnik zu Leibe ging. Ich habe tagelang geklebt.

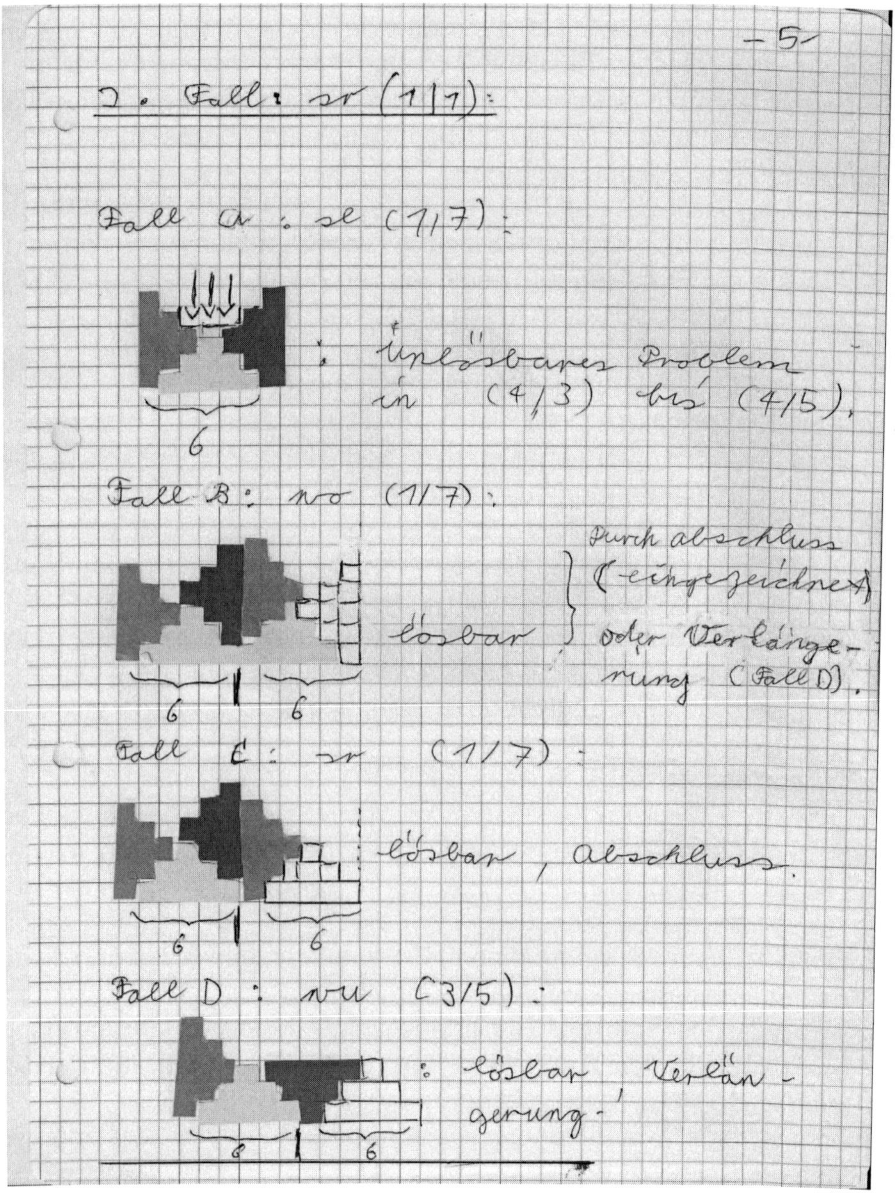
-5-

I. Fall: sr (1/7):

Fall A: sl (1/7):

: Unlösbares Problem in (4/3) bis (4/5).

6

Fall B: ro (1/7):

lösbar

Durch abschluss (eingezeichnet) oder Verlängerung (Fall D).

6 6

Fall C: sr (1/7):

lösbar, abschluss.

6 6

Fall D: ru (3/5):

: lösbar, Verlängerung.

6 6

Gut geklebt ist halb gelöst

KAPITEL 35: *„Vom Wiegen allein wird die Sau nicht fett."*

– *Zurück zum PISA- und Bologna- Stress. Ich weiss, wovon ich rede. Ich bin gleichzeitig Bologna- und PISA- betroffen. Meine Schulfächer als Beispiele.*

Mein Vater führt die Buchhaltung meiner Klassenarbeiten: eine Endlos-Liste am Küchenschrank. Bald wird die Bologna-Buchhaltung daneben hängen.

Warum gibt es Noten in „Bildnerischem Gestalten"? Meine Eltern sagen, die Serie meiner abstrakten grossformatigen knallbunten Gemälde aus der Kindergartenzeit seien längst durch mickrige Zeichnungen aus dem „Bildnerischen Gestalten" abgelöst worden. Der Lehrplan will es so.

– Die knallbunten Gemälde meiner frühen künstlerischen Periode schmücken unser Haus, selbst die Garage. Meine mickrigen Zeichnungen dagegen modern in kleinformatigen Alben dahin. Beim Intelligenztest stellte sich fatalerweise heraus, dass ich meine Oma nicht zeichnen konnte. Das sagen wohl die meisten Testkinder.
– Dennoch lag mein IQ bei 149+. Das „+" soll ausdrücken, dass die HAWIK-Tabellen nicht weiter reichen. Zu Recht, sagen meine Eltern. Sie misstrauen den schwindelnd hohen IQs. Auf seinen IQ hinzuweisen, sei ausserdem doofes Gehabe.
– Mir genügt es, dass ich in Mathe unterwegs sein kann. Ich brauchte meinen IQ-Stempel nur, um rasch ins Gymi zu kommen. Die Mathe braucht ihn nicht.

Zurück zum Lehrplan: Warum muss ich alle möglichen Übungen zwecks einer „vier" in Sport absolvieren? Bis hin zum Seilhüpfen, wie schon beschrieben. Haupteffekt, wie schon beklagt: Meine Mitschülerinnen kichern. Zu recht. Doch am schlimmsten finde ich die seltsamen Verrenkungen im Geräteturnen.

Die sollen mich fit fürs Leben machen?

– Mit dem Geräteturnen hat man uns Schülern ein Kuckucksei ins Nest gelegt. Meine Eltern hatten schon Mühe, verständlich zu machen, dass ich nicht wie meine vier Jahre älteren Kolleg(en)/innen benotet werden sollte. Selbst in High Heels käme ich nicht bis an die Reckstange. Das „Pferd“, angeblich ein Turngerät, ist fast so hoch wie ich selber.

Und alle drei Wochen ist Kochprüfung angesagt, gleich wieder nächsten Dienstag; Thema: die „Menüplanung“. Da kann einem die Lust am Essen schon vergehen. Zumal ich nur Menüs plane, die aus einem einzigen Gang bestehen, vorwiegend Hamburger mit Pommes. Soweit zur Planung. Aber wie soll ich die Pommes herstellen?

– *Meine Mutter sagt, die Kochkunst sei mindestens genauso wichtig wie die Allgemeine Relativitätstheorie.* Denn jeder müsse täglich essen. Nur wenige brauchten sich um die Allgemeine Relativitätstheorie zu kümmern.

– Sie sagt: Kochen ist ebenfalls eine kulturelle Angelegenheit. Und ebenfalls eine Frage der Bildung.
– Die Bibel sagt, viele sind berufen, doch nur wenige sind auserwählt. Meine Mutter scheint bibelfest zu sein. Es ist klar, was die Bibel meint: Viele kochen, doch nur wenige befassen sich mit der Allgemeinen Relativitätstheorie. Ich bin in der Küche leider keine Stütze meiner Mutter.

Was ich aber nicht verstehe: Noch nie musste ein Schüler eine Prüfung in Allgemeiner Relativitätstheorie absolvieren. Warum dann im Kochen?

– Zeichnen, Turnen, Kochen: Beispiele für den „Messbarkeitswahn“ (mein Vater). Zeichne ich besser, turne ich besser, koche ich besser, weil ich immer wieder getestet werde? „Vom Wiegen allein . . . “: Siehe die Überschrift. Die Wettermessungen, sagt man, haben ja auch keinen Einfluss auf das Wetter.

Meine Meinung: PISA ist überall. Und die PISA-Konkurrenz ist nicht ganz ungefährlich. Sie hat bereits einen erheblichen Teil der Welt erfasst. Die Grippe-Epidemien sind Nichts dagegen.

***

– *Jetzt kommt hier der weltanschauliche Beitrag. In einem so wichtigen Buch wie dem meinen darf er nicht fehlen.*

Ich habe mich mit meinen Eltern beraten. Nicht nur einmal. Denn jeden Abend gibt es die Hiobsbotschaften frei Haus, „Tagesschau“ genannt. Kein Wunder, dass ich immer seltener zu ihr erscheine.

Zu deiner Ermutigung als Leser: Die Weltanschauung ist auf wenige Zeilen zusammengefasst. Nur Mut!

Wie ich die Welt sehe? Wie jeder Zehnjährige, nämlich oft durch die Augen meiner Eltern.

Die Evolution muss einen Fehler gemacht haben. *Unser Immunsystem gegen Wahnvorstellungen ist schwach entwickelt.* Die meisten wahnhaften Ideen, von der Hölle bis zum Dschihad, haben, so sagen meine Eltern, ein- und dasselbe Ziel: die Leute mit Angst fertigzumachen.

Und noch ein Fehler der Evolution: *Wir lassen uns zu leicht Angst einjagen.* Hoffentlich korrigiert die Evolution noch ihr fatales Ergebnis.

- Denn das 20. Jahrhundert habe den Wahn zu neuen Höhen entwickelt. Zwar waren die Wahnvorstellungen Alexander des Grossen, Attila des Grossen, Dschingis Khan des Grossen, Friedrich des Grossen, Napoleon des Grossen auch nicht von schlechten Eltern. Wer die meisten Menschen abschlachtet, sagt mein Vater, kriege den Porphyrsarg. Schau nach im Invalidendom: Napoleon hat gewonnen.
- Anderen bleibt solche Ehre verwehrt, z.B. Madame Curie, die mit ihren Entdeckungen mehr Menschen das Leben gerettet hat, als Alexander, Attila, Dschingis, Friedrich, Napoleon und weitere Grossen zusammen hingemordet haben. Immerhin fand sich vor einigen Jahren ein winziges Plätzchen für sie im Keller des Pantheon. Ganz zuunterst im Regal. Wir, die Familie, sind zur Besichtigung erschienen. Vor dem Porphyrsarg im Invalidendom drängelten sich die Leute, wir waren die einzigen, die zu Madame Curie kamen.
- *Der Geschichtsunterricht besteht, bei Licht besehen, zu grossen Teilen aus den Biografien von irren Massenmördern.* Wir Schülerpersonen lernen, dass Gewalt die Welt regiert. Meine Meinung zur Verbesserung des Geschichtsunterrichts: Es fehlt auch eine kleine Geschichte der „Geschichte als Konflikt zwischen Bekloppten und Normalen". Die *EtwasAndereKritik* lässt grüssen (Kapitel 17).
- Die Geschichte selber, so meine Eltern, entwickle sich in Wahrheit entlang den Freuden und Leiden des kleinen Mannes [bzw. der kleinen Frau]. Noch ein Einwurf meiner Mutter: Und entlang der Kochtöpfe. Sind sie leer, geht es mit der Geschichte bergab.

Eine einfache Wahrheit. Manchmal scheinen die Geschichtslehrpersonen sie aus den Augen zu verlieren. „Sie sehen das Meer vor lauter Wellen nicht" (sagt Tolstoi zum Thema). Jeder Punkt hat die Ausdehnung Null, die Punkte, aus denen eine Strecke der Länge eins besteht, ergeben dennoch zusammen die Länge eins. Das ist der Kern der Analysis. Und so erklärt Tolstoi auch die geschichtliche Entwicklung, wie ich, wenn auch nur aus dritter Hand, weiss (von Daniel Tammet). *Die Grössenwahnsinnigen schwimmen als Tsunamis auf dem Meer der kleinen Leute.* Die Verheerungen sind in beiden Fällen die gleichen. Das stammt jetzt von mir.

– Malala Yousafzei, die Schülerin mit der Kugel im Kopf, sagte zwar vor der Uno: *„Der Stift ist mächtiger als das Schwert."* Sie hofft offenbar, die Stifte seien „friedensstiftend". Mein Geschichtsunterricht macht mich skeptisch: Auch mit „Stiften" lässt sich Unheil anrichten. *Die Gewalt entstehe im Kopf.* Das sagen meine Eltern.
– Dabei müssten diese ekligen Wörter auf „... ismus" jeden veranlassen, sofort das Weite zu suchen[155].
– War es einmal besser? Sieht nicht so aus. Sogar Irre und Mörder aus dem Mittelalter werden neu gekrönt, sofern sie fromm genug waren: Die Seeligsprechung für *Savonarola* laufe schon 15 Jahre, sagt mein Vater. Einige übersinnliche Ereignisse aus dem 15. Jahrhundert werden sich schon noch finden lassen. Papst Johannes Paul II. hatte immerhin 1820 Selig- und Heiligsprechungen infolge unerklärlicher Wunder vornehmen können.
– Die Heiligsprechung kommt nicht immer ganz harmlos daher. Scharen von kleinen Kindern wurden von Savonarola angestiftet, ihre Eltern zu verpfeifen.
– Mao hat sich das abgeschaut. Ob *Katholizismus* oder *Maoismus*: In beiden Fällen galt zu bekämpfen, was auch nur entfernt an Wissenschaft oder Kultur erinnerte. Stattdessen musste man die *Bibel* bzw. die *Rote Bibel* in die Luft strecken. Die Kenntnis der Planetenbahnen konnte tödlich sein, in beiden Fällen. Hypatia lässt grüssen. Wie wäre es mit den Endomorphismen ausgegangen? Nicht auszuschliessen, dass ich in Florenz gesteinigt oder in Peking erschossen worden wäre.
– Natürlich, es gibt auch Hoffnungsschimmer: Der Prozess gegen Johanna von Orleans konnte von Kardinal Ratzinger zu einem

155 Gruselige Begriffe aus dem Geschichtsunterricht: Imperialismus, Kolonialismus, Nationalismus, Kommunismus, Revanchismus, Antisemitismus, Faschismus, Militarismus, Islamismus.

guten Ende geführt werden, sagt mein Vater: *Unschuldig*. Pech für sie, dass sie vor fast 600 Jahren als Ketzerin von der Kirche lebendig verbrannt wurde.

– Du sagst, *das war einmal?* In Borno oder Yobe hätte Malala, die Kämpferin für Schulen auch für Mädchen, keine Überlebenschance. Mir ginge es vielleicht nicht besser, obwohl ich ein Junge bin. Die Terrortruppe nennt sich bekanntlich „Westliche Bildung ist Sünde." (Naja, so ungefähr.) Das stehe im Koran.
– Das können sie wohl behaupten, weil dort vorwiegend Hausa gesprochen wird. Und lateinische Buchstaben geschrieben werden. Falls die Schule nicht abgefackelt wurde. Also: Wer kann dort den Koran lesen? Hausa gegen Arabisch? Wie der Elefant gegen die Ameise? Wer weiss. Ich habe mal bei *Glosbe*[156] nachgeschaut. Es gelang die Übersetzung von sage und schreibe 127 Sätzen von der einen Sprache in die andere. Am wichtigsten dürfte sein: „Vor mir eine Schule!! Wo ist meine Fackel?"
– Die Kinder zahlen häufig die Zeche: Impfen sei unislamisch, finden die Taliban. Und nicht nur sie. Wer impft, muss getötet werden, im Namen Allahs.
– Eine Übersetzung meines Buches ins Hausa werde ich zu verhindern suchen. Mit nur 127 Sätzen wird die Übersetzung auch nicht ganz einfach sein.

Meine Schlussfolgerung: Im Vergleich zur Mathematik sind die „Ismen" doch ziemlich simpel, zusätzlich jedoch auch noch ganz schön mörderisch.

Ehrlich, dicke Post. Schurken haben das Sagen: Der *ganz andere Geschichtsunterricht* meiner Eltern.

Malala scheint keine Angst zu haben. Obwohl ihr ein Taliban in den Kopf schoss, nur weil sie in die Schule wollte: „Das Projektil sei oberhalb von Malalas linkem Auge eingedrungen und habe Teile des Schläfenbeins sowie des Oberkiefers im Bereich der Unterschläfenfläche und des Oberkieferhockers sowie Teile des Unterkiefers zerstört." Schreibt Wikipedia.

---

156 Ein online-Wörterbuch auch für seltenere Sprachen: *de.glosbe.com.*

Wir haben es hier in der Schweiz zwar nicht mit den Taliban zu tun. Und nicht mit Imperialismus, Kolonialismus und all den anderen Wahnideen. Die Schweiz duckt sich unter dem blöden Kram hinweg. Eine goldene Strategie. Die Schweiz ist eine Insel des Friedens. Das sagen alle. Die Schule muss sich aber dennoch ändern. Nicht gegen die Kinder und Jugendlichen zu Felde ziehen!

– Soviel zu dem, was ich so mitkriege: *Die Welt, eine Veranstaltung der Gewalt und der Angst. Und ein Irrenhaus.* Der „epidemische Wahnsinn", um nochmal die „EtwasAndereKritik" zu zitieren.

***

Damit komme ich erneut zurück zu PISA; PISA ist ja nur das Fähnlein an der Spitze der Messkolonnen. Ich werde alle zwei bis drei Tage gemessen. Beispielsweise hinsichtlich meiner Zeichen- bzw. Kochkünste.

– Aber auch meine Pünktlichkeit wird aufgezeichnet. Dreimal täglich. Im *Schulnetz* steht, rot hervorgehoben: Maximilian, Verspätungen unentschuldigt: Anzahl der Ereignisse: eins, Zeitspanne [der Verspätung]: 1 Minute. Mein wichtigstes Messinstrument ist die Uhr, (das meiner Mutter die Personenwaage). Vor Unterrichtsbeginn beobachte ich die Minuten- und Sekundenzeiger. Mein Chauffeur, also mein Vater, gerät ins Schwitzen, wenn vor uns die Müllabfuhr auftaucht.

Meine Schlussfolgerung: Auch in der Schule lauern Gefahren, vielleicht geringfügige, doch *überall und allzeit.* Wer weiss, was der nächste Test bringt? Was geschieht, wenn ich morgen *zwei* Minuten zu spät käme?

Ich denke, die Angst könnte zunehmend Karriere auch an der Schule machen. Die endlosen Testserien gehen nicht spurlos an uns Schülern und Schülerinnen vorüber. Mit Herzklopfen rufen wir das Schulnetz auf, in dem täglich die neuen Noten veröffentlicht werden.

– Das Fussvolk muss die Suppe auslöffeln. *Die Suppe einer Stofffülle, die uns fast die gesamte Zeit wegfrisst.* Wir Schüler/innen sind zweifellos das Fussvolk einer wenig lustigen Kampagne. Man kann es sich nicht aussuchen: Auch ich gehöre zum Fussvolk. Ein

Kind ist eben nicht Herr seines Schicksals. Es muss sich den Verhältnissen anpassen. Vielleicht nicht zu 100%. Manchmal hisse ich die weisse Fahne und nehme ein schlechtes Testergebnis in Kauf. Wegen meiner Zeitnot. Aber ohne meine gute Laune zu beeinträchtigen.

- Doch nicht jede/jeder in meiner Klasse kann sich das leisten. Lehrerpersonen wie Eltern mögen ungnädig reagieren. Meine Eltern zucken gottseidank die Schultern.
- Mich nervt der Schulstress also weniger. Ich bin fast stress- und angstfrei. Dank Veranlagung wie Erziehung. Und weil meine Eltern ohnehin dagegen sind, dass ich mich an der Jagd nach besseren Noten beteilige. Sonst wäre mein Weg zur Uni nicht möglich gewesen.

Dennoch: Trotz meiner gelungenen Abkürzungen im Schulparcours liegen noch viele Jahre „Parcours" vor mir, bis hin zum *„Master"*. Ich werde diesen Parcours mit Zuversicht und Vertrauen angehen. Ohne mich über eine schwere Jugend zu beklagen. Obwohl der Parcours ganz schön heftig ist.

Kapitel 36: Wie wird ein Kind glücklich?

- *Und jetzt der Schlussspurt: Auch Kinder sollten zu dieser Frage beitragen.*
  - Tatsache ist: Mein Leben ist anstrengend. Doch es ist der Mühe wert. Meine Eltern sagen: „Es geht um Rationalität, Toleranz, Friedfertigkeit, und um soziale Kompetenz. Aber auch um Leistungswillen, Bildung, die Entwicklung der eigenen Fähigkeiten, des eigenen Wertes für sich und die Gesellschaft."
  - Ein Katalog, der es in sich hat. Meine Mutter sagt, das sei gewiss noch nicht alles. Es gäbe noch ganz andere wichtige „Erziehungsziele": *Angstfreiheit, Realitätssinn, Ausgeglichenheit, Hinwendung zum Alltäglichen. Und Respekt, Anstand und Aufmerksamkeit im täglichen Umgang. Und Demut vor den mathematischen Theorien wie vor den banalen „Dingen des Alltags".*

Demut stärke den Selbstwert. Sie sagte, ich solle das fett drucken.

– Um meinen Selbstwert mache ich mir keine Sorgen. *Ich spüre meine Kraft, weil ich mich täglich mit erstaunlichen kulturellen Errungenschaften auseinandersetze, beispielsweise mit der Infinitesimalrechnung. Ein staunenswerter Schatz.* Ich bewundere die grossen arabischen Mathematiker des Mittelalters, und ich hoffe, dass diese Tradition wiedererweckt wird.

Der tägliche Mathe-Kurs

Anlässlich der Beratungen der Primarschule, was mit mir zu machen sei, es ist endlos lange her, zitierte meine Mutter einen gescheiten Psychologen:

„Bei seltenen Gelegenheiten spürt man ein Gefühl von Hochstimmung, von tiefer Freude, das lange anhält und zu einem Massstab dafür wird, wie das Leben aussehen sollte. .... Es ist das, was ein Segler auf richtigem Kurs fühlt, wenn der Wind sein Haar peitscht und sein Boot durch die Wellen prescht .... Es ist das, was der Maler fühlt, wenn die Farben auf der Leinwand eine magische Spannung aufbauen und etwas Neues vor den Augen des Schöpfers Gestalt annimmt.“[157]

– Naja, nicht gerade mein bescheidenes Deutsch. Doch es ist genau dieses Gefühl, das ein mathematisch begabtes Kind fühlt, wenn es ein schwieriges Problem gelöst hat. *Es ist das, was ich „Glück“ nennen könnte.* Ich weiss, wovon ich rede. Jeder Mathe-Beweis ist ein Abenteuer. Mal mit gutem Ausgang, mal nicht. Mein Mathe-Kurs ist eine Achterbahn. Manchmal bin ich „oben“; dann spüre ich das Glücksgefühl.

„Gegen unsere Überzeugung sind solche Momente eben die besten Momente im Leben, nicht passiv, rezeptiv, entspannend, ... *Die besten Momente ereignen sich gewöhnlich, wenn Körper und Seele ... bis an die Grenzen angespannt sind, in dem freiwilligen Bemühen, etwas Schwieriges und Wertvolles zu erreichen.*“

Was die erste Hälfte meines „Parcours“ angeht, den Hürdenlauf durch die Schule, so wird nicht gerade viel Zeit für die besten Momente, also diejenigen im Rahmen der Mathe, drinliegen. Bei diesem Gedanken steigt ein wenig Wut in mir auf. Ich bin ein Lawinenopfer: Eine Papierlawine hat mich verschüttet.

---

[157] Mihaly Csikszentmihalyi, University of Chicago, *FLOW – The Psychology of Optimal Experience*, Harper & Row, New York 1990. Deutsche Ausgabe: Cotta'sche Buchhandlung, Stuttgart 1992.

– *Über mir hundert Meter bedruckten Papiers. Ich kriege kaum noch Luft.*
– Wie kann ich aus der Lawine herauskrabbeln? Der Berg wächst täglich.

Die Papierlawine behindert meine zähen Versuche, zur Mathematik vorzudringen. *Ich werde meinen Mentor häufig enttäuschen müssen.* Doch Camillo erträgt das mit mehr Fassung als ich. Man ist eben nicht ununterbrochen glücklich.

Ich kenne die Wege zu meinen Glücksmomenten. Ich freue mich auf Camillo. Und jeden Abend lege ich in unserer Bibliothek *Mr. Bean* oder *Loriot* in den DVD-Player ein.

20. April 2014: Mein Buch ist fertig. Aline wird sich freuen. Ich hoffe, auch du, geneigter Leser, freust dich: und zwar auf die Fortsetzung. Zugunsten Alines und zugunsten meines Kontos.

Egal, was *ihr* glaubt oder denkt, *mir geht es gut.* Meine Zukunft ist spannend, bunt und lustig.

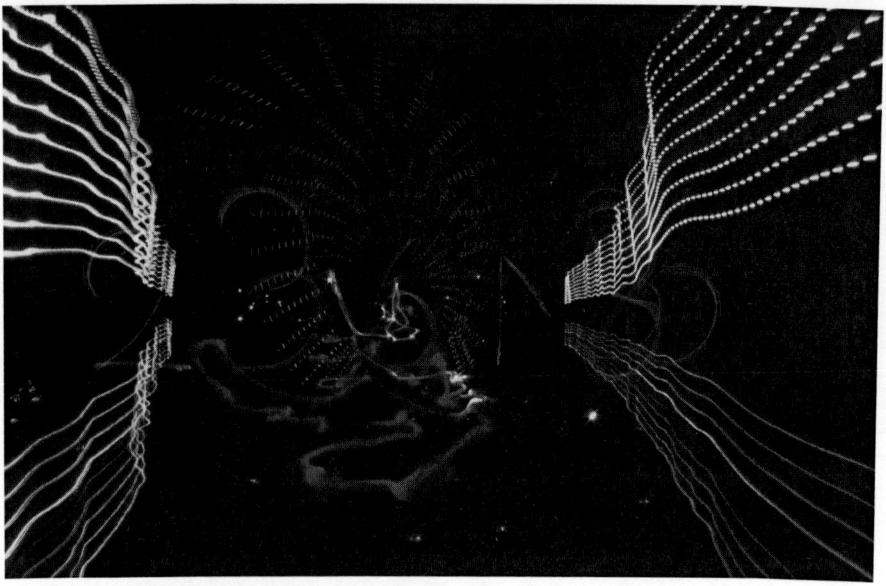

FLOW – Ein Luftbild meines Freundes Uli

NACHWORT – EIN KOMMENTIERENDER ERFAHRUNGSBERICHT (AUGUST 2014)

Thomas Drisch, Vater von Maximilian

Maximilian, unser Sohn, hat 2013, neun Jahre alt, die Matura in Mathematik bestanden.

Der folgende Bericht ist nur eine Einzelerfahrung. Er beschreibt einen von mehreren gleichwertigen Alternativen zur Förderung seltener Begabung. Ich hoffe, das Nachwort wird zum Verständnis der Chancen und der Schwierigkeiten der von uns, den Eltern von Maximilian, getroffenen Entscheidung beitragen können.

Maximilian liebt die Mathematik, und wir, Vater und Sohn, treffen uns allabendlich zu einer amüsanten Mathematik-Runde. Seit Längerem bewegt Maximilian sich daher in der Mathematik auf Universitäts-Niveau. Die ETH (Eidgenössische Technische Hochschule Zürich) lehnte Maximilians Bewerbung trotz seines Matura-Ergebnisses ab; dies entspricht der Gesetzes- wie Statutenlage. Der jetzige Rektor der Universität Zürich und der Direktor des Instituts für Mathematik schlugen einen eleganten Umweg vor: Das Institut richtete für Maximilian ein eigenes Förderprogramm ein; seit über drei Jahren pilgert er regelmässig zum Mathematik-Institut der Universität Zürich. Sein Mentor im Rahmen des Programms, der italienische Mathematiker Prof. Camillo de Lellis, ist nicht nur ein renommierter Wissenschaftler, sondern auch ein begnadeter Pädagoge (Kapitel 20). Unser Sohn hat das grosse Los gezogen.

Die Pressemitteilung der Universität zur Einrichtung des Förderprogramms (Kapitel 19) hatte einen Medien-Hype zur Folge, der, wie

Maximilian feststellte, auf dem „Jö“-Effekt beruht: „Ich bin der Liebling der Presse“ (siehe „Vorrede“). So ein kleiner Kerl, und schon an der Uni! Die TV-Nachrichten von Brasilien bis Japan berichteten über ihn. Keine deutschsprachige Zeitung ohne ein Foto des kleinen Mathematikers (Kapitel 22/23). Der französische Figaro plakatierte ihn in den Städten Frankreichs. Das Missvergnügen des Instituts für Mathematik war mit Händen zu greifen. Auch das Missvergnügen seiner Mutter.

Im März 2014 regte der Verlag Favre (Lausanne) an, die Biografie Maximilians zu veröffentlichen (Vorrede). Es gibt unzählige Bücher zur Reform von Schule und Universität. Die Verfasser sind durchwegs Erwachsene, Experten, LehrerInnen, Eltern, Gutmenschen. *Das Buch Maximilians kommt, wie von mir in der „Notiz des Ghostwriters“ formuliert, „von der anderen Seite des Mondes“: Ein betroffenes Kind meldet sich zu Wort.* Der Vorschlag des Verlages leuchtete mir daher unmittelbar ein, Maximilian jedoch weniger. Er denkt eher ökonomisch, auch was sein „Zeitinvestment“ betrifft. Als Kompromiss ernannte er mich zu seinem Ghostwriter und zog sich auf die Rolle des Beraters zurück. Sein Hauptbeitrag sei schliesslich, dass *„er das Buch gelebt habe“*.

Das Manuskript wurde noch im April 2014 geschrieben und sodann ins Französische übersetzt (vgl. Mail des Übersetzers). Ziel war die Veröffentlichung noch im Jahr 2014 in der Romandie und in Frankreich. Der Text beschränkt sich im Wesentlichen auf die letzten beiden Jahre vor dem Zeitpunkt des Verfassens, eine Zeit, während der Maximilian das Gymnasium Immensee und den universitären Förderkurs besuchte. Denn Maximilian ist ein ganz normales Kind, und über seine ersten acht Jahre davor gibt es nichts Nennenswertes zu berichten: „Jeder war oder ist Kind, zumindest ist das meine Meinung. Und zu dem Leben eines Kindes weiss ich Nichts beizutragen, was nicht alle schon kennen, weil sie es selber sind oder mal waren“ (Maximilian, Vorrede).

Eine zweite Zeitebene wird durch einige Rückblicke auf die Ereignisse *vor* dem Eintritt in das Gymnasium Immensee hergestellt (vorwiegend in den Kapiteln 1 bis 3), um die Voraussetzungen für das Verständnis seiner Beurteilung des Schulsystems der Schweiz zu schaffen, ausgelagert in einen Anhang der Biografie („Potemkin reloaded"). Das erste und das letzte Kapitel bilden eine Klammer, zwischen der sich die biografischen Notizen Maximilians einfügen.

Als pflichtbewusster Ghostwriter traf ich eine Auswahl aus den Themen, die Maximilian zur Zeit des Verfassens beschäftigten; daher kann die „Biografie" keineswegs als Beitrag zur Analyse des Bildungssystems der Schweiz angesehen werden. Es werden nämlich ausschliesslich Ansichten Maximilians und seine Schlussfolgerungen wiedergegeben, die auf seinen eigenen Erfahrungen fussen. Doppelspurigkeiten habe ich in diesem Nachwort der leichteren Lesbarkeit halber in Kauf genommen.

Und ich schrieb als Ghostwriter in einer Sprache, die sich derjenigen Maximilians anzunähern versuchte, einer sehr strikten Anreihung von Argumenten. Das Stakkato seiner Sprache wurde von mir allerdings etwas geglättet. Denn Texte folgen – anders als die Diskussionen zwischen Maximilian und mir – zwangsläufig einer linearen Anordnung.

Maximilians Argumente haben häufig einen ironischen Beiklang; Maximilian hat die acht Bände der „Memoiren" eines Schülers namens „Greg" gelesen[158], der sich mit vergleichbarer Ironie ebenfalls mit dem schulischen Alltag auseinandersetzt. Maximilian trat mit 9 Jahren in die 7. Klasse ein (gezählt ab Schuleintritt), und so waren seine Mitschüler/innen mehrere Jahre älter als er. Greg ist in ähnlicher Lage wie Maximilian: „Da schmeisst man Kinder wie mich, frisch aus der Grundschule, mit riesigen Gorillas zusammen, die sich zweimal täglich rasieren müssen"[159]. In den Tagebüchern von Greg wird „der tägliche Überlebenskampf" in der Junior High-School, der „bescheuertsten Idee aller Zeiten" aufs Anschaulichste beschrieben[160]. (Daher stammt auch Maximilians Vorschlag, die Biografie mit

158 Jeff Kinney, *Diary of a Wimpy Kid*, 8 volumes, Amulet Books, New York 2007.

159 Ebenda, Seite 3.

160 Die „Junior High School" beginnt in den USA in der Regel mit der 7. Schulstufe. Die Eingangsklasse des Gymnasiums Immensee ist ebenfalls die siebte (jeweils ohne Kindergarten bzw. Vorschule gerechnet).

einigen Comics zu verschönern.)

Der wesentliche Unterschied zu Gregs Berichten besteht darin, dass die ironischen Anmerkungen Maximilians keine Fiktion sind, *sondern auf tatsächlichen eigenen Erfahrungen beruhen.*

Die Biografie ist nicht vollständig selbsterklärend. Und so regte der Verlag, Éditions Favre, an, dass ich ein Nachwort zu Maximilians und meinem Text (als Ghostwriter) schreibe. Zwischen der Fertigstellung des Nachwortes und derjenigen des Manuskriptes liegen vier Monate, und es liegen Erkenntnisse vor, die es im April des Jahres 2014 noch nicht gab. Beispielsweise steht jetzt fest, dass Maximilians Teilnahme am universitären Förderprogramm ein Erfolg ist: Er hat die schriftlichen Prüfungen des ersten Studienjahres mit guten Noten absolviert, und er gehört damit zu den besten Studenten des Instituts.

Es ist gewiss unmöglich, sich als Erwachsener in den Kopf eines Zehnjährigen zu versetzen; das Bewusstsein eines Kindes und eines Erwachsenen sind bekanntlich verschieden, und niemand kann meines Erachtens ermessen, wie gross der Unterschied ist. Der Tatbestand, dass Maximilian mit neun Jahren die Matura in Mathematik mit Bestnoten absolvierte, verleitet leicht zu der Annahme, er sei zu diesem Zeitpunkt „reifer“ gewesen als gemeinhin von Neunjährigen erwartet wird. Diese Erwartung täuscht: Er ist ein Kind, und er verhält sich wie ein Kind.

Kinder sehen die Welt mit Selbstverständlichkeit durch die Augen ihrer Eltern. Wie zuverlässig jedoch können Eltern die Welt durch die Augen ihrer Kinder sehen? Darauf weiss ich keine Antwort. Ich habe immerhin als Ghostwriter den Vorteil, Maximilians Vater und Mathematik-Lehrer zu sein. Und so hoffe ich, mit dem Nachwort zum Verständnis der Biografie beizutragen, ohne mich allzuweit von der Welt unseres Sohnes zu entfernen.

Maximilian nimmt im Wesentlichen Stellung zu sechs Themenkreisen:

1. Seinem Weg durch die Primarschule bis zu seinem Eintritt in das Gymnasium Immensee (Kapitel 1 bis 3) – die Akzelerationsfrage;

2. seinen Erfahrungen in den ersten beiden Gymnasialjahren (Kapitel 9, 10, 12, 14);
3. seinen Schwierigkeiten mit einem Schulsystem, das sich naturgemäss an der Mehrheit der Schüler/innen orientieren muss, insbesondere seiner Kritik an der Inflation des auswendig zu lernenden Faktenwissens (Kapitel 11, 33 bis 35);
4. seinen Erfahrungen mit dem Institut für Mathematik der Universität Zürich, insbesondere mit seinem Mentor (Kapitel 15 bis 22, 27);
5. seinem Verständnis der Mathematik als kulturelle, jedoch zusätzlich höchst nützliche Unternehmung (Kapitel 24 bis 26);
6. und einer ernüchternden Kritik, zusammen mit mir als Ghostwriter, an der Schere zwischen den Ankündigungen und den tatsächlichen Verhältnissen im Bildungssystem (Kapitel 29 bis 35).

Daneben finden sich längere Passagen über sein privates Leben, die vielleicht weniger von allgemeinem Interesse sind, jedoch als Schlaglichter auf die Weltsicht und die Denkweise Maximilians angesehen werden können (Kapitel 4 bis 9, 13, 18, 23, 28, 36). Hierzu möchte ich mich aus verständlichen Gründen nicht äussern.

1. Maximilians Weg durch die Primarschule

„Es ist Nichts so richtig, als dass es nicht auch falsch sein könnte."

1.1 Die Akzelerationsfrage

Maximilian wurde am 8.8.2003 geboren. Er erwies sich als aufgewecktes und neugieriges Kleinkind. Anzeichen einer „Frühbegabung" – so es eine solche gab – haben wir Eltern allerdings nicht wahrgenommen. Wir sind zudem der Ansicht, dass Fördermassnahmen wie „Frühenglisch" wenig Sinn ergeben. Von „Frühmathematik" spricht ohnehin niemand, aus gutem Grund. Der Praxis, dass Eltern schon vor der Einschulung die Talente ihrer Kinder testen, um „den bestmöglichen Bildungsweg ausfindig zu machen“[161], sind wir nicht gefolgt.

Maximilian wurde im August 2008 regulär (in den damals noch einjährigen) Kindergarten unseres Wohnortes eingekindergärtnert. Ein früher Übertritt in die Primarschule war nämlich vom Rektor der Schule abgelehnt worden. Die „gekürzte Zielformulierung“ des Amtes für Volksschulbildung Luzern für den Kindergarten umfasste 22 Übersichten, was bei Maximilian einigen Argwohn hervorrief. Der „Übertrittsbogen“ vom Dezember 2008 beurteilte seine „Schulbereitschaft“ sodann nach 64 (!) Kriterien und kam dann doch zu dem Schluss, er sei schulfähig.

Maximilian freute sich in der Folge, wie jedes Kind, auf den Eintritt in die Primarschule, zeigte sich jedoch rasch, wie viele Kinder, ernüchtert. Die in Kapitel 2 genannte Wissenschaftlerin, Frau Dr. Heinbokel, brachte die Situation Maximilians in ihrer Präsentation vor dem Kollegium seiner Primarschule wie folgt auf den Punkt:

> „Dem Kind wurde aufgegeben, jede Woche einen Buchstaben zu erlernen, nicht mehr. Am ersten Tag sagte der Lehrer, es gehe nur um eine halbe Stunde. Denn das Kind konnte längst lesen. Doch eine Woche später gab es den 2. Buchstaben, und so weiter, ein halbes Jahr lang. Stellen Sie Sich vor, Sie wären in diesem geistigen Gefängnis. Eine Brüskierung, ja eine Horrorvorstellung.“

Die „Lernstandserfassung“ im Mai 2009 (kurz vor Schulbeginn) attestierte Maximilian im Übrigen auch nur mässige mathematische Fähigkeiten. („Der Zahlenbegriff ist noch nicht ganz ... erfasst.“) Die Vorliebe unseres Sohnes für die Mathematik wurde im Rahmen der Ërfassung“ nicht erkannt. Seine Lehrerinnen, insbesondere sein Kindergärtnerin, Nicole Glanzmann, waren jedoch anderer Meinung: Die Schule wurde von sich aus aktiv und versetzte Maximilian nach einigen Wochen in die zweite Klasse, zunächst nur in Mathematik,

[161] Hannelore Schlaffer, *Das Dilemma des ewig talentierten Kindes*, NZZ (Neue Zürcher Zeitung), Zürich 13.04.2011. „Jedes Kind, das singt, verspricht ... ein Pop-Star, jedes, das hüpft, ein Tenniscrack zu werden.“

dann insgesamt, und nach einigen Monaten in die dritte, zunächst nur in Mathematik, dann insgesamt. Es stellt sich vielleicht die Frage nach der Zuverlässigkeit der Schuleignungstests im Falle besonders talentierter Kinder. Das Für und Wider des ersten Schuljahres setzte sich jedenfalls fort: Maximilians Weg bis zum Eintritt ins Gymnasium erwies sich als wahre Achterbahn.

Rückenwind erhielt Maximilian vom Psychologischen Dienst unseres Kantons: Er sei hochbegabt. Das bedeutet wenig: Unter die gängige Definition der Hochbegabung fallen mehr als 2% der Kinder, also weltweit Dutzende von Millionen, was nicht unbedingt der Vorstellung des Mannes/der Frau auf der Strasse von Hochbegabung entspricht.

Um dem begabten Kind / dem begabten Jugendlichen gerecht zu werden, gibt es mehrere Alternativen, deren wichtigste das *Enrichment* und die *Akzeleration* sind, einerseits die individuelle Förderung ausserhalb des allgemeinen Unterrichts, andererseits das Überspringen von Klassen, sei es insgesamt, sei es bezüglich gewisser Unterrichtsfächer.

Ein Enrichment ausserhalb des Elternhauses liess sich nicht organisieren. Uns Eltern stellte sich also, wie vielen Eltern, die *Akzelerationsfrage*. Eine eindrückliche Schilderung der Fragestellung gibt Miraca Gross, eine australische Psychologie-Professorin[162]:

"'The parents [of most of the children described in this book] believe that their children are working significantly below their true ability level ..., while [the majority] state that in NO academic subject area is their child being permitted to work, in class, at the level he or she has attained on achievement tests. The parents of these children have either given up their attempts to persuade the school to recognize their children's talents, or continue to negotiate with their child's teacher in the hope, ..., that their perseverance may eventually have some effect. These parents share a sense of loss and bewilderment which was expressed by ... the mother of JADE ... :

[162] Miraca Gross, *Exceptionally Gifted Children*, Routlege, London/New York (1. Auflage: 1993, 2. Auflage: 2004).

I feel very negative about Jade's school experience. We have seen her go from an extroverted, confident and happy 3-year-old whose abilities took our breath away, to a negative, often bitterly unhappy 7-year-old. She has lost the zest for learning and achievement. She is totally different from the child I would have predicted she would be. It seems incredible to me that the school should expect her to be excited about the curriculum the offer her, which is years and years below her level, and what it makes worse is that because she won't respond to the basic work, nothing in the way of acceleration or enrichment is done for her. .... I'm so afraid that she will never feel fulfilled, and yet I feel powerless to do anything because I feel like I am fumbling around in the dark and I don't know where the switch is."'[163]

Was ist zu tun?*„Keine Massnahme" könnte*, so z.B. die „DVS", die Dienststelle für Volksschulbildung Luzern, *die Alternative mit dem grössten Risiko sein*[164].

1.2 Exkurs zur Akzeleration

In einer Langzeitstudie untersuchte Frau Dr. Heinbokel die retrospektive Beurteilung akzelerierter Kinder *aus ihrer späteren Sicht als Erwachsene*, basierend auf 115 eigenen Fallstudien[165]. Die Probanden wurden als Schulkinder nach ihrer Akzeleration und Jahrzehnte später als Erwachsene erneut befragt. Der Akzelerationsvorschlag kam mehrheitlich von der Schule, etwas mehr als halb so oft von den Eltern, bisweilen aber auch von den Kindern selber. Kam der Vorschlag nicht von der Schule, reagierte das Schul-Kollegium meist ablehnend oder neutral, sehr selten zustimmend.

---

163 Siehe auch: Nicholas Colangelo, Susan G. Assouline, and Miraca Gross, *A Nation Deceived: How Schools Hold Back America's Brightest Students*, The Templeton National Report on Acceleration, 2 volumes, IRPA (institute of Reseach an Policy of Acceleration) 2004. (Erhältlich auch auf Deutsch und Französisch). Siehe auch: www.nationdeceived.org.

164 Siehe Fussnote 168.

165 Annette Heinbokel, *Erfahrungen von Überspringern 1980–2003*, noch nicht publiziert.

Der Hauptgrund eine Akzelerationsvorschlages war, wie zu erwarten, Unterforderung und Langeweile des Kindes in der Schule, was insbesondere von weit mehr als vier Fünfteln der betroffenen Kinder ins Feld geführt wurde. Doch meist gab es zusätzliche Motive, zuvorderst

„führte die schulische Situation bei mehr als einem Drittel der Kinder und bei Jungen und Mädchen gleich häufig (. . .) zu Verhaltensstörungen, die sich sowohl in Form von „echten" oder eingebildeten Krankheiten, Rückzug und Depressionen als auch in aggressivem Verhalten gegenüber anderen oder sich selbst, in Verweigerung von Leistung und Verweigerung des Schulbesuchs insgesamt äußerten."

Das Bundesministerium der BRD für Bildung und Forschung („BMBF") fasst die Ergebnisse der pädagogischen Forschung entsprechend wie folgt zusammen[166]: „Die Erfahrung lehrt, dass eine dauerhafte schulische Unterforderung bei begabten Schüler/innen zu vielfältigen langfristigen negativen Konsequenzen führen kann, darunter zu Einbrüchen in der Motivation und zum Absinken des Selbstwertgefühls. Die Erfahrung zeigt ebenso, dass Schüler/innen bei adäquater Leistungsanforderung „richtiggehend aufblühen"" („Begabte Kinder finden und fördern").[167]

„Die wichtigsten Bedenken vor dem Überspringen betrafen allerdings keineswegs die Frage, ob die Mädchen und Jungen mit dem Stoff zurechtkommen, sondern ob sie ihre alten Freunde/Freundinnen behalten oder in der höheren Klasse neue finden würden" (Heinbokel).

Da die Akzelerierten zu der neuen Klassenumgebung im Hinblick auf die schulische Performance „passten", kamen die erhofften neuen Freundschaften in der Regel rasch zustande. Schlussfolgerungen der Studie:

„Die Mehrzahl der Mädchen und Jungen empfand die Anforderungen nach

---

166 Herausgeber: BMBF (Bundesministerium [der BRD] für Bildung und Forschung), *Begabte Kinder finden und fördern*, Bertelmanns Verlag, Bielefeld 2010.

167 Kurze Zusammenfassung von *A Nation Deceived*: „Fast Learners Benefit From Skipping Grades, Report Concludes", The Washington Post, July 26, 2008.

dem Überspringen als angemessen. ... Dazu kommt ein Drittel der Kinder, die die Anforderungen direkt oder sehr kurz danach immer noch als zu gering empfanden. Werden alle Fragebögen (1917–1987) zusammengefasst, so antworteten 89% der Frauen und 80% der Männer, dass sie unter denselben Umständen wieder überspringen würden“ (Heinbokel).

Nicht jedes hochbegabte Kind eignet sich für Akzelerationen; zur Intelligenz müssen vielfältige, den Erfolg entscheidend beeinflussende, Charaktereigenschaften hinzutreten, darunter eine gewisse Stress-Resistenz. Der Erfolg im Labyrinth des Bildungssystems hängt zudem von vielen externen Umständen ab, deren wichtigste wohl sind:

- Das soziale Umfeld des Kindes muss stimmen.
- Eltern und Schule müssen an demselben Strang ziehen.
- Das Kind muss aus eigenem Antrieb mitmachen.
- Die Massnahme muss präzise auf Talent und Interesse des Kindes abgestimmt sein.
- Das Kind muss in der neuen Klasse willkommen sein.
- Es muss nach der Akzeleration intellektuell und emotional begleitet werden.

Ein Jahr nach Schuleintritt befand Maximilian sich in der vierten Klasse, doch die Akzelerations-Diskussion war nicht beendet. Wir Eltern von Maximilian sahen uns im Rahmen des Bildungssystems weiterhin in der Rolle der Bittsteller, doch immerhin häufig mit Erfolg, wie die folgenden Kapitel zeigen.

Um die Lücken in Englisch und Mathematik, und auch im „Schreiben“, zu schliessen, gaben wir Eltern aus naheliegenden Gründen Heimunterricht in beiden Fächern. Nach wenigen Wochen erreichte Maximilian das Niveau der 6. Klasse. Wir Eltern stellten daher den Antrag, Maximilian am Ende seines zweiten Schuljahres in die 6. Klasse zu versetzen. Wir erhielten erneuten Rückenwind von dem Chef des Psychologischen Dienstes, denn Maximilian war zuvor von diesem Dienst zweimal getestet worden.

Nichts geschah.

Wir Eltern sahen uns veranlasst, zumindest den privaten Mathematik-Unterricht zu Hause während seines zweiten Schuljahres mangels Unterstützung durch das Bildungssystem im Sinne des „Enrichments" fortzusetzen. Maximilian lernte rasch die Mathematik der ersten vier Gymnasialjahre kennen: Erstes Zeichen seines mathematischen Talentes. Der Mathematik-Kurs wurde dann während seines dritten (und letzten Jahres) in der Primarschule mit den Themen der gymnasialen Oberstufe (Analysis, Vektorgeometrie) weitergeführt. Nach drei Schuljahren hätte er mühelos die Abiturprüfung bestehen können.

1.3 Die integrative Förderung

Schweizer Schulen werden durch das Instrument der „Integrativen Förderung" („IF") unterstützt, das u.a. darin besteht, durch Einzelunterricht diejenigen Schüler/innen zu fördern, die sich (positiv oder negativ) vom Durchschnitt abheben oder in sonstiger Weise „auffällig" sind. Es ist einfach, eine solche Massnahme zu dekretieren; man muss sich jedoch darüber im Klaren sein, dass hierdurch noch kein einziger geeigneter Betreuer / keine einzige geeignete Betreuerin ausgebildet ist. Es fehlt vielfach noch das fachkundige Personal. Die integrative Förderung hat daher im Falle Maximilians keinen Beitrag leisten können.

Speziell ist zu vermerken, dass die regionale Hochbegabtenförderung teilweise als limitiert angesehen werden muss. So listet die Dienststelle Volksschulbildung des Kantons Luzern unter der Überschrift „Möglichkeiten der Förderung" 11 Anregungen zur *„Binnendifferenzierung"* bzw. zum *„Grouping"* innerhalb der Klasse bzw. Schule auf[168], von denen sich *keine einzige realisieren lässt*, nicht an Maximilians Primarschule in Meierskappel und möglicherweise auch in keiner der Nachbarschulen. Zu diesem Thema bemerkte die Kindergarten-Chefin unserer Gemeinde: „Eines sollte uns allen klar sein: Die Schule hat keinerlei Ressourcen" [zur Förderung Maximilians]. Kurz gefasst: Angebote des Enrichments bzw. der Förderung gibt es an seiner Schule nicht.

---

168 Dienststelle Volksschulbildung des Kantons Luzern, *Begabte Kinder an unseren Volksschulen*, Kap. „Zusammenfassung zum Enrichment".

Kein Wunder, dass die IF-Verantwortliche des letzten Primarschul-Jahres von Maximilian in einer Stellungnahme zu unserem Versetzungs-Antrag schrieb: „Seine freie Kapazität könnte Maximilian in seine ganzheitliche Entwicklung lenken. .... Die individuelle Förderung von Maximilian sehen wir in einer Entspannung und in den Freiräumen ... für seine ganzheitliche Förderung." Wer fördert „ganzheitlich"? Wer fördert überhaupt? Die Argumentation lässt deutlich erkennen, *dass Maximilian gut beraten ist, sich selber zu fördern.* Letztlich lief es darauf hinaus, dass wir, seine Eltern, die Förderung in die eigene Hand nahmen. Der Sch ule fehlen einfach die Mittel wie die Kompetenz zu einer adäquaten Förderung. Dies kann der Schule gewiss nicht zum Vorwurf gemacht werden. Die IF jedenfalls erwies sich eher als Bremse. Je weiter das Talent eines Kindes vom Mainstream entfernt ist, desto schwerer fällt es dem Schulsystem aus verständlichen Gründen, ein adäquates Angebot zu machen.

Natürlich gibt es Fälle ungewöhnlicher Hochbegabung immer wieder: Frau Dr. Heinbokel listete in ihrer Präsentation einige näher untersuchte Jugendliche auf, z.B. Ruth Lawrence, die mit 9 Jahren das englische Abitur und zwei Jahre darauf die Aufnahmeprüfung für das St Hugh's College (Oxford) als Beste von 530 Prüflingen bestand. (Sie ist heute Mathematik-Professorin in Israel.) Doch ist es unwahrscheinlich, dass die mit Maximilian befassten LehrerInnen und Psychologen/Psychologinnen bereits anhand eines solchen Falls Erfahrung sammeln konnten.

Auch die Hochbegabung verlangt eine spezielle pädagogische Kenntnis; das hochbegabte Kind passt nicht in den Rahmen der „Alltagserfahrung", und weil es nicht hineinpasst, *verwandelt sich die Alltagserfahrung* häufig *in eine Waffe zur Diskreditierung der Hochbegabtenförderung (nicht der Hochbegabten), getreu der Haltung: „Die kommen ohnehin zurecht!"*

Also, die IF äusserte sich negativ zu unserem Antrag auf weitere Akzeleration. Wir setzten uns zur Wehr:

„Die Beteiligten, auch wir Eltern, können kaum auf einschlägige Erfahrungen zurückgreifen. Um im speziellen Fall von Maximilian etwas genauer zu argumentieren, möchten wir den Begriff der „Erfahrungspädagogik" verwenden, einer Beurteilung und Erziehung von Kindern aufgrund der ei-

genen Erfahrungen. Im Hinblick auf sehr selten auftretende Eigenheiten eines begabten Kindes hilft dieser Zugang nicht weiter: Die Beteiligten können eben keine entsprechende Erfahrung ins Feld führen. Unserer Ansicht nach kann dieses unvermeidliche Erfahrungs-Defizit nur dadurch ausgeglichen werden, dass die Expertise derjenigen eingeholt wird, die sich professionell mit Begabungsfragen befassen.
Maximilian weist eine Sonderbegabung in Mathematik auf. Wir Eltern sehen, dass seiner Begabung im institutionellen Rahmen kaum entsprochen werden kann. Wir haben das Notwendige in die eigenen Hände genommen."

Was Maximilian betrifft, so war er, was seine schulische Leistungsfähigkeit angeht, nach zwei Schuljahren nämlich *erneut in der falschen Klasse* (der fünften). Der Psychologische Dienst steuerte hierzu folgendes Ergebnis bei, die Schlussfolgerung aus einem HAWIK IV IQ-Test. (Unseres Erachtens lässt sich der IQ eines Kindes jedoch schwerlich ermitteln; der HAWIK-Test scheint jedoch die Schuleignung feststellen zu können):

Was die Schulreife von Maximilian betrifft, so sei er seinen Altersgenossen – wie auch vor eineinhalb Jahren – weit voraus. Seine schulische Leistungsfähigkeit sei, leicht vereinfachend zusammengefasst, eher diejenige eines Dreizehn- bis Vierzehn-jährigen (Zusammenfassung von uns Eltern)[169].

Wir Eltern beantragten schliesslich ein Round Table „zur schulischen Perspektive unsere Sohnes". Zerlegt man „Begabung" in „Talent" und „Performance" (d.h. die Manifestation des Talentes), so ist gewiss nicht zwingend, dass beides übereinstimmt. Was niemanden überrascht: Das intellektuelle Potential und die Schulleistung eines Kindes korrelieren nur bedingt:

„In unserer Gesellschaft gilt: Begabter als die Norm soll sein, wer *zu genormten Konditionen grössere Erfolge erzielt.* Doch das trifft eher auf schnell denkende Normalbegabte zu. Hochbegabung ist im Gegensatz dazu aber gerade *die Abweichung von der Norm.* In der Fähigkeit, ganz andere Dinge auf ganz anderen Wegen zu erreichen und Sachverhalte zu begreifen, die für andere unverstehbar sind, liegt die Stärke der Hochbe-

[169] Maximilian war acht Jahre alt.

gabten. Die erfolgreichsten Schülerinnen und Schüler haben einen IQ um 100, denn der Unterricht wird auf diese Kinder ausgerichtet."[170]

Doch im Falle Maximilians konnten wir Eltern uns freuen, dass er den getesteten Schulreife-Vorsprung in entsprechende Schulleistung umsetzen konnte. Dennoch eine kalte Dusche: Bereits vor der beantragten Sitzung teilten die Vertreter der Schule in 16 Argumenten mit, dass sie „das Überspringen in die 6. Klasse nicht gutheissen können".

Das Ergebnis des Psychologischen Dienstes wurde in der von uns beantragten Sitzung auch gar nicht zur Kenntnis genommen. Der Sachverstand der Psychologen wie die Ergebnisse der pädagogischen Forschung wurden, in der Tat in bester Absicht, durch fürsorgliche Ratschläge ersetzt: „Eine einseitige Förderung nur in der naturwissenschaftlichen Richtung würde Maximilian nicht gerecht."

Wir Eltern glaubten nicht, dass seine Versetzung in die nächsthöhere Klasse seine naturwissenschaftliche Einseitigkeit verstärkt. Denn Maximilian war in allen Fächern auf vergleichbarem Niveau. Die Ansicht, naturwissenschaftlich talentierte Kinder/Jugendliche seien „einseitig", scheint weiterhin weitverbreitet.

Die Versetzung wurde, wie zu erwarten, abgelehnt. Die Begründung bestand aus (jetzt nur noch) 13 Argumenten, von denen sich nur ein einziges mit Maximilian selber befasste. Der „Leidensdruck" sei nicht ersichtlich. Unserer, der Eltern, Auffassung nach hat die Schule jedoch die Pflicht, auch ohne Leidensdruck für ein „Appropriate Development Placement" zu sorgen.

Eine einzelne Erfahrung wie die unsere hat wenig Beweiskraft. Maximilian weist andererseits in seiner Biografie zu Recht darauf hin, dass der IQ wie die Schuleignung in der Nähe des Mittelwertes annähernd symmetrisch verteilt ist: Es sollten so viele Kinder und Jugendliche Klassen überspringen wie Klassen wiederholen (Kapitel 2).

---

[170] Frau Meienberg, *Zusammenfassung des Standardwerkes von James Webb zur Hochbegabtenförderung*, Beitrag zum Kolloquium vom Jan. 2012 (siehe unten). Zur Veröffentlichung von James Webb siehe Fussnote 171.

Maximilian wurde am Schuljahresende also regulär in die 5. Klasse aufgenommen, entgegen unseres, der Eltern, Antrages. Denn wir Eltern hatten eine andere Auffassung: Wir hatten uns entschieden, *seine Stärken zu stärken*, gegebenenfalls auch zuungunsten der Breite seiner Allgemeinbildung. Wir wussten jetzt, mit welchen Argumenten gegen unsere Entscheidung wir künftig zu rechnen hatten:

Beispiele: „Er [Maximilian] sollte nun ein Schuljahr haben, indem er ohne Druck ist und nicht zusätzlichen Lernstoff nacharbeiten muss, stattdessen andere individuelle Förderungen erhalten kann." [Welche? Von wem?] ... „In M&U würde er viele Themen verpassen. In Handarbeit, Turnen, Singen, bildnerischem Gestalten ebenfalls. Das liesse sich garnicht nachholen." [Lernt er in der höheren Klasse weniger?] ... „Nochmals ein Überspringen einer Klasse gibt eine Unruhe."

1.4 Akzeleration und soziale Integration

Akzeleration: Der intellektuelle Aspekt ist zu Recht nur einer von mehreren; daher die anhaltende Diskussion, bisweilen ideologisch eingefärbt. Sie beschäftigt sich vornehmlich mit emotionalen bzw. psychologischen Fragen, häufig unter dem Stichwort der „ganzheitlichen Entwicklung", sowie mit gruppendynamischen wie der „sozialen Integration": „Der Altersunterschied und die Interessen der Pubertierenden 12-jährigen [in der 6. Klasse] sind zu verschieden von einem achtjährigen Jungen." Im Ergebnis läuft eine solche, leider häufig auf „Dafürhalten" beruhende Diskussion jedoch, natürlich immer „zugunsten des Kindes" geführt, darauf hinaus, dass Nichts geschieht.

Glaubt man den Testergebnissen des Psychologischen Dienstes, so weist vielleicht nur wenige Kinder eine ähnliche (Schul-)Begabung wie Maximilian auf. (Das mathematische Talent wurde nicht getestet.) Weder wir Eltern noch die Lehrer/innen konnten demgemäss auf gesicherte Vorerfahrung zurückgreifen. Alle Beteiligten bewegten sich, wie geschrieben, mehr oder minder auf unbekanntem Terrain. Wir entschlossen uns daher nach der Ablehnung unseres

Antrages vorsorglich eine Wissenschaftlerin mit Forschungsschwerpunkt „Akzeleration“, eben Frau Dr. Heinbokel, zu einem Kolloquium mit den Lehrern/innen der Primarschule einzuladen. Hier der Originalton der Wissenschaftlerin zur emotionalen und sozialen Fragestellung:

„Manchmal sind hochbegabte Kinder einerseits im Unterricht unterfordert, andererseits finden sie keine engen Beziehungen zu ihren Mitschülern. D.h. sie haben zwei Probleme: Langeweile und keine Freunde. Die Erwachsenen können dazu beitragen, dass die Kinder rücksichtsvoll miteinander umgehen, einander respektieren, aber sie können kaum etwas dazu tun, dass sie sich mögen oder sogar Freundschaft schließen. Hochbegabte haben manchmal das Problem, dass sie mit Gleichaltrigen oder nur wenig älteren keine Interessen teilen und deshalb auch nur sehr schwer oder gar nicht Freundschaft schließen können.
Wenn Kinder eine oder auch mehr Klassen überspringen, gilt das gleiche wie oben: Respektvoller Umgang kann eingefordert werden. Aber es gibt wieder keine Garantie, dass sie unter den Älteren Freunde finden, allerdings ist die Chance wesentlich größer, weil sie eher Interessen teilen. Wenn allerdings die schulischen Anforderungen besser stimmen, dann haben sie nur noch ein Problem, das der sozialen Beziehungen.
Es ist nicht leicht, Kinder, die hochbegabt sind, problemlos durch die Kindheit und die Pubertät zu bringen, da biologisches Alter, intellektuelle, emotionale und körperliche Entwicklung während dieser Zeit weit auseinander klaffen können. Je höher die Begabung, umso weiter gehen diese Bereiche auseinander. Dann kann nur versucht werden herauszufinden, wo bzw. wie die Erwachsenen dem Kind am besten helfen können, und in welchem Bereich sie kompensieren müssen.“

Die Wissenschaftlerin spricht hier die „Isolation“ des begabten Kindes (speziell im Fall der Akzeleration (wegen ständig „neuer“ Klassen usw.)) an. In der Tat hat Maximilian bis heute fünfmal die Klasse gewechselt, mit schwerlich vermeidbaren Folgen. Doch wir Eltern hatten kaum eine Wahl.

Wir Eltern vermuten im Übrigen, dass sich begabte Kinder nicht nur erheblich langweilen, *sondern auch die Geringschätzung spüren, die ihnen der Lehrplan entgegenbringt.* Der zuletzt beantragte Dispens vom Mathematik-Unterricht wie vom Französisch-Unterricht (nicht genehmigt) hatte als Nebenziel, das Gefühl der Geringschätzung bei Maximilian zu mindern.

Das häufig angeführte Isolations-Argument ist im Übrigen etwas ambivalent. Natürlich ist das Risiko der Isolation umso grösser, je mehr sich ein Kind infolge seines Talentes von dem Durchschnitt entfernt. Maximilian ist jedoch alles andere als isoliert; *er findet seine sozialen Beziehungen nur nicht im Rahmen der Schule.* Maximilian nutzt wie alle Kinder ausgewählte Angebote seiner Umgebung. Er hat sich z.B. entschieden, bei den Tambouren in Küssnacht und dem Judo-Club in Cham mitzumachen.

Letztlich hat er jedoch andere Themen und auch andere Vorlieben als die meisten seiner Klassenkameraden. Er schreibt ständig Computer-Programme, doch auf dem Fussball-Platz ist er nicht zu finden. Zur abendlichen Mathematik-Runde erscheint er freiwillig. Mindestens einmal im Monat kommt er mit dem Vorschlag, die naturwissenschaftlichen Abteilungen des Verkehrshauses oder das Technorama Winterthur zu besuchen. Wir glauben kaum, dass er viel Interesse bei seinen Schulkameraden findet, wenn er über die aktuellen Vorführungen des Planetariums berichtet.

Maximilians Themen werden aller Voraussicht nach andere bleiben als die seiner Klassenkamerad(en)/innen. James Webb, einer der Väter der amerikanischen Hochbegabten-Forschung, formuliert dieses nicht gerade seltene Phänomen wie folgt[171]: „[Hochbegabte Kinder] können nicht recht begreifen, warum andere nicht in demselben Masse wie sie von Dinosauriern oder Violinen oder Quarks fasziniert sind.“

Dieses Desinteresse der Gleichaltrigen (bzw. nur wenige Jahre Älteren) an „Maximilians Welt“ muss er letztlich hinnehmen. Auch umgekehrt ist sein Interesse an ihren Themen begrenzt. Wir Eltern haben uns zu einem pragmatischen Standpunkt durchgerungen: Wie auch immer die emotionale und soziale Situation Maximilians einzuschätzen ist, sie war und wird immer die gleiche bleiben,

[171] James T. Webb et alt., *Hochbegabte Kinder – Ihre Eltern, ihre Lehrer*, Verlag Hans Huber, Bern, 3.Auflage 2007. Englische Originalausgabe: James T. Webb et alt., *Guiding the Gifted Child: A Practical Source for Parents and Teachers*, Great Potential Press, Tucson 1989.

ob Kindergarten, Akzeleration, Talentschule, Gymnasium. Die Frage lautet unseres Erachtens eher: Stört sein altersbedingter, körperlicher wie psychischer, Entwicklungsrückstand denn seine Klasse, stört er umgekehrt Maximilian? Wir Eltern glauben, diese Frage verneinen zu können. Der Altersabstand von Maximilian gegenüber den anderen Kindern seiner Klasse ist inzwischen so gross, und mithin auch der körperliche und psychische Abstand, dass weder die Klasse sich provoziert noch Maximilian sich gemobbt fühlen.

Die Schlussfolgerung: Maximilian ist und bleibt im Rahmen der Schule ein Einzelkind, an dessen Situation sich weder durch seine Begabung noch durch seine Hochstufung Wesentliches ändert. Die „Rückstände im emotionalen und sozialen Bereich gegenüber anderen Kindern in der Klasse“ (IF-Zitat), also Kindern, die in der Regel drei bis vier Jahre älter sind, werden sich nicht vollständig aufholen lassen, und unsere Haltung ist, dass es auch nicht unbedingt wünschenswert ist, seine emotionale und soziale Entwicklung zu beschleunigen.

Die Rolle als partieller Aussenseiter mag geradezu typisch sein für begabte Kinder. Doch Maximilian ist trotz seiner Aussenseiter-Rolle guten Mutes.

„Maximilian stand weinend am Rand des Schulhofs.“

Natürlich konnte er dem Mobbing durch Mitschüler/innen nicht entgehen, was unseres Erachtens jedoch kein Begleitphänomen der Akzeleration war, sondern ein Vorgang, der sich tagtäglich an allen Schulen auch unter „ganz normalen“ Umständen ereignen dürfte. Ein Beleg hierfür ist, dass sich dieses Problem sich bei jedem Übertritt in eine höhere Klasse *erheblich* gebessert hat: Je weiter die kognitive Entwicklung der Kinder/Jugendlichen ist, mit denen Maximilian zu tun hat, desto grösser ist seine Chance, von ihnen akzeptiert zu werden.

Unsere Auffassung: *Lassen wir ihn einfach das machen, was er gerne tut.* Und lassen wir ihn Beziehungen zu denen entwickeln, die seine Anliegen verstehen und seine Interessen teilen. Gerne nehmen wir in Kauf, dass sein Verhalten und das seiner Umwelt zu ihm nicht unbedingt den Leitvorstellungen der Pädagogik entsprechen.

2. Die ersten beiden Gymnasialjahre

„Die erste Realität der Bildung ist nicht das System, sondern die eigene Biografie.“
(Der Rektor des Gymnasiums Immensee.)

2.1 Der Übertritt ins Gymnasium

Wie zu erwarten, öffnete sich die Schere zwischen Maximilian und den Schülern/Schülerinnen seiner (fünften) Klasse mehr und mehr. Wir Eltern liefen erneut der Entwicklung hinterher. Es gilt meines Erachtens, zwei Aspekte zu unterscheiden:

1. Seine Begabung *im Sinne des Schuleignung-Tests*, die darauf hinausläuft, dass er den Rückstand infolge schulischer Hochstufung binnen weniger Wochen aufholen kann. Es gibt unzählige Kinder derselben oder noch besserer Eignung, vermutlich Hunderte allein in unserem Kanton (Luzern).
2. Seine *mathematische* Begabung; sie ist wohl sehr viel seltener. Es würde Maximilian und uns Eltern freuen, wenn sich *ein* weiteres Kind mit vergleichbarem mathematischen Talent in erreichbarer Entfernung finden liesse, zur Teilnahme an seinem Förderprogramm.

Die Massnahmen aufgrund des *zweiten Aspektes* liegen auf der Hand: Wir geben unseren *eigenen* Mathematik-Unterricht, alternativ zu den schulischen Mathematikstunden. Der Vorschlag der Primarschule, Maximilian solle eine (in der Regel ganztägige) Talentschule besuchen, hätte diese Förderung unterbrochen oder sogar beendet.
Bezüglich des *ersten* Aspektes machte sich bei der Schule Maximilians wie bei uns Eltern Unsicherheit breit. Maximilian sollte unserer Auffassung

nach möglichst bereits in einigen Jahren an einer mathematischen oder physikalischen Fakultät studieren können. Viele begabte Mathematiker haben mit 16 oder 17 oder 18 Jahren ihren Master absolviert, sogar an Universitäten wie Oxford oder Cambridge bzw. Harvard oder Princeton. „Ein Mathematiker kann nur in seiner Jugend kreativ sein; kommt er zu spät, wird er nie die Freude einer wichtigen Entdeckung erleben“ (Godfrey Harold Hardy, einflussreichster Zahlentheoretiker des letzten Jahrhunderts).

Leider haben die Entscheidungen zum *ersten* Aspekt, die ja keineswegs auf der Hand liegen, unmittelbare Auswirkungen auf den *zweiten*: Die universitäre Zulassung in der Schweiz setzt nämlich die Matura oder einen äquivalenten Abschluss voraus. Wir Eltern sahen uns selber in einem zeitlich begründeten Zugzwang, fassten uns aber kein Herz.

Schliesslich ergriff der Klassenlehrer die Initiative. Auszug aus einem Brief des Lehrers an das Kollegium der Schule:

„Maximilian J. besucht bei mir seit August 2011 die 5. Klasse. Wie Ihnen allen bekannt, wurde er in seiner bisherigen Schullaufbahn dreimal in eine höhere Klasse versetzt. Nach einem halben Schuljahr bei mir in der 5. Klasse ist nun Fakt, dass Maximilian zwar mehr gefordert wird, jedoch bereits wieder Klassenbester ist. Aus diesem Grund wurde vor rund zwei Monaten zwischen Schulleitung, Eltern und Klassenlehrperson das weitere mögliche Vorgehen diskutiert und Abklärungen getroffen. Die favorisierte Lösung der Eltern ist dabei ein Wechsel Maximilians an das Gymnasium Immensee nach der 5. Klasse. ... [Es ist] nötig, einen „Runden Tisch“ einzuberufen, um gemeinsam zu einer Lösung zu kommen.“

Das Round Table mit der Rektorin der Schule, Rektor und Prorektor des Gymnasiums Immensee, den Lehrern/Lehrerinnen von Maximilian, uns, Maximilians Eltern, Maximilian selber sowie den Vertretern des kantonalen Psychologischen Dienstes fand im März 2012 statt. Die Diskussion wurde von der Rektorin der Primarschule und dem Klassenlehrer Maximilians dominiert; sie sprachen sich für seinen *vorzeitigen Eintritt ins Gymnasium* aus.

Rektor und Prorektor des aufnehmenden Gymnasiums sowie die Vertreter des psychologischen Dienstes zeigten sich zwar weniger überzeugt. Nicht zuletzt wegen der Zusicherung der Rektorin der

Primarschule, Maximilian bei ungenügender Performance „zurückzunehmen“, wurde Maximilian in das „Untergymnasium“ (Klasse 7) aufgenommen.

Maximilian geriet angesichts der neuen Perspektiven in Hochstimmung (Kapitel 10).

2.2 Erste Erfahrungen am Gymnasium

Er erwies sich im Gymnasium von Anfang an als guter Schüler. Sein Notendurchschnitt liegt (bis heute) konstant bei „fünf“ („6“ ist in der Schweiz die beste Note), in den vier „Kernfächern“ Deutsch, Mathematik, Englisch, Französisch darüber. *Fazit:* Unserer Auffassung nach ist er in der für ihn geeigneten Schulstufe gelandet, nicht unter- und nicht überfordert, und er ist unserer Beobachtung nach auch von seiner Klasse akzeptiert, trotz der vielen Sondererlaubnisse, die wegen seines Alters wie wegen der Mathematik-Förderung von uns Eltern erbeten werden. Maximilian wie wir, seine Eltern, hatten eben auch Glück gehabt.

„Was zum Gelingen beiträgt“

Dr. Heinbokel vermerkt in der erwähnten Langzeitstudie unter der hier genannten Überschrift: „[Am häufigsten] werden [zum Gelingen einer Akzeleration] die aufnehmenden Lehrkräfte genannt: Sie sind von zentraler Bedeutung für einen guten Anfang in der neuen Klasse und für ein positives Klassenklima, in dem sich junge Menschen mit unterschiedlichen Fähigkeiten und Bedürfnissen akzeptiert fühlen.“

Dies entspricht der „Meta-Meta“-Analyse von Hattie[172]. John Hattie, Direktor des *Melbourne Education Research Institute*, fasste mehr als 800 Meta-Analysen, basierend auf mehr als 52’000 Einzelstudien, zu Faktoren des Lernerfolgs von Schülern und Schülerinnen in einer Übersicht zusammen. Seine Auswertung konnte daher indirekt auf Stichproben von 240 Millionen Schüler/innen zugreifen. Das

---

172 John A. Hattie, *Visible Learning*, Routledge, London, New York 2009. Deutsche Ausgabe: *Lernen sichtbar gemacht*, Schneider Verlag Hohengehren, Baltmannsweiler 2013.

zentrale Ergebnis, wenig überraschend: Lernerfolg basiert unter den von ihm unterschiedenen 138 Einflussfaktoren zum grossen Teil auf der Qualität der Lehrkraft[173].

Das Gymnasium erfüllte unsere Hoffnungen. Es zeigte sich als ungewöhnlich aufgeschlossen, was die Besonderheiten eines Neunjährigen betraf, z.B. sein ausgeprägtes Heimweh: Er durfte mittags nach Hause, wiewohl das Gymnasium eine Tagesschule ist. Letztlich konnten wir mit Erfolg all das einfordern, was wir für seine Förderung als erforderlich hielten. Die Klassenlehrerin wie der Prorektor des Untergymnasiums kamen Maximilian und uns mit aussergewöhnlichem Verständnis entgegen und trugen wie auch andere Lehrer entscheidend zu seinem Schulerfolg und zu seiner (naturgemäss nicht vollständigen) sozialen Integration bei. Wie schon zuvor, *erwiesen sich die beteiligten Lehrer/innen viel flexibler als das schulische System.*

Es gab wohl auch die üblichen weniger verständnisvollen Kommentare („Was hat denn der Kleine hier zu suchen. Wir sind doch nicht im Kindergarten!“ [Bemerkung eines Lehrers]) Sie irritierten Maximilian nicht. Natürlich konnten nicht alle seine Hoffnungen eingelöst werden. Seine Teilnahme am Mathematik-Unterricht der gymnasialen Oberstufe hielt nicht lange an; sie sei seiner Meinung nach nicht erforderlich. Der Kurs in „Astrophysik und Kosmochemie“ fand ohne ihn statt. Die Immersion (Unterricht in verschiedenen Fächern

---

[173] Unter den sechs Faktorengruppen Familie, Schüler/in, Schule, Lehrer/in, Unterricht und „Inhalte“ kommt dem Lehrer / der Lehrerin die höchste „Effektstärke“ zu. Die *Effektstärke* misst den quantitativen Zusammenhang zwischen zwei Variablen, z.B. Lernerfolg und Schulstruktur. Es werden in diesem Beispiel die Mittelwerte des Lernfortschritts an zwei Schultypen verglichen, standardisiert am Mittelwert der beiden zugehörigen Standardabweichungen. Eine Effektstärke von 1 entspricht der Verbesserung um eine Standardabweichung. Der Lernfortschritt in einem Schuljahr entspricht einer Effektstärke von 0,3 bis 0,5. Die Faktorengruppe „Lehrer/in“ weist eine Effektstärke von 0,46 auf. In Worten: Der Lernfortschritt beim Vergleich von guten bzw. weniger guten Lehrern/innen bewegt sich in der Grössenordnung von einem bis eineinhalb Schuljahren. Bei begabten Kindern weist die Akzeleration die kaum glaubliche Effektstärke von 0,8 auf.

auf Englisch) gibt es erst ab der dritten Klasse der Schule (d.h. ab der neunten, gerechnet ab der ersten Primarschulstufe).

Die zeitlichen Anforderungen der Schule erwischten ihn, im Hinblick auf sein Alter, kalt. Die Schule begann um 8:05 Uhr und endete um 17:35 Uhr. Maximilian machte eine kleine Rechnung auf:

- Abfahrt zur Schule: 7:45 Uhr
- Rückkehr von der Schule: 18:00 Uhr
- Zusammen ergeben sich (abzüglich der Mittagspause) etwas weniger als neun Stunden.
- Hausaufgaben: eine halbe bis eine Stunde.
- Vorbereitung der Tests (Anzahl: bis zu 90 pro Jahr, d.h. durchschnittlich zwei pro Schulwoche): eine bis eineinhalb Stunden.

Zusammen einen zeitlichen Aufwand von ca. 10 Stunden pro Tag. Maximilian: „Wo bleibt die Zeit für die Mathematik?“

Maximilian sah sich unverhofft in einer schwierigen Situation. *Zeit ist für ihn bis heute vielleicht das einzige, an dem es ihm mangelt.* Wir Eltern appellierten an den Rektor des Gymnasiums, nach Wegen zur Minderung seines Zeitproblems zu suchen. Unser Hauptargument war, dass einem Neunjährigen der genannte Tagesablauf schwerlich zugemutet werden könne. Der Mathematik-Unterricht und das nachmittägliche „Studium“ wurden gestrichen.

Der Kanton Zürich beispielweise möchte die Primarschulen zu Tagesschulen machen, u.a. wohl auch, um nachmittägliche Betreuungsmassnahmen einzusparen. Der Wunsch Maximilians um Reduktion des schulischenZeitaufwandes sind ein Beleg dafür, dass die Präsenz der Schüler/innen in den Tagesschulen rund um die Uhr keinesfalls obligatorisch sein sollte.

Trotz des Verständnisses der Schule erwiesen sich einige wenige „Notmassnahmen“ als unumgänglich: Der Heimunterricht wurde ausgeweitet, retrospektiv den Stoff der 6. Klasse betreffend und prospektiv diejenigen Fächer entlastend, die vor langer Zeit als „Nebenfächer“ galten.

(Diese sind längst ebenso „versetzungsrelevant“ wie die „Kernfächer“, was wenig erwünschte Taktiken der Schüler/innen provoziert. Die Regelung lädt zu Bulimie-artigem Auswendiglernen ein.)

Die „Beschulung" unseres Sohnes entwickelte sich unversehens zu einem *Familien-Unternehmen*, ganz gegen unsere Intention als Eltern. Überspitzt formuliert: „Früher" waren Kinder einfach „da", heute benötigen sie u. a. Schul-verursacht ständige Teilnahme und Unterstützung. Ihre Betreuung, jedenfalls soweit sie Gymnasiasten/Gymnasiastinnen sind, erfordert beinahe den Aufwand einer Halbzeitstelle. Die uns Erwachsenen allzu gut bekannte „Zeitnot" trifft jetzt auch die Kinder; ein Teil dieser zeitlichen Anforderung wird zwangsläufig an die Eltern weitergegeben. Die Kinder sind ganztägig „schulbefasst". Die Dominanz der schulischen Ansprüche schliesst Treffs mit Gleichaltrigen und nichtschulische Aktivitäten während der Schultage meist aus. Dagegen werden die Eltern mit eingespannt, um das von der Schule erwartete alltägliche Pensum noch vor dem Abendessen erledigen zu können. Im Film *Alphabet* (Absatz 3.5), den Maximilian zur Illustration seiner Zeitnot verwendet (Kapitel 11), fordert die Schülerin Yakamoz Karakurt „mehr Zeit für ein eigenes Leben außerhalb der Schule"[174].

Die Entscheidung, das eigene Kind akzelerieren zu lassen, ist für die Eltern nicht immer einfach. Einen Rat können wir aber mit Bestimmtheit geben: Wenn schon Akzeleration, dann in den ersten Schuljahren. Bei weiterführenden Schulen haben die Kinder, wie geschrieben, alle Hände voll zu tun, und die Möglichkeiten, den Stoff eines Jahrganges nachzuholen, sind erheblich eingeschränkt. Frau Dr. Heinbokel konstatiert entsprechend in der erwähnten Langzeitstudie: „Das Überspringen fand überwiegend während der Grundschulzeit statt (w 53% / m 65%)."

2.3 Die Matura

Ich möchte mit einer Bemerkung aus der Abschiedsrede von Steve Jobs im Stadion der Stanford University beginnen: „Ich hatte Glück – ich habe schon früh herausgefunden, was ich gerne machen wollte. ... Wirklich erfüllt ist man nur, ... , wenn man seine Arbeit liebt. *Arrangieren Sie Sich nicht.*"

[174] Siehe auch: Yakamoz Karakurt, *Mein Kopf ist voll*, DIE ZEIT 34/2011.

Maximilian hat dieses Glück. Seine Vorlieben liegen fest: Es sind Mathematik und Informatik. Unsere Aufgabe als Eltern sahen wir
– darin, die Förderung Maximilians fortzusetzen,
– aber auch darin, uns nicht zu „arrangieren".
In den Worten des Rektors und Philosophie-Lehrers Maximilians: *„Wer nicht vom Wege abkommt, bleibt auf der Strecke."* Maximilian hatte den Mut, sich auf eine Unterrichtung weitab von dem schulischen Mainstream einzulassen.

Wir Eltern beantragten nach Diskussion mit Maximilian, dass er an der Matura in Mathematik teilnehmen dürfe, unter denselben Bedingungen, wie sie für alle Maturanden/ Maturandinnen gelten. Und in der Tat erhielt er im April 2013 – inzwischen neun Jahre alt – von der Schule hierzu die Erlaubnis.
Die Matura in Mathematik stützt sich auf einfache Lösungsstrategien, die im Oberstufen-Unterricht eingeübt werden. Da Maximilian an diesem Unterricht nur wenige Male teilgenommen hat, standen ihm die eingetretenen Pfade nicht zur Verfügung. Er musste sich alleine durchs Gebüsch schlagen. Und was uns noch bedenklicher stimmte im Hinblick auf ihn als Neunjährigen: der Prüfungs-Zeitraum von vier Stunden. Maximilian teilte unsere Bedenken nicht; er sah die Prüfung von der sportlichen Seite. Er konnte auf das ausführliche und mit didaktischer Sorgfalt erstellte Material seiner Oberstufen-Lehrerin zurückgreifen.

Die schriftliche Prüfung erfolgte unter der Aufsicht des Prorektors der Oberstufe. Maximilian kam, bewaffnet mit LTBs („lustigen Taschenbüchern"), Banane und Milchschnitten. Er verhielt sich wie beim Intervall-Training: Mehrmals unterbrach er die Bearbeitung der Matura-Aufgaben und erholte sich mithilfe der Lektüre seiner Donald Duck–Taschenbücher.

Sein Erfolg bei der schriftlichen Matura sahen wir Eltern als erste „externe" Rückmeldung zum Mathematik-Kurs von Vater und Sohn. Er motivierte Maximilians Bewerbung an der Eidgenössischen Technischen Hochschule („ETH"), deren Deadline unmittelbar bevorstand.

Der Rektor der Schule äusserte seine Skepsis: „Dies [das Zeugnis der Schule über die Leistung Maximilians bei der Mathematik-

Matura] kann allenfalls helfen bei der ETH-Gastzulassung." Die Skepsis des Rektors bestätigte sich alsbald: Die ETH machte genau diesen Vorschlag.

Diesen Weg als Gasthörer wollte Maximilian ungern einschlagen. Er strebte wie wir Eltern das Gegenteil an: *Dass er wie jeder andere „echte" Student behandelt wird.* Analog zur Matura-Teilnahme, die Maximilian unter „normalen Bedingungen" absolviert hatte. Und analog zur Matura würde er aller Voraussicht nach in „seinem" Studiengang, der Mathematik, nicht schlecht abschneiden. Er will, wie jedes Kind, für „voll" genommen werden, und er würde zeigen können, dass er sich am richtigen Platz befindet. Wie in seinem Gymnasium.

3. Maximilians Kritik an der Inflation des Faktenwissens

„Gebe ich Dir einen Fisch, hast Du für einen Tag zu essen; bringe ich Dir das Fischen bei, so für Dein ganzes Leben."
(Christoph Schmitt; siehe 3.3.)

Zum Ende des ersten Schuljahres von Maximilian im Gymnasium kam es zu einem Wechsel im Rektorat der Schule. Der alte wie der neue Rektor äusserten sich in der Hauszeitschrift der Schule zum „gymnasialen System", zu ihrer eigenen Aufgabe und zur schulischen Didaktik[175].

3.1 Das „bulimische Lernen" – Zensur, Klausur, Korrektur

Der scheidende Rektor rezensierte hierzu ein Buch seines Nachfolgers[176]:

[175] Gymnasium Immensee, „Dialog", Juni 2013.

„Das gymnasiale System, so [sein Nachfolger] Schmitt, ignoriert standhaft alle Erkenntnisse zu den Faktoren, die gutes Lernen gelingen lassen. Diese Faktoren sind längst bekannt und ausreichend erforscht, finden aber im Schulalltag am Gymnasium kaum Anwendung. In seinen Schulzimmern findet nämlich weiterhin staubtrockene Instruktion statt. Die Lehrperson schaufelt die Informationen in grossen Mengen zu den Schülern/-innen, um sie dann mit methodischen Tricks in ihre Köpfe zu stopfen. Das schulische Mantra lautet: „Zensur, Klausur, Korrektur – und immer nur in eine Richtung." So werden bei den Schülern/-innen keinerlei nachhaltige Bildungsprozesse initiiert, sondern das Gymnasium züchtet handsame Bulimie-Lernende heran: Reinstopfen, an der Prüfung herauslassen und gleich wieder vergessen."

Es handelt sich um eine treffende Beschreibung des prüfungsorientierten Lernens, das die Auseinandersetzung mit den Prüfungsthemen im Grunde verunmöglicht. Das rezensierte Buch knüpft dagegen, wie der Rektor schreibt, „an das Bildungsideal Alexander von Humboldts an." ... „Bildung ist ein Vorgang, den der Mensch nur mit und an sich selbst vornehmen kann" [Christoph Schmitt].

Hinter diesem Bildungsideal „steckt die bürgerliche Idee des sich freientfaltenden Individuums, das sich auf vielen Feldern zu verwirklichen habe ... "[177] Im Hinsicht auf „die Bildung für sich selbst" war die Aufklärung bekanntlich pragmatischer. „Die Persönlichkeit des Kindes entfaltet sich nicht in erster Linie durch Wissen, sondern durch Tun. Die Kinder sollen kochen und werken lernen, gärtnern und experimentieren"[178]. (Frei nach Kerschensteiner[179].)

Dieser Spagat findet sich nicht nur in den Schweizer Schulen wieder, auch die Eltern „pflanzen der Jugend Bildungsideale ein, rechnen selbst aber bei ihrer Förderung ganz pragmatisch. Bei der Talentsuche denken die Eltern weniger an die Selbstverwirklichung

---

176 Christoph Schmitt, *Bildung auf Augenhöhe – Streitschrift für eine Erneuerung des Gymnasiums*, hep-Verlag, Berlin 2013.

177 Siehe Fussnote 161.

178 Richard D. Precht, *Anna, die Schule und der liebe Gott*, Wilhelm Goldmann Verlag, München 2013.

179 Georg Kerchensteiner, *Die gewerbliche Erziehung der Deutschen Jugend*, Vortrag, Darmstadt 1901.

ihres Kindes als an seinen Erfolg.“[180] Dem Himmel sei Dank, dass man mit der Mathematik sich selbst verwirklichen, aber dann auch Geld verdienen kann. Der problematische Spagat bleibt Maximilian in der Mathematik erspart. – Zurück zum Gymnasium:

„Und die gymnasiale Wirklichkeit? ... Die Lehrpersonen am Gymnasium sind Informationslogistiker. Sie hantieren primär mit mehr oder weniger grossen Informationspaketen zwecks Wiedergabe zu Prüfungszwecken. Diese wiederum dienen der Selektion“ (Rezension).

Erstaunliche Feststellungen eines Gymnasialrektors zur Verfassung der Schweizer Gymnasien, im Grunde die präzise Beschreibung eines weitgehenden didaktischen Leerlaufes: Kaum ist ein Test absolviert, wird Maximilians Interesse an der Thematik durch das Material des nächsten Tests verdrängt. (Im letzten Schuljahr wurden in 174 Schultagen 83 schriftliche Tests in Maximilians Klasse durchgeführt.) Bald weiss er trotz seines ausgezeichneten Gedächtnisses nicht einmal mehr, um welche Lernziele es sich bei den letzten Tests drehte.

Vorstehend handelt es sich zwar „nur“ um eine Rezension, doch im letzten Absatz schreibt der Rektor:

„Neu an Schmitts Buch indes ist die Optik: „Während sich bis anhin vor allem Forschende, Politiker und öffentliche Meinung zur Lage des Gymnasiums äusserten, meldet sich hier ein Praktiker mit enormer Erfahrung zu Wort.“

Und jetzt meldet sich auch ein *Betroffener* zu Wort: Maximilian.

Die gymnasiale Didaktik ist grossenteils in die chinesisch-koreanische Sackgasse eingebogen, getrieben u.a. von Ländervergleichen wie PISA.

3.2 Maximilians erste Rebellion

Eine Besonderheit, die für die Begabtenförderung von allgemeinem Interesse ist, stellt die Didaktik des Faches Mensch und Umwelt

[180] Siehe Fussnote 161.

(„M&U") in der Primarschule dar. Maximilian sah sich zu Beginn seines zweiten Schuljahres, also in der vierten Klasse, von der „Führung" des M&U-Heftes überfordert. Seine Fähigkeiten im Schreiben, Malen, Zeichnen, Kleben und Ausschneiden waren eben diejenigen eines Siebenjährigen, eine (oberflächliche) Erklärung für sein bescheidenes Abschneiden.

Denn es lohnt, genauer hinzuschauen: Der Unterricht in M&U weist exemplarisch auf die Schwierigkeit hin, Begabung in Schulerfolg umzusetzen. Es stellt sich unserer Beobachtung nach heraus, dass die Didaktik des Faches trotz der für Kinder sehr interessanten und für ihr Leben teilweise relevanten Themen *gegen die Bedürfnisse begabter Kinder* (vielleicht nicht gegen die Bedürfnisse der Schüler/innen in ihrer Gesamtheit) läuft, beschränkt sie sich doch weitgehend auf die soeben genannten fünf propädeutischen Aktivitäten (Schreiben, Malen, ...) und auf eine vorgegebene Darstellung des Stoffes, eines Stoffes, der teilweise auch auswendig zu lernen war. Das Bedürfnis des begabten Kindes zum Forschen, Experimentieren und zu selbstständiger Auseinandersetzung mit den Themen kam, möglicherweise zugunsten der Mehrheit der Schüler/innen, zu kurz, und seine Motivation litt[181]. Zumindest bei Maximilian liess sich der schleichende Motivationsverlust trotz sorgfältiger Unterrichtsführung des Klassenlehrers leicht beobachten: Maximilian verlor das Interesse an M&U.

Die Problematik lässt sich leicht beschreiben: „Wir brauchen in der Tat dringend Änderungen des Bildungssystems, auch wenn das nicht sonderlich originell klingt. Die wesentliche Frage ist: Wie bringen wir Kindern bei, kreativ zu sein, unternehmerisch zu denken, den Mut zu haben, die Welt zu verändern? Unser gegenwärtiges Bildungssystem ist darauf nicht eingestellt. Ich glaube, es ist nicht zu zynisch, wenn ich sage: Es ist dafür gemacht, anständig ausgebildete, gehorsame Fabrikarbeiter hervorzubringen. Die aber brauchen wir heute nicht mehr."[182][183]

---

181 Siehe Fussnote 165, Abschnitt „Formen der Begabungsförderung".

182 Andrew McAfee, *Eine Welt ohne Plackerei*, Der Spiegel 35/2014.

183 Die *FÜR SIE*-Autorin Frauke Döring zitiert den „Glücks-Coach" Robert Betz:

Mit einer eigenen Präsentation „Das Weltall jenseits unseres Sonnensystems" wies er bewusst auf diese Problematik hin. Denn ihm stand für seinen Vortrag keine didaktische Handreichung zur Verfügung; nichts war vorgefertigt; er musste die für Kinder eher komplizierten Sachverhalte auf eigene Faust so aufbereiten, dass sie für seine Klasse verständlich waren. („Was ist jenseits der Milchstrasse?" „Was kommt hinter den Sternen?" „ Was kam vor der Zeit?" „Wie endet das Weltall?")

Die teils technischen Fragen der Schüler/innen („Wie macht man solche Folien?") gaben Maximilian, so glauben wir, Recht: Sie wünschten sich Handreichungen dafür, selber das Heft in die Hand nehmen zu dürfen, z.B. zur Herstellung von eigenen Präsentationen. Weniger Informationen über das Futter und die Gewichtsentwicklung der Säugetiere, lieber eigene Beobachtungen im Museum für Naturkunde.

3.3 Bildung auf Augenhöhe

Christoph Schmitt, der neue Rektor des Gymnasiums, schreibt im Vorwort seines Buches „Bildung auf Augenhöhe"[184]:

> [Im Gymnasium] „werden noch immer mehrheitlich direktiv-mechanistische Formen der „Wissensvermittlung" praktiziert; die Beziehung von Bildung und Sozialisation bleibt ein Tabu ... Auch hält sich der Irrglaube hartnäckig, dass alles, was mit Lernen zu tun hat, „quantifiziert" werden kann."

In Kapitel 11 der Biografie rechnet Maximilian mit ersterem ab, in Kapitel 35 mit Letzterem.

„[... die Forschung [hat uns] ... bahnbrechende Einsichten in das Wesen des menschlichen Lernens gebracht. ... Dem steht ... eine

„In jedem Säugling ... stecke ... ein Löwe: eine Persönlichkeit mit Impulsen, Wünschen, eigenem Willen, voll überbordender Liebe, Talent und Tatendrang, bestimmt für ein Leben voller Glück. Aber weil schon die Eltern als Kinder dressiert wurden, gebe sie das Erlernte weiter. Und so ... würden aus Löwen Schafe: unauffällig, freudlos, angepasst und ängstlich."

184 Siehe Fussnote 175.

nicht nachlassende Hartnäckigkeit gegenüber, mit der sich das Gymnasium ... solchen Erkenntnissen und den damit verbundenen Chancen verschliesst."

Christoph Schmitt wünscht sich eine Gesprächskultur auf Augenhöhe zwischen Lehrern/Lehrerinnen und Schülern/Schülerinnen, frei von Notendruck und erzieherischem Anspruch, eben auf Augenhöhe. „Augenhöhe" ist die beste Charakterisierung der Gespräche zur Mathematik zwischen Maximilian und mir, seinem Vater, sowie mit De Lellis, seinem Mentor am Institut für Mathematik. Ich mache in den Mathematik-Diskussionen genau so Fehler wie mein Sohn und Schüler, die er dann zu verbessern weiss.

„Augenhöhe" ist dasjenige, was wir Eltern Maximilians von Schule, ETH und Universität erwarten. Gymnasium wie Universität haben diese Erwartung zwar vollständig eingelöst. Der Kampf um die Augenhöhe ist dennoch ziemlich zäh, und bisweilen ist Maximilian tief enttäuscht.

Christoph Schmitt zitierte das zu Beginn dieses Kapitels erwähnte Sprichwort, als er Unterricht in der Klasse unseres Sohnes gab. Das Zitat ist ein Hinweis an die Schüler/innen darauf, dass der Unterricht nicht an der schieren Quantität des zu vermittelnden Stoffes gemessen werden sollte. Und es kann letztlich sogar als Kampfansage an eine veraltete Auffassung der „traditionellen" Didaktik verstanden werden.

Heinz Bude schreibt in seinem Buch *Bildungspanik*[185]: [Die] „Mehrheit der bildungsbestrebten Eltern konstatiert eine beängstigende Steigerung von Leistungsanforderungen und von Zertifizierungsdruck im Bildungssystem ... " Diese Steigerung der Anforderungen wie der Zertifikatszahlen ist <u>quantitativer</u> Natur, und sie bevorteilt diejenigen Schüler/innen, denen die Eltern bildungsbestrebt zur Hand gehen. Die quantitativ gemehrten Leistungsanforderungen gehen jedoch einher mit einer unvermeidlichen Senkung des Niveaus, wiewohl diese Entwicklung in der Schweiz weniger problematisch ausfällt als vielleicht in einigen Nachbarländern.

[185] Carl Hanser Verlag, München 2011.

Die Notengebung büsst, unter der Erwartungshaltung der Eltern, ihre Differenzierungsfunktion teilweise ein. Unter der Überschrift „Die gefährliche Entwertung des deutschen Abiturs" schreibt die WELT[186]: [Im Kampf um G8/G9 geht es auch darum,] „dass Schule vor allem eines leistet: für beste Noten sorgen." „... in Psychologie liegt der NC [Numerus Clausus] an der Humboldt-Universität derzeit sogar bei 0,8", was immer das bedeuten mag. Der Spott Maximilians anlässlich der Berichte zum Abitur des Bundeslandes Hamburg ist nur zu verständlich (Kap. 30, 3. Teil).

3.4 Maximilians zweite Rebellion

Es ging um Klassenarbeiten im Fach Naturlehre („NL"), was als exemplarisches Beispiel für die Hilflosigkeit der gymnasialen Didaktik anlässlich der Stofflawine wie die Reaktion eines begabten Kindes darauf herangezogen sei. Das Fach selber vereinigt in weniger sinnvoller Weise Biologie, Chemie und Medizin. Man vereinigt ja auch nicht den Unterricht in Englisch und Französisch zu einem Unterricht „Fremdsprachen".

Biologie ist wie die Chemie und Medizin zunächst eine *empirische* Wissenschaft. Ihre Arbeitsweise beruht bekanntlich auf Beobachtung und Experiment. Der Unterricht in NL sollte in unseren Augen der Methodik dieser Fächer wie auch der Logik folgend – unabhängig davon, ob es um chemische, biologische oder medizinische Themen geht – vorwiegend aus Beobachten und Experimentieren bestehen, mit dem „Lernziel", dass die Schüler beobachten und experimentieren lernen.

In diametralem Gegensatz zum Charakter dieser Wissenschaften wurde die Klasse unseres Sohnes mit bedrucktem Papier beliefert. Dazu bedürfe es nicht nur nach Ansicht Maximilians keines Lehrers/keiner Lehrerin. Ein Internet-Anschluss genüge. Die Bereitschaft unseres Sohnes zur Anpassung wurde überfordert.

---

186 10. Dez. 2014.

Das war gewiss nicht ein Versäumnis seiner Lehrerin: Sie befand sich, zumindest sahen wir das so, zwischen Skylla und Charybdis, zwischen der Flut der vom Lehrplan ausgewiesenen Lernziele und dem berechtigten Anspruch der Jugendlichen zur Erlernung der Methodiken dieser Fächer.

Dennoch hätten wir uns zu der enttäuschenden Didaktik des NL-Unterrichts nicht zu Wort gemeldet, wenn sie nicht die Förderung der Begabung unseres Sohnes aus zeitlichen Gründen beschränkt hätte, und zwar durch den zeitlichen Aufwand für wenig nachhaltiges Auswendiglernen. Dessen einziger Effekt ist der periodische Nachweis dafür, dass das Gedächtnis unseres Sohnes funktioniert. *Ein Kennenlernen der Methoden empirischer Wissenschaften war dagegen unserer Ansicht nachgefragt.* Dieses eigentliche „Lernziel" musste jetzt zusätzlich zur schulischen Papierflut durch das Elternhaus organisiert werden.

Konkret sei eine „Epoche" in Maximilians Klasse angeführt. Dabei beschränken wir uns auf ein einziges durch den Test thematisiertes Lernziel (von über 20 solcher „Ziele"), nämlich einige Eigenschaften von ca. zwei Dutzend Elementen (des Periodensystems) wiedergeben zu können. Es galt also, eine relativ umfängliche abstrakte Liste auswendig zu lernen; leider standen den Schüler/innen (eben wegen fehlender Unterrichtszeit aufgrund der überzogenen Stofffülle) keine eigenen Erfahrungen zur Verfügung, an denen sich die Thematik dieser Liste verankern liess. Genauer: Wegen der Stofffülle war es der Lehrerin wohl kaum möglich, einige dieser Elemente des Periodensystems der Klasse *dinglich*, d.h. nicht nur als Bild aus dem Internet, vorzustellen. Der Unterricht fand vor dem Jahresende statt; die handelsüblichen Packungen zum Bleigiessen für Silvester kosten z.B. fast Nichts.

Soviel zur Naturwissenschaft; jetzt zur Medizin: Infektionswege, Symptome und Diagnosen, Verlaufsformen und Therapien der wichtigen Infektionskrankheiten, ebenfalls eine Endlosmatrix mit 12 Krankheiten als Zeilen, mussten auswendig gelernt werden; für die Einladung eines Arztes oder den Besuch des Kantonsspitals blieb keine Zeit. In Biologie beispielsweise ging es um den Zellaufbau, ohne dass den Kindern auch nur ein einziges Mikroskop zur Beobachtung der Zellstrukturen zur Verfügung stand[187]. Der

187 Handelsübliche optische Mikroskope mit ausreichender (d.h. bis zu 1000-facher Vergrösserung) sind bereits für CHF 100 im Angebot.

Aufbau der Mollusken wurde behandelt, ohne dass eine Schnecke durch die Klasse kroch.

„Jugendliche kommen aus der Schule und sind so sehr daran gewöhnt, Aufgaben abzuarbeiten und die Erwartungen Erwachsener zu erfüllen, dass sie ihre eigenen Ziele und Strategien nicht ausbilden konnten“(David McCullough, amerikanischer Historiker, zweimaliger Gewinner des Pulitzer-Preises[188]). Dazu bedarf es im Übrigen keiner Anleitung oder Kontrolle von „Helikopter-Eltern“. Die Kinder internalisieren die Anpassungsbereitschaft von sich aus. Es blutet uns Eltern das Herz zu sehen, wie wenig Zeit Maximilian für die Zusammenarbeit mit der Universität bleibt.

Denn beim Unterricht (und den Klausuren) des Mentors De Lellis ist das Gegenteil der Fall: *Nichts* muss auswendig gelernt werden, und doch: Noch das unscheinbarste Argument verbleibt nachhaltig in Maximilians Gedächtnis, wegen der ausgefeilten Didaktik, wegen seines besonderen Interesses, (aber natürlich auch wegen des linearen Aufbaus der mathematischen Ausbildung). Ich kann dies nachempfinden, denn auch ich erinnere mich – nach einem halben Jahrhundert – noch an das geringfügigste Argument meiner Mathematik-Professoren.

Maximilian trat, mit Unterstützung seiner Eltern, in „Lern-Bulimie“-Streik, mit vorheriger Ansage.

3.5 „Alphabet“

In Kapitel 11 gibt Maximilian anhand des Filmes *Alphabet*[189] eine ausführliche Begründung seines Streiks. Der Film kann als ein radikales *Plädoyer zu weniger Schule* angesehen werden. Dazu portraitiert der Regisseur, Erwin Wagenhofer, u.a. chinesische Schüler, die bis Mitternacht für die Schule arbeiten.

---

[188] David McCullough, Spiegel37/2014, *Die Kinder finden sich spitze.* (Sein Buch, Deutsche Ausgabe: *Ihr seid nichts Besonderes*, Mosaik-Verlag München 2014.)

[189] Erwin Wagenhofer, *Alphabet*, Prisma-Film & Rommel Film, Österreich 2013.

Ein Beispiel für die gegenteilige Position ist meine eigene vorsintflutliche Schule, die strikt an folgender Regel festhielt: Fünf (dreiviertel-) Stunden an sechs Tagen. Vereinfacht lässt sich sagen, dass das Gymnasium Immensee im Durchschnitt fünf 70-Minuten-Lektionen pro Tag anbietet, also ungefähr 130 % des Unterrichts an meinem eigenen Gymnasium.

Die Frage, wieviel Schule angemessen ist, findet weit voneinander abweichende Antworten. Der erste Teil der Argumentation des Films in meinen Worten:

Durch eine zunehmende Zahl vergleichender „Schulleistungstests", wie z.B. der Pisa-Studien, wird eine Konkurrenz zwischen den Schulsystemen verschiedener Länder etabliert. Die „westlichen" nationalen Schulsysteme geraten unter Druck. Zweifellos sind die Kenntnisse der Schüler/innen in Shanghai, Tokio oder Seoul denjenigen Schweizer Schüler/innen voraus, doch sie werden mit einem Drill erkauft, der sich nur aufgrund der kulturellen Eigenheiten dieser Länder erklären lässt. Letztlich werden die Schüler/innen des Westens für diese Konkurrenz in die Pflicht genommen, was ihren eigenen Anliegen nicht gerade dienlich ist. Ihr Abschneiden in Matura und Studium im Sinne der Schulthemen und ihrer Bewertung werden penibel erfasst, allerdings nicht zugunsten der Schüler/innen, sondern im Hinblick auf die vergleichenden Statistiken. Schliesslich geraten die Schulen eines Landes nicht nur zu chinesisch/koreanischen Schulen, sondern zudem auch untereinander in Konkurrenz. „Seit der Einführung der Marktwirtschaft sei das Bildungssystem von Konkurrenzdenken, Auswendiglernen und dem Bestehen der vielen Prüfungen ... geprägt. ... Was China im Extrem exerziert, macht laut Wagenhofer auch in den Ländern der EU vielen Kindern die Schule zur Hölle."[190]

Das Argument des Films lässt mich angesichts der Zeitnot Maximilians zu drei Folgerungen kommen:

1. Für *begabte* Schüler/innen ist *weniger* Unterricht, als das Schweizer Gymnasium ihnen anbietet, möglicherweise vorzuziehen. Denn diese Schüler/innen erreichen die Lernziele meist auch mit weniger Schulstunden, und *sie lernen ausserhalb der Schule pro Stunde häufig mehr als innerhalb einer Schulstunde.* Bei Maximilian trifft dies nicht nur auf seine Interessen „Mathe-

[190] Oliber Kaever, *DIE ZEIT*, 1.11.2013.

matik“ und „Computer Science“ zu, bei der er in wenigen Stunden pro Woche erlernt, wofür Studierende in der Regel ganztags arbeiten, es scheint auch auf seine Fortschritte in den Fremdsprachen zuzutreffen.

2. Für *weniger begabte* Schüler/innen ist möglicherweise *ebenfalls weniger* Unterricht vorzuziehen. Im Nachgang zur „Dienstags-Club“-Sendung mit Thema Maximilian kam eine Spezialistin für Schulverweigerer im SRF (dem 1. Schweizer Fernsehen) zu Wort, Frau Zollinger. Ihrer Erfahrung nach ist die wichtigste Aufgabe, sicherzustellen, dass Selbstwertgefühl und Lernbereitschaft der Schüler/innen nicht unter der Inflation des Stoffes und dem Takt der Tests zugeschüttet werden (meine Interpretation). Sicherlich gibt es Schüler/innen, die u.a. durch Veranlagung, Gedächtnis, Interesse, Stressresistenz und familiärer Unterstützung kein Problem mit den Schulverhältnissen haben. Doch die Mehrheit dürfte möglicherweise zu den Verlierern zählen: Ihr Selbstwert wird reduziert, und ihre Kinder- und Jugendjahre werden durch die Dominanz der Schule überschattet, im schlimmsten Fall sogar durch Angst vor der Schule.
3. Die Schule dominiert den Alltag. Doch meines Erachtens sollte talentierten Schülern/Schülerinnen genügend Freiraum, *nicht nur im zeitlichen Sinne*, verbleiben, um ihre Begabungen entwickeln zu können. Zweifellos weist die Schule neben den „schulisch-talentierten“ auch weitere Talente auf, vielleicht in musikalischer oder sportlicher Hinsicht, die sich unvermeidlich mit ähnlichen Zeitproblemen wie Maximilian konfrontiert sehen. „Unsere Kinder gewinnen am Start – und verlieren am Ziel“ (Yang Dongping, chinesischer Erziehungswissenschaftler).

Wagenhofer, der Regisseur des Filmes, war während der Vorstellung anwesend, und das Kino veranstaltete nach dem Film eine Diskussionsrunde mit ihm. Neben einer einzigen Mutter meldeten sich ausschliesslich Lehrerinnen zu Wort. Der Tenor war stets derselbe: Zugunsten der mit „Auswendigtests“ malträtierten Schüler/innen müsse etwas getan werden. Es ist indes zu vermuten, dass diejenigen, die sich entsprechend geäussert haben, inzwischen in ihre

Schulen zurückgekehrt sind und wie anhin ihre Schüler/innen genau mit solchen Tests konfrontieren – einfach, weil das System mit Lehrplänen, Vorschriften usw. eben auch den Lehrern/Lehrerinnen keinen ausreichenden Freiraum lässt.

Der Film stellt im Übrigen die Frage nach der adäquaten *Haltung* der Erziehenden wie ihrer Zöglinge, ebenfalls in radikaler Weise: „Angst oder Liebe? Was können die Jugendlichen von uns erwarten?" Angstfreies Lernen und die Begleitung der Kinder mit Liebe und Verständnis ist nur in wenigen Schulen das zwingende Leitmotiv.

Doch ich lehne mich hier als pädagogischer Laie zu weit aus dem Fenster; meine singulären Erfahrungen sind zur Beurteilung der gymnasialen Didaktik gewiss wenig tragfähig. Und sie sind gewiss auch nicht gerade neu.

4. Maximilians Erfahrungen mit dem Institut für Mathematik der Universität Zürich

4.1 Ablehnung Maximilians durch die ETH

Nach Absolvierung der Mathematik-Matura bewarb sich Maximilian um Aufnahme an der ETH Zürich. Angesichts des Resultats der Matura fühlte sich Maximilian auf sicherem Boden, in unseren, der Eltern, Augen nicht zu Unrecht. Der Rektor Immensees äusserte sich im SRF wie folgt: „Meine Schule konnte Maximilian, was die Mathematik angeht, Nichts mehr bieten. Es war nur logisch, dass er sich an die ETH gewandt hat." Entsprechend war der Bewerbungsantrag formuliert:

„Wir, die Eltern von Maximilian Janisch, beantragen, unseren Sohn ... trotz seines Alters an der mathematisch-naturwissenschaftlichen Fakultät Ihrer Universität zu immatrikulieren, und zwar zur Teilnahme am Studiengang „Bachelor of Science in Mathematics". Ziele der beantragten Immatrikulation sind:

- Das Recht und die Gelegenheit zu erhalten, sich ernsthaft mit Mathematik zu befassen sowie
- an den Prüfungen für das Bachelor-Diplom in Mathematik *parallel zu seinen bevorstehenden (fünf) Gymnasialjahren* teilzunehmen.

Wir orientieren uns dabei an der Vielzahl ähnlicher, positiv beschiedener, Beispiele, z.B. im Fall von *Terence Tao* (Fields-Preisträger 2006)[191]: „By the time Terence reached the age of eleven, he was dividing his time between his studies at Blackwood High School and taking classes at Flinders University in Adelaide“[192]. Mit 14 Jahren studierte er in Vollzeit an der Flinders Universität[193].
Maximilian und wir, seine Eltern, sind uns darüber im Klaren, dass ihm seine Prüfungsergebnisse erst dann zugerechnet werden können, wenn er die gesamte Matura absolviert hat. Unser Antrag gibt ihm aber die Möglichkeit, sein Talent unter Beweis zu stellen. ...
Der Rektor des Gymnasiums wie auch die für die Oberstufe zuständige Mathematik-Lehrerin empfehlen Maximilians Zulassung zum Mathematik-Studium. Maximilian ist durch einen von seinem Vater während der Primarschul-Zeit gegebenen Kurs methodisch wie inhaltlich auf die Eingangsvorlesungen vorbereitet.“

Der Leiter des Rektorats der ETH lud Maximilian und uns Eltern zu einem orientierenden Gespräch mit den für Studenten bzw. Studiengängen Verantwortlichen ein.

Die Immatrikulationshürde: Die Vertreter der ETH verwiesen zunächst auf die ETH-Statuten; eine Immatrikulation setze die Prüfung in allen Matura-Fächern voraus. Dies war uns Eltern natürlich vorab bekannt, wir hofften jedoch auf eine Ausnahme-Regelung, z.B. die Erlaubnis, dass Maximilian an den Übungen und gegebenenfalls an den Klausuren teilnehmen dürfe.

„Wer nicht im Besitz der Eidgenössischen Matura sei, könne eine äquivalente [Eingangs-] Prüfung, organisiert von den Universitäten,

[191] *Terence Tao* bestand mit acht Jahren den SAT-Test für Mathematik, eine Art Aufnahme-Prüfung für amerikanische Universitäten. Der Test ist allerdings wesentlich einfacher als die Mathematik-Matura. Im Juni 2014 erhielt er (mit vier Kollegen) den jeweils mit drei Millionen Dollar dotierten „*Breakthrough Prize*“, gestiftet u.a. von *Mark Zuckerberg* und *Priscilla Chan*.

[192] *Tao biography,* www-history.mcs.st-andrews.ac.uk.

[193] Maximilian wird aller Voraussicht nach mit 14 Jahren die Matura absolvieren.

ablegen." Diese Lösung konnten wir, seine Eltern, gewiss nicht ins Auge fassen. Die Einhaltung einer solchen Perspektive hätte aus Maximilian eine Lernmaschine gemacht. Wir führten die Möglichkeit einer individuellen Förderung unbeschadet der formalen Aspekte, ins Feld, einer Förderung, die sein Gymnasium eben nicht leisten konnte.

Das 13-Fächer-Argument der „vollständigen" Matura ist unseres Erachtens wenig überzeugend. Die Eignung für das Mathematik-Studium hängt nicht von der Kenntnis der Europäischen und Schweizer Geschichte ab. (Mangelnde Kenntnis dieser Thematik war bekanntlich der Grund für die Ablehnung der Immatrikulation Albert Einsteins durch die ETH.) Das Argument mimikriert letztlich die Tatsache, *dass Maximilian infolge seines Alters, wenn auch nicht aus Altersgründen, verwehrt wird, sein Talent unter Beweis zu stellen.* Die Ausübung einer jeden Begabung bedarf aber der Anerkennung und des Schutzes.

Ein Beispiel für das Frühstudium (Dr. Heinbokel): Mit 12 Jahren begann Elmar Eder ein Studium der Mathematik und Physik aufgrund einer Sondergenehmigung des Bayrischen Kultusministeriums. Mit 14 Jahren bestand er das Vordiplom, (im Jahr 1972 !). 40 Jahre später ist das Schweizer Bildungssystem weit von solchen Fördermöglichkeiten entfernt: Immatrikuliert wird an Schweizer Universitäten offiziell nur, wer mindestens 16 Jahre alt ist.

Die Schweiz war schon einmal weiter: Mit 13 Jahren begann Leonhard Euler, der grösste Mathematiker des 18. Jahrhunderts, das Grundstudium der Mathematik an der Universität Basel[194].

Die Struktur des Studienganges Mathematik: Die Studienordnung des Departementes für Mathematik verunmögliche [eine Aus-

---

[194] „Der frühe Einsatz eines Mentors und das anschliessende Mentorat durch einen Universitätsprofessor [es war Johann Bernoulli] waren massgebend für die Entwicklung der mathematischen Begabung von Leonhard Euler." (Caterina Savi, *Begabungsförderung im Fall des Mathematikers Leonhard Euler*, SwissGifted, Vol. 1, Nr. 1, Basel 2008). Siehe auch: Fritz Nagel, *Die Basler Wurzeln*, UNI NOVA (Wissenschaftsmagazin der Universität Basel) 105: *300 Jahre Leonhard Euler*, März 2007.

nahme, z.B.] ein Teilzeitstudium. Die Prüfungen seien am Ende des ersten Studienjahres in sechs Fächern simultan zu absolvieren[195]. Diese Besonderheit der ETH-Studienordnung zwinge zu einem Vollzeitstudium im „Basisjahr". – Wir Eltern dagegen hofften, dass das Departement im Hinblick auf Maximilians zeitliche Belastung als Gymnasiast einer Entbündelung der Prüfungen, z.B. einer Streckung über vier Semester, zustimmen würde. Der Vertreter des Departementes erklärte diese Hoffnung als unerfüllbar.

Das Gespräch war in einer Sackgasse gelandet. Das Anliegen Maximilians, *unter kompetenter Anleitung seinem Talent und seinem Interesse nachgehen zu können*, kam im Grunde nicht zur Sprache. Wir warfen das Handtuch.

4.2 Eine prinzipielle Frage

Maximilians Teilnahme an der Matura war für ihn keine „formative Übung", sondern sie stand in der Perspektive seiner Auseinandersetzung mit der Mathematik, und im Rahmen dieses „Bildungsprozesses" (Zitat aus dem „Dialog", der Hauszeitschrift des Gymnasiums) will er trotz seines Alters ernst genommen werden. Er hat *mit Freude, Zuversicht und Talent an sich und der Mathematik gearbeitet*, Tag für Tag, Monat für Monat, Jahr für Jahr. Diese Arbeit ist nicht das Ergebnis einer „elitären Haltung", sondern das Ergebnis echten Interesses, und zwar eines Interesses an einer der grössten Leistungen der Kulturgeschichte, der mühevollen *Hinführung des Menschen zur Abstraktion.*

Maximilian hatte, was seine Zulassung als „vollwertiger" Student an der ETH betrifft, gewiss keine grossen Chancen, aber wir Eltern wollten nicht im Vornherein kapitulieren. Wir wollten, wie geschrieben, dass er, *unabhängig von seinem Alter*, wie alle anderen

[195] Die Prüfungsordnung des Studienganges Mathematik der ETH fasst die Prüfungsleistung der sechs Basisvorlesungen (Analysis 1 und 2, lineare Algebra 1 und 2, und z.B. (Experimental-) Physik 1 und 2) der beiden ersten Semester zu einer Gesamtprüfung zusammen.

behandelt wird. Das Gymnasium eröffnete Maximilian als Neunjährigem beispielsweise die Chance, gleichberechtigt am Oberstufen-Unterricht „mitzumachen", ganz gegen den Strich, und so hofften wir, dass die ETH den, schon aus wissenschaftlichen Aspekten heraus vielleicht wünschenswerten, Mut findet, das in unseren Augen fast Selbstverständliche zu gestatten: Ein reguläres (Teilzeit-) Studium unseres Sohnes. Hochtrabend formuliert, hat sich die Schule anders als die ETH gegen die gesellschaftspolitisch vielleicht nicht belanglose Frage der „Altersdiskriminierung" gestellt.

Vor etwas mehr als einem Jahrhundert wurde den Frauen erstmals der Zugang zu den Universitäten geöffnet, vor einem halben Jahrhundert den Nichtweissen in den USA der Zugang zu „weissen" Bildungseinrichtungen. Die Diskriminierungen zuvor stiessen auf die Zustimmung der Mehrheit, wie auch jetzt die Ablehnung Maximilians durch die ETH. Heute bieten einige Schweizer Hochschulen (wie auch Hochschulen anderer Länder) Jugendlichen die Teilnahme an Vorlesungen bzw. Prüfungen an. *Diejenigen, die sich hierfür eignen, erhalten die Chance, ihr Talent unter Beweis zu stellen.*

Die jugendliche Kunstturnerin bzw. der jugendliche Pianist trainiert täglich viele Stunden, ohne auf das Unverständnis zu stossen, mit dem Maximilian sich konfrontiert sieht. Das traumatische Training einer Eisprinzessin in spe wird nicht hinterfragt, doch uns Eltern von Maximilian wird in Hunderten von Leserbriefen und Blogs vorgeworfen, „wir nähmen unserem Sohn die Kindheit". Uns ist es ein Anliegen, aufzuzeigen, dass wir unseren Sohn nicht als Tigereltern traktieren und ihm keine Intelligenzpillen verabreichen.

Die Erfolge der Eisprinzessin sind für die ökonomische wie soziale Zukunft des Schweizers ohne grössere Bedeutung, die Förderung der mathematisch-naturwissenschaftlichen Talente dagegen schon. Solche Talente bleiben dennoch meist auf sich allein gestellt. Für ein neunjähriges Fussballtalent zahlte Real Madrid Millionen, den neunjährigen Maximilian gab es für die ETH dagegen „kostenlos". Er kam hoffnungsfroh zur ETH, um sich erklären zu lassen, dass seine Hoffnungen vergebens sind.

In einem Kommentar zur Ablehnung Maximilians in der Studentenzeitung der ETH heisst es: „Wie soll er [Maximilian] leben, wenn er nicht mit Menschen kommunizieren kann ... ? Dann wird er zum emotionalen Pflegefall“[196]: Wasser auf die Mühlen der Voreingenommenen. Wir Eltern freuen uns, bezüglich dieser Ferndiagnose Entwarnung geben zu können. Maximilian in der Zentralschweiz am Sonntag: „Es ist nicht so, dass ich drei Stunden oder mehr am Tag Mathematik mache. *Mir bleibt immer noch genügend Zeit, ein Zehnjähriger zu sein*“[197].

4.3 Das Förderprogramm des Instituts für Mathematik: die Sicht der Eltern

Wir Eltern und Maximilian kamen nach der Ablehnung Maximilians durch die ETH zur Überzeugung, sein Anliegen nicht einfach auf sich beruhen zu lassen. Maximilian sollte zwar keineswegs „gepuscht“ werden, doch das Notwendige zur Förderung seines Talentes sollte in die Wege geleitet werden. Das Institut für Mathematik der Universität Zürich lud die Familie von sich aus ebenfalls zu einem Gespräch ein.

Der heutige Rektor der Universität Zürich und der Direktor des Instituts für Mathematik boten ein Verfahren an, dass unsere kühnsten Erwartungen übertraf: *Ein eigenes Förderprojekt unter der Leitung eines Mitglieds des Instituts.* Mit diesem Angebot konnte z.B. auf das Problem der durch die Schule stark beschränkten Zeit Maximilians eingegangen werden, durch ein flexibles Lerntempo. Das Institut für Mathematik hatte die Probleme bereits vor dem Gespräch mit uns Eltern durchdacht und mit dem „Privatunterricht“ eine weit überlegene Lösung gegenüber einem Teilzeitstudium entwickelt.

Maximilian kann jetzt in wenigen Stunden all das kennenlernen, wofür die immatrikulierten Studenten ihre gesamte Zeit aufwenden. Ein Teilzeitstu-

[196] Hier nicht genannter Autor, *Gleiches Recht für alle*, Polykum 4/2013. Damit ist gemeint, dass, weil andere, z.B. das Kind, das zu häkeln weiss, keine Chance hat, von einer Hochschule gefördert zu werden, auch Maximilian diese Chance vorenthalten werden sollte. Siehe Kap. 15.

[197] *Zentralschweiz am Sonntag*, Neue Luzerner Zeitung, 10.11.2013.

dium hätte der Schule sowie Maximilian und uns Eltern Erhebliches abverlangt: Die Fahrt zum Institut dauert eine Stunde. Zusammen mit der Teilnahme an einer Vorlesung von zweimal dreiviertel Stunden hätte Maximilian einen Halbtag investieren müssen. Eine schwierige Abklärung mit dem Gymnasium hätte bevorgestanden.

Doch das Entscheidende waren unseres Erachtens die Themen des Gespräches. Statuten und Prüfungsordnungen kamen *nicht* zur Sprache; es wurden ausschliesslich die Chancen und Möglichkeiten Jugendlicher diskutiert, sich mit der Mathematik anzufreunden. Und die Möglichkeiten der Universitäten, entsprechende Anreize geben zu können.

Das Förderprogramm hing von einem erfolgreichen „Assessment" ab. Wir Eltern schwitzten ziemlich. Auch Maximilians Zuversicht war dem Schwierigkeitsgrad des Assessments kaum gewachsen. Wir lernten unseren Sohn von einer wenig bekannten Seite kennen. Denn kaum ein Masterstudent hätte vermutlich die Aufgaben befriedigend lösen können, vielleicht nicht einmal die Gelassenheit bewahrt. Maximilian kämpfte mit jeder Faser, und am nächsten Tag kam die Belohnung: Das Förderprogramm wurde eingerichtet.

Den Rahmen bildet die *Junior Euler Society* (http://www.eulerzentrum.uzh.ch), eine Initiative der Mathematisch-naturwissenschaftlichen Fakultät der Universität Zürich. „Sie setzt sich das Ziel, Schülerinnen und Schüler in ihrem Interesse für die Mathematik zu unterstützen und bietet allen interessierten Mittelschülerinnen und Mittelschülern die Möglichkeit, sich vertieft mit grundlegenden Fragen aus verschiedenen Gebieten der Mathematik zu beschäftigen"[198].

Es gibt zu wenige Einrichtungen, die sich in engagierter Form mit der Förderung mathematisch-naturwissenschaftlicher Talente befassen. Die Euler Society kann als vorbildlicher Pilot angesehen werden.

Der Institutsdirektor legte nahe, dass Maximilian die Mathematik vorwiegend „im Selbststudium" erlernen solle. Das Selbststudium kam jedoch nicht recht zustande. Vielmehr wurde der Mathematik-

[198] Zitat aus dem Vertrag zwischen der Fakultät für Naturwissenschaften, dem Gymnasium und uns Eltern zum Förderprojekt.

Kurs „Vater-Sohn“ fortgesetzt. Wir Eltern sind zu der Auffassung gelangt, dass sich Zehnjährige nicht gerade leicht zu einem „Selbststudium“ motivieren lassen. Auch die Junior Euler Society setzt aus gutem Grund auf Unterrichtung Aug in Aug.

Es stellt sich wiederum die Frage des Verhältnisses von Talent und Performance. Die gute Botschaft: Kinder werden in der Schweiz jedenfalls soweit gefördert, dass sie sich als Erwachsene in ihrem Umfeld ohne Unterstützung zurechtfinden können. Als Beleg dafür kann das friedliche Zusammenleben in der Schweiz gelten. Die keineswegs schlechte Botschaft: Eine noch so intensive Förderung macht aus einem durchschnittlichen Talent keinen Überflieger, aus mir zumindest keinen 100 Meter-Sprinter. Maximilian kann auf eine (vielleicht genetisch bedingte) Veranlagung zurückgreifen, wie sie wohl eher selten zu finden ist. Wieweit sein Talent trägt, bleibt unbekannt. Es ist gerade die konsequente Förderung, die den Rückschluss auf sein Talent verunmöglicht. Und umgekehrt wird es die Junior Euler Society schwer haben, bei Kindern gleichen Talentes zu einem vergleichbaren Resultat zu kommen, wenn sich ein entsprechendes Programm „zu Hause“ nicht einrichten lässt.

4.4 Das Medienecho

Der SRF protokollierte von Anfang an, letztlich auf Initiative der Schule, doch unter Zustimmung von uns Eltern, die Situation Maximilians und die Haltung der ETH. Das mediale Echo auf die ETH-Entscheidung kann als (für die ETH) verheerend bezeichnet werden: Dem kleinen Einstein wird seine Entwicklung blockiert (Kapitel 16)! Die Mystifizierung eines ganz normalen Kindes stiess, wie bereits geschrieben, beim Direktor des Instituts für Mathematik und bei der Mutter Maximilians auf Missfallen.

Umgekehrt gab es hunderte von Reaktionen, meist weniger wohlmeinend, teils beklemmend aggressiv, zur Situation Maximilians und insbesondere zur „Verantwortungslosigkeit“ seiner Eltern. Dabei hat der kleine Mathematiker einen unschätzbaren Vorteil im

Vergleich zur gleichaltrigen Kunstturnerin oder zum gleichaltrigen Pianisten: Ein vielstündiges tägliches Training ist nicht erforderlich. Eine halbe Stunde genügt. *Seine Kindheit ist nicht gefährdet, auch nicht,* wie möglicherweise bei der Kunstturnerin, *seine Gesundheit oder seine berufliche Zukunft.*

Die Enttäuschung Maximilians war überdeutlich. Im Interview mit dem SRF im Anschluss an das ETH-Gespräch äusserte er sich schliesslich wie folgt: „... Was soll ich dazu sagen? Die ETH hat ihre Regeln. *Da kann ich jetzt Nichts machen.*" Nach der Lektüre der ersten Leserbriefe nahm er bis heute keine weiteren Reaktionen mehr zur Kenntnis. Er wurde das Objekt einer schweizweiten Debatte, ohne sich dafür im Geringsten zu interessieren.

Drei Monate später wurde die Medienmitteilung der Universität zur Einrichtung des Förderprogramms veröffentlicht. Maximilian erschien in den Tagesschauen der halben Welt. Ohne ihn zu fragen oder zu informieren, griffen die Sender auf das Material einiger schweizinterner TV-Sendungen zurück: das niedliche Wunderkind. Maximilian: „Die Medien sind gierig wie nie. ... Keine Zeitung ohne Maximilian, den kleinen Mathematiker. ... Die Fernsehanstalten sind wieder vorneweg" (Kapitel 22).

Institut und Schule reagierten irritiert. Auch unsere anfängliche Kooperationsbereitschaft mit den Medien wurde abrupt beendet.

4.5 Der Förderkurs mit Camillo de Lellis

Der Mentor Maximilians ist Camillo de Lellis, ein italienischer Mathematiker am Institut für Mathematik der Universität Zürich. Er erhielt 2009 die Stampacchia-Goldmedaille, ein Preis für Beiträge zur Variationsrechnung, für den mathematischen Nachweis, dass urplötzlich in Flüssigkeiten Turbulenzen *ohne äussere Einwirkung* auftreten können. Der Preis wird von der Unione Matematica Italiana für einen mathematischen Durchbruch zuerkannt, bisher erst viermal. 2013 erhielt de Lellis den alle zwei Jahre vom Institut de Mathématiques de Toulouse verliehenen Fermat-Preis, der für herausragende Forschungen in „Variationsrechnung, Wahrscheinlichkeitstheorie, analytischer Geometrie und Zahlentheorie", den Schwerpunkten der Arbeiten Pierre Fermats, vergeben wird.

Maximilian trifft sich in der Regel alle zwei Wochen mit De Lellis. Im Wesentlichen werden Übungsaufgaben diskutiert, meist solche, wie sie Student(en)/innen der Anfangssemester aufgegeben werden: Eine angenehme und spannende Bereicherung des Mathematik-Kurses. Dann aber auch sehr viel schwierigere, just for Fun. Der Fun wird bisweilen durch den Eindruck getrübt, die Fragestellung liesse sich in angemessener Zeit nicht bewältigen. Mit einigen Aufgaben haben „wir", Maximilian und sein Vater als Mitstreiter, schon halbe Nächte zugebracht.

Maximilian: „Bis man einen Beweis hat, muss man ganz schön kämpfen. *Insbesondere, wenn es um eine Aufgabe meines Mentors Camillo geht.* Am Ende hat man einen schönen Lösungsweg hinter sich, manchmal aber auch weiterhin vor sich."

Eine typische Aufgabe, die jeder versteht: Gegeben eine Fläche aus 9 Quadraten, angeordnet wie folgt: 1. Zeile: 5 Quadrate, 2.Zeile: symmetrisch hierzu 3 Quadrate, 3. Zeile: symmetrisch hierzu ein Quadrat (eine ebene Pyramide; man kann von einem gleichschenkeligen Dreieck mit der Länge 5 der Grundseite und der Länge 3 der Höhe sprechen). Welche quadratischen Schachbretter lassen sich lückenlos mit Flächen dieser Form pflastern? Man sieht ohne grössere Mühe, dass Schachbretter mit einer Kantenlänge von 6s, $s=1, 2, \ldots$, mit Flächen dieser Form lückenlos gepflastert werden können. Doch sind dies alle pflasterbaren? Maximilian klebte tagelang Pyramiden, bis er die Antwort fand.

Der Förderunterricht de Lellis' begann im Oktober letzten Jahres (2013). Wichtigstes Thema des ersten Halbjahres waren die Anfänger-Vorlesungen (*Lineare Algebra I* und *Analysis I).* Inzwischen hat Maximilian die Klausuren in den beiden Fächern mit 5 bzw. 5,5 bestanden, und der Unterricht befasst sich jetzt mit den Themen der Vorlesungen des 2. Semesters (*mehrdimensionale Analysis*). Maximilian hatte am Ende seiner ersten Klausur Tränen in den Augen, nur weil ihm keine Zeit geblieben war, die letzte Aufgabe zu bearbeiten. Niemand kann sich sicher sein, offenbar auch nicht wir Eltern, keine Fehler bei der Förderung eines talentierten Kindes zu machen.

Eine inspirierende Didaktik beruht meines Erachtens letztlich auf der Persönlichkeit des/der Lehrenden. Ich bin bei den mathematischen Diskursen von de Lellis mit meinem Sohn nicht anwesend, doch nach dem Unterricht treffe ich auf einen gutgelaunten und entspannten Schüler. Und ich stelle fest, Maximilian geht gerne zu den Förderstunden. Nur aufgrund der didaktischen Feinheit seines Mentors, aber auch der gleichbleibenden Stetigkeit Maximilians hat sich das Förderprogramm ermutigend entwickelt.

Mathematik sollte nicht im luftleeren Raum stehen. Maximilian programmiert täglich, zur Zeit in der Minecraft-Sprache *LUA*. Seine Programme sind eher praktischer Natur, sie bilden z.B. den Zahlungsverkehr der Konto-Inhaber mit ihrer Bank ab. Mit Minecraft selber werden dann Bankgebäude usw. (virtuell) erstellt.

Im Herbst wird er am Programmierkurs *Python* teilnehmen, einem (von der EU geförderten) Programm, das mit „unsagbar langen" ganzen Zahlen (mit Hunderttausenden von Stellen, bis das RAM ausgeschöpft ist) rechnen kann, was Maximilian z.B. zur Berechnung „vieler" korrekter Nachkommastellen von π einsetzen will.

Der Rektor der Universität Zürich konstatierte in einem öffentlichen Vortrag zur Begabtenförderung: „Die Gesellschaft hat die Aufgabe, jedes Kind, jeden Jugendlichen, unabhängig von seiner Begabung, in seiner Entwicklung optimal zu unterstützen." *Die „Gesellschaft" unterstützt Maximilian allerdings nicht.* Im Bildungsbereich klafft die Schere zwischen wohlmeinenden, bisweilen nicht gerade bescheidenen, Versprechen und den tatsächlichen Verhältnissen, wie bereits geschrieben, auseinander. „Die Begabungs- und Begabtenförderung [wird nur] im Rahmen der Volksschule angeboten" (Zitat aus einem Brief der Wohngemeinde): Unfreiwillige Ironie.

Der Förderkurs ist eine Heidenarbeit, nicht nur für Maximilian, auch für den Mentor de Lellis. Als Wissenschaftler hat er gewiss keine vierzig Stunden–Woche, eher das Doppelte. Sein Engagement ist „ehrenamtlich", eine Umschreibung dafür, dass die „Gesellschaft" sich, zumindest finanziell, nicht zuständig fühlt. Die Familie hat zur Begabtenförderung einige einschlägige Dokumente studiert, und Maximilian hat einen Absatz aus dem „Rahmenkonzept besondere Begabung – Hochbegabung" der „Bildungsplanung Zentralschweiz" zitiert: „Für die Förderung von Kindern und Jugendlichen mit besonderen Begabungen müssen die Kantone und die Gemeinden finanzielle Mittel zur Verfügung stellen, eine kostenneutrale Umsetzung ... ist nicht möglich" (Kapitel 19).

4.6 Diplomero

Diplomero[199] bietet Online-Kurse gegen Bezahlung an, von der Hypnose bis zur Höheren Mathematik. Die Vorträge der Dozenten werden im Studio aufgezeichnet. Im Sommer 2013 hat Diplomero bei Maximilian angefragt, ob er sich vorstellen könne, als Repetitor für die Mathematik der gymnasialen Oberstufe aufzutreten. Da es sich offenbar um eine Marketing-Massnahme handelte, hat Maximilian Monate gezögert.

Schliesslich entschloss er sich, die deutschsprachigen Matura-Klassen zur Prüfungsvorbereitung online zu unterrichten, nicht zuletzt aufgrund einer Bemerkung des Rektors der Universität in dem bereits genannten Vortrag zur Begabungsförderung: „... Begabung verpflichtet."

Maximilian gab eine Repetition der Oberstufen-Mathematik in 28 Vorträgen zur Analysis, Vektorgeometrie und Wahrscheinlichkeitsrechnung, unterstützt von mehr als 200 selbstgezeichneten Folien. Die Texte wurden gesammelt. Wir diskutieren, ob wir ein Buch herstellen lassen.

Kundschaft fand sich nicht ein. Diplomero fehlte wohl auch das Geld fürs Marketing.

199 www.diplomero.com.

5. Maximilians Verständnis der Mathematik

Maximilian liebt die Mathematik. Diese Liebe führte ihn früh an die Universität, und dieser Tatbestand bewegte den Verlag Favre, seine Biografie zu veröffentlichen. Sie wäre unvollständig, ja sogar kaum verständlich, ohne die Passagen Maximilians zur Mathematik. Schon die Vorrede betont den Unterschied zwischen Mathematik und Rechnen, räumt also mit Erwartungen auf, er sei womöglich ein weiteres Kopfrechengenie. Auch in der Folge kommt er wieder und wieder auf seine Erfahrungen mit der Mathematik zurück.

Schliesslich äussert er sich in drei eigenen Kapiteln zu seinem Verständnis der Mathematik (Kapitel 24 bis 26). Natürlich ist er geprägt von der jahrelangen Diskussion mit mir, seinem Vater. Zum Verständnis sei kurz auf die Philosophie des gemeinsamen Kurses eingegangen.

5.1 Zur kulturellen Tradition der (nicht nur) abendländischen Mathematik

Beim täglichen Mathematik-Kurs mit Maximilian ging es nicht um das übliche Enrichment-Verständnis („das Kind ist begabt, machen wir mal etwas Chinesisch mit ihm"), sondern um die seriöse Auseinandersetzung, auf „Augenhöhe", mit einem in meinen Augen wertvollen Thema, *dem der kulturellen Tradition der (nicht nur) abendländischen Mathematik.*

Zur Illustration sei auf zwei Schwerpunkte des ersten Kurs-Heftes (von über 30 solcher Hefte) eingegangen:

1. Schwerpunkt: *Pythagoreische Tripel.* Jeder Schüler kennt die Gleichung $3^2 + 4^2 = 5^2$, ein Spezialfall des Satzes des Pythagoras. Ganze Zahlen a, b, c mit $a^2 + b^2 = c^2$ heissen „Pythagoreische Tripel". Es gibt deren unendlich viele. Das erste Heft Maximilians beginnt mit *Plimpton 322*, einer babylonischen Tontafel von ca. 1800 bis 1600 v. Chr.[200], die in Keil-

[200] *George Arthur Plimpton Collection,* Columbia University. Siehe www.math.ubc.ca/~cass/courses/m446--03/pl322/pl322.html.

schrift 15 Pythagoreische Tripel auflistet, unter Benutzung des babylonischen Sexagesimalsystems: Ein willkommener Anlass für mich zur Einführung verschiedener Zahlsysteme. Maximilian konnte, 7 Jahre alt, in Keilschrift geschriebene Sexagesimalzahlen in binäre Zahlen umwandeln. Es folgen verschiedene Beweise des Satzes von Pythagoras, darunter *Euklids* Originalbeweis[201], ein chinesischer Beweis von ca. 100 v.Chr. (*Zhou Bi Suan Jing*) und der exotische Trapez-Beweis von *James A. Garfield*[202], einem amerikanischen Präsidenten (Präsidentschaft ab 1881).
Schliesslich werden ein Satz zur Konstruktion aller Pythagoreischen Tripel sowie die Umkehrung des Satzes des Pythagoras bewiesen: Bereits die Babylonier benutzten Schnüre mit $3 + 4 + 5$ äquidistanten Knoten, um rechte Winkel herzustellen. Was sich auf dem Bau bis heute nicht geändert hat.
Dann werden die Beweisversuche zu *Fermat's Last Theorem*, nämlich dass sich keine solche ganzzahligen Tripel zu höheren Potenzen finden lassen, durch die Jahrhunderte verfolgt, eine Sammlung von Highlights der Zahlentheorie, beginnend mit *Leonhard Euler* über *Sophie Germain*[203] und *Ernst Eduard Kummer*[204] bis zum endgültigen Beweis durch *Andrew Wiles* im Jahre 1994[205].

2. Schwerpunkt: π-*Berechnungen.* Startpunkt ist der ägyptische *Papyrus Rhind*[206] (kopiert von *Ahmose*, einem altägyptischen Schreiber um 1550

201 Deutsche Übersetzung: *Euklid, Die Elemente*. Bücher I–XIII. Hrsg. u. übers. v. Clemens Thaer, Ostwalds Klass. d. exakten Wiss. 235, 4. Auflage, Harri Deutsch, Frankfurt am Main 2003.

202 Siehe z.B.: *James Garfield's Proof of the Pythagorean Theorem,* math.kennesaw.edu/~sellerme/... /garfieldpro.pdf.

203 Sophie Germain war eine Pariser Mathematikerin um 1800, der der Beweis des Theorems für gewisse Primzahl-Exponenten gelang. Diese Exponenten heissen „Sophie-Germain-Primzahlen". Es ist unbekannt, ob es unendlich viele davon gibt. Siehe auch Maximilians Biografie, Fussnote 72.

204 Deutscher Zahlentheoretiker des 19. Jahrhunderts, dem unter Verwendung „verallgemeinerter Zahlen" der Beweis des Theorems erstmals für unendlich viele Exponenten gelang.

205 Andrew Wiles, *Modular Elliptic Curves*, Annals Math. 141 (1995), 443–551. Richard Taylor, Andrew Wiles: *Ring-theoretic properties of certain Hecke algebras*, Annals Math. 141 (1995), S. 553–572. Siehe auch: Simon Singh, *Fermats Last Theorem*, Fourth Estate, London 1997, und Simon Singh, *Fermats Enigma*, Anchor Publication, Lake Mary, Florida 1998.

206 Benannt nach Alexander Henry Rhind, der ihn 1858 in Luxor, Oberägypten, erwarb. Seit 1865 im Besitz des Britischen Museums in London.

v. Chr., ca. 200 Jahre nach der Niederschrift des Papyrus), einer meterlangen Papyrus-Rolle, bei illegalen Grabungen nahe Luxor entdeckt. Es handelt sich um ein Lehrbuch, bestehend aus einem Kapitel zur Arithmetik und Algebra, einem zur Flächen- und Raumgeometrie und einem zu praktischen Anwendungen. Die 48. Aufgabe des Buches ermittelt die Fläche einer Kreisscheibe durch Pflasterung mit Quadraten und Dreiecken (zu $(4/3)^4 = 3{,}16\ldots$), was durch die Summe von vier Stammbrüchen errechnet wird.
Es folgen die Approximation des Kreisumfanges von *Archimedes*[207] durch „Exhaustion“ mit regelmässigen Vielecken, sowie die Taylor-Reihen des 17. Jahrhunderts zur π -Berechnung. Schliesslich wird das Thema (in Heft 9 des Kurses) erneut aufgegriffen, um unter Verwendung der modularen Reihen *Ramanujans*[208] Nachkommastellen von π mit einfachen Programmiersprachen (zur Not: Visual Basic) zu errechnen[209].

5.2 Die „Emanzipation der Mathematik“

Folgt man, wie zuvor beschrieben, der Entwicklung der Mathematik seit ihren Anfängen vor viertausend Jahren, so wird diese in der Regel als ein fortwährender Abstraktionsprozess beschrieben. Plimpton 322 kennt den Begriff des Pythagoreischen Tripels nicht; es werden einfach einige Tripel errechnet. Ahmose gab keine Anleitung, die Kreisfläche in Abhängigkeit des Radius zu ermitteln; die Ägypter setzten für jeden Kreis mit der Berechnung erneut an. Der Satz von Thales dagegen war für alle Kreise formuliert, der Satz des Pythagoras für alle rechtwinkligen Dreiecke (nächste Abstraktionsstufen). Die Exhaustionsmethode des Archimedes wird zwar auf alle Parabelabschnitte angewandt, doch die Verallgemeinerung zum Integral, d.h. zur „allgemeinen“ Flächenberechnung, erfolgte bekanntlich erst durch Newton und Leibniz.

207 Heiberg (Herausgeber), *Archimedis Opera Omnia (1. Auflage: 1880/81)*. Nachdruck der 2. Auflage: Teubner, Stuttgart 1972 (3 Bände, Bibliotheca scriptorum Graecorum et Romanorum Teubneriana).

208 Srinivasa Ramanujan, *Modular Equations*, Quart. J. Math. 45 (1914), 350–372.

209 J.M. Borwein/P.B. Borwein/D.H. Bailey, *Ramanujan, Modular Equations, and Approximation to Pi or How to Compute one Billion Digits of Pi*, NASA Ames Research Center(1995).

Man kann jedoch solche Abstraktionsschritte auch als Emanzipation der Mathematik von sachfremden Einschränkungen ansehen. Babylonier wie Ägypter fassten die Mathematik als Hilfsmittel zur Lösung konkreter physikalischer oder kaufmännischer Probleme auf. „Mathematics charted a course ever more independant of the demands, and the limitations of physical reality"[210] Ein spektakuläres allgemein bekanntes Beispiel ist die nichteuklidische Geometrie von *Bolyai*[211] und *Lobatschewski*[212]: Unversehens kann es mehrere Parallelen zu einer Geraden durch einen Punkt geben, der nicht auf der Geraden liegt. „ ... the foundational question in geometry had a liberating effect, freeing mathematics from exclusive dependence on the phenomena of the laboratory."

Spektakulär ist das Beispiel deswegen, weil sich ein abstraktes Konzept im Gegensatz zur menschlichen Anschauung in der Struktur des Weltalls wiederfindet, worauf Maximilian mehrfach hinweist (Kapitel 30 und 32).

William Dunham vergleicht diese Abstraktionsschritte der Mathematik mit dem Weg von der gegenständlichen zur „abstrakten" Malerei, was eben auch als Emanzipation der Malerei von der „visuellen Realität" interpretiert werden kann.

Wie bisweilen auf Ähnlichkeiten von Evolution und individueller Entwicklung hingewiesen wird, so gibt es diese Ähnlichkeit auch zwischen den Abstraktions- bzw. Emanzipations-schritten der Mathematik und der Entwicklung der Intelligenz von Kindern und Jugendli-

---

210 William Dunham, *Journey through Genius*, John Wiley & Sons, Hoboken, New Jersey 1990, Kapitel 11.

211 Janos Bolyai, ein Mathematiker aus Siebenbürgen.

212 Nikolai Iwanowitsch Lobatschewski, ein russischer Mathematiker des 19 Jahrhunderts. Bolyai und er führten unabhängig voneinander die *hyperbolische Geometrie* ein, eine *nichteuklidische* Geometrie, in der sich Parallelen schneiden. Das Universum ist nach der Allgemeinen Relativitätstheorie nichteuklidisch. Eine dreidimensionale Vorstellung einer solchen Geometrie ist nicht möglich, doch ein zweidimensionales Beispiel bilden zwei (am Äquator parallele) Längengrade, die sich an den Polen schneiden. Carl Friedich Gauss, der wichtigste deutsche Mathematiker seiner Zeit, lernte Russisch zwecks Studiums der Ergebnisse der beiden Pioniere.

chen. Im Falle von Maximilian konnte ich diese Entwicklung nachvollziehen: Noch im Kindergarten zählte er „dinglich" unter Zuhilfenahme der Finger, als ein Jahr später der Mathematik-Kurs einsetzte, hatte er das Dezimalsystem begriffen und konnte mühelos mehrstellige Zahlen multiplizieren und dividieren. Die nächste Abstraktionsstufe wurde ein halbes Jahr später mit den komplexen Zahlen und den Quaternionen erreicht (man vergleiche mit den „Oktonionen" in Kapitel 2) sowie kurz darauf mit Cantors Entdeckungen der Stufen im Unendlichen (siehe auch Kapitel 28), in Parallelität zu der Evolution der Mathematik durch die Jahrtausende.

Die Entwicklungspsychologie geht teilweise davon aus, dass sich höhere Abstraktionsfähigkeiten meist erst mit der Pubertät entwickeln. Im Falle von Maximilian konnte ich allerdings beobachten, dass er die angeblich für Kinder vor der Pubertät unüberwindbare Abstraktions-Mauer übersprang, ein wesentliches Motiv für die Bewerbungen an ETH und Universität.

5.3 Spüre Deine Stärke

Maximilians Teilnahme an der Matura war für Maximilian, wie geschrieben, keine „formative Übung", sondern stand in der Perspektive seiner Auseinandersetzung mit der Mathematik, und im Rahmen dieses „Bildungsprozesses" (Zitat aus dem „Dialog") will er trotz seines Alters ernst genommen werden. Frau Dr. Heinbokel hat in diesem Zusammenhang auf die Forschungen von *Mihaly Csikszentmihalyi*[213], hingewiesen, was zu Diskussionen in der Familie führte:

„Glück ist Flow. [das] Gefühl ... , über sich selbst zu verfügen, im Einklang mit sich und der Welt zu sein und sein Schicksal in die eigene Hand nehmen zu können."

Die Mathematik ist eben auch eine periodische Anspannung, ja ein periodischer Kampf, um scheinbar unlösbare Probleme zu bewältigen. Wir bewundern Bergsteiger, die es sich in den Kopf gesetzt

---

[213] Psychologie-Professor an der University of Chicago: Mihaly Csikszentmihalyi, *FLOW – The Psychology of Optimal Experience*, Harper & Row, New York 1990. Deutsche Ausgabe: Cotta'sche Buchhandlung, Stuttgart 1992.

haben, alle Achttausender zu besteigen. Oben angekommen, „spürt man ein Gefühl von Hochstimmung, von tiefer Freude, das lange anhält und zu einem Massstab dafür wird, wie das Leben aussehen sollte“ (*Csikszentmihalyi*, man vergleiche mit Kapitel 36).

„Der Mensch, der Flow erlebt, geht wieder und wieder einer solchen Beschäftigung um ihrer selbst willen nach.“ So packt Maximilian jeden Abend, angesichts der nächsten Aufgabe seines Mentors, ein gewissermassen sportlicher Ehrgeiz. Kinder wollen ihr Talent unter Beweis stellen;*sie sind häufig leistungsfähiger und leistungswilliger als viele Erwachsene.*

5.4 Die unmittelbare Zukunft

Wir Eltern sind uns sicher, dass Maximilian den Förderunterricht fortsetzen wird, wiewohl die Anerkennung seiner Leistungen im Sinne des Credit Point-Systems der Bologna-Reform ungewiss ist. Unsere Sicherheit basiert nicht zuletzt auf dem didaktischen Geschick seines Mentors. Zwar erwarten Kinder zu Recht auch eine extrinsische Anerkennung ihrer Anstrengungen, doch Maximilians tagtägliche „intrinsische“ Motivation blieb von Anfang an unverändert hoch, die unverzichtbare Grundlage des Förderprojektes. Der Originalton:

> „Ich hätte keinen Anspruch auf irgendwelche Ausbildungsausweise oder diesbezügliche Erklärungen. Ich selber wurde zwar nicht gefragt. ... Doch das Risiko bleibt voll an mir kleben, am Kleinsten in der Runde. Ich habe trotzdem das grosse Los gezogen. Selbst wenn ich am Ende ohne Hemd und Hose dastehe“ (Kapitel 28).

Die Mathematik-Ausbildung Maximilians ist ein langfristiges Projekt mit ungewissem Ausgang, das erst die ersten vier Jahre durchlaufen hat. Ob Maximilian der Mathematik treu bleibt, steht in den Sternen. Zwar ist die Stabilität des Projektes dank der häuslichen Unterrichtung und der universitären Förderung gesichert, doch wir halten eine langfristige Planung des Förderprogramms für wenig zuverlässig und auch nicht zumutbar: Der Entscheidungsspielraum des Kindes würde eingeschränkt. Der Mathematik-Unterricht spurt ohnehin einen Entwicklungspfad für Maximilian vor, der seine spätere Berufswahl beeinflusst, auch wenn wir Eltern dies gewiss nicht beabsichtigen. Die berufliche Orientierung Maximilians ist offen und sollte völlig offen bleiben. Zu unserer Erleichterung hat er seinen eigenen betonharten Kopf; er ist weitgehend unabhängig von den bewussten Vorgaben oder unbewussten Signalen seiner Eltern

Das Schlusswort sollte Frau Dr. Heinbokel haben[214]: „Ich bin sicher, dass Sie Ihrem Sohn die Schönheit und die Freude an der Mathematik vermitteln. ... Maximilian hat so große Freude an dem, was er tut, die Zeit ist mit Sicherheit nicht verloren, auch wenn er später keine Mathe macht.“ ... *„Ich bin überzeugt, nichts, was jemand als Kind ... gelernt hat, ... , ist verloren.“*

6. Wie ging es weiter? (Dez. 2016)

Zwischen der ersten Publikation des Textes (in französischer Sprache) und seiner (Rück-) Übersetzung ins Deutsche vergingen fast drei Jahre. Daher seien noch einige Bemerkungen zum weiteren Weg Maximilians angeführt:

– Die Ergebnisse der Klausuren im Rahmen des Förderprogramms waren sehr ermutigend. Maximilian wagte sich aus der Deckung und bezog in mehreren Fernsehsendungen Stellung im Rahmen der öffentlichen Diskussion zur „ETH-Frage“, d.h. der Ablehnung talentierter Jugendlicher durch die Universitäten. Als solche Sendungen seien erwähnt:

[214] Zitate aus Briefen Frau Dr. Heinbokels aus 2014.

– Deutschland: Das *Nachtcafé*, eine ambitionierte Talk-Show des ersten deutschen Fernsehens *(SWR)*, unter dem Titel *Die Wunden der Wunderkinder.*

Im Nachtcafé, mit Moderator Dr. Backes

– Schweiz: *Reporter,* ein Beitrag des *SRF 1*, unter dem Titel *Maximilians Welt (auf Youtube verfügbar).*

- Frankreich: Die Sendung *Toute une histoire* von *France 2* (entspricht SRF 1) unter dem Titel: *Trop intélligent pour être heureux?*
- Ebenfalls im Hinblick auf die Klausurergebnisse hat die Universität Perpignan Maximilian im Herbst 2015 ins dritte Semester des Bachelor-Studiengangs Mathematik („als jüngster Student Frankreichs") aufgenommen. (Unsere Familie hat Verbindungen zum Roussillon.)

Jüngster Student Frankreichs

- Maximilian hat die Klausuren des dritten, vierten und fünften Semesters mit drei Ausnahmen als Bester oder Zweitbester seines Jahrganges absolviert.

– Im April 2016 wurde er von seinem Mentor an das *Harvard Center of Mathematical Science and Applications* und von der Direktorin der *Sammlungen des MIT*, Frau Dr. Deborah Douglas, eingeladen.

Mit der Direktorin der MIT-Sammlungen in der Bibliothek der MIT-Sammlungen

Vor Frau Dr. Douglas und Maximilian steht das Modell einer *„Seilmaschine"*, konstruiert von Maximilian[215]. 1878 zeigte William Thomson, der spätere Lord Kelvin und Präsident der Royal Society, in einer kurzen Publikation[216], dass sich lineare Gleichungssysteme mit Rollen und Seilen lösen lassen. Wegen der Abstraktheit des Argumentes gelang der Bau einer solchen *Seilmaschine* erst 1936 unter der Leitung von John Wilbur, des späteren Dekans des MIT

[215] Nach einer Anleitung von Thomas Püttmann: *Der Seilcomputer Kelvin*, Mitteilungen der DMV, Band 22 (2014), Heft 4, Seiten 222–225. Kostenpflichtig.

[216] W. Thomson, *On a Machine for the Solution of Simultaneous Linear Equations*, Proc. Royal Soc. 28 (1878), 111–113. Verfügbar unter www.jstororg/stable/113806 (Registrierung erforderlich).

Technologie-Departments. Dieser *„Simultaneous Calculator“*[217] wurde vor dem Siegeszug der elektronischen Computer tatsächlich eingesetzt, beispielsweise von Wassily Leontief zur Input-Output Analyse der US-Wirtschaft (Nobelpreis 1973).

Das Modell von Maximilian war als Gastgeschenk an das MIT gedacht, denn die MIT-Maschine ist trotz ihrer Ausmasse – sie war gross wie ein Lastwagen und wog fast eine Tonne – verschwunden.

– 2015/2016 stellte ein Schweizer Regisseur, Nicolas Greinacher, eine Dokumentarfilm über Maximilian her, eingegrenzt auf den entsprechenden Zwei-Jahres-Zeitraum, wiewohl sich die abstrakte Mathematik nur bedingt für ein visualisierendes Medium eignet. Das Projekt machte, aus unserer, der Eltern Sicht, dennoch Sinn. Es galt, drei Thesen zu vermitteln:
  – Talentierte Kinder sind normale Kinder, auch wenn sie z.B. aussergewöhnlich Violine spielen.
  – Die Förderung des Talentes eines Kindes sollte – und kann – durchaus ohne Stress erfolgen.
  – Optimismus und gute Laune sollten den Bedenken wegen des kindlichen Weges ausserhalb der Norm entgegengesetzt werden.

Die Schweizer Uraufführung erfolgte anlässlich des Solothurner Filmfestivals im Januar 2017.

Maximilian hielt die Schlussrede der LIFT-Konferenz zum Thema *„The Future of Learning“* im Februar 2015[218]. Er sagte: „Die Talente werden die Aufwendungen für ihre Förderung vielfach an die Gesellschaft zurückgeben.“

217 J. Wilbur, *The Mechanical Solution of Simultaneous Equations*, J. Franklin Inst 222 (1936), 715–724. Nachdruck im Netz: www.cs.princeton.edu/courses/archive/fall07/cos323/papers/wilbur36.pdf.

218 „Lift Conference is one of Europe's key events about innovation and digital technologies. ... Over 1000 participants ... gather to learn about key trends, to share the knowledge and experience that fuel innovation.“

Foyle Film Festival

BOX OFFICE: 028 7137 3456

centre

Friday 18th November, 12:00pm

LIGHT IN MOTION AWARDS – DOCUMENTARY IN COMPETITION

Nerve Centre

Documentary

In competition:

4.30PM-5.50PM MAXIMILIAN

With an IQ of 149+, 12-year old Maximilian Janisch is Switzerlands most famous highly gifted child. After passing the final secondary-school examinations in Mathematics at just 9 years old, Maximilian has jumped forward 3 grades and is now attending Mathematical courses at University level. The film follows Maximilian and his parents through their high energy daily life and reflects on what it means to be a child prodigy.

Switzerland 2016. Director: Nicolas Greinacher. Duration: 1hr.20mins

Uraufführung der Dokumentation der Förderung Maximilians (Irland)

Synopse der Schulstufen verschiedener Länder

Klasse	*Alter*	*Deutsch-Schweiz*	*Frankreich*	*Deutschland G8*[219]
		Primar- schule	*L'école- primaire*	*Grundschule*
3[220]	6	1	Cp	1
4	7	2	Ce 1	2
5	8	3	Ce 2	3
6	9	4	Cm 1	4
				Gymnasium/ Realschule
7	10	5	Cm 2	5
			Collège	
8	11	6	$6^{\text{ième}}$	6
		Sekundarschule (Unter-) Gymnasium[221]		
9	12	1	$5^{\text{ième}}$	7
10	13	2	$4^{\text{ième}}$	8
		(Mittel-) Gymnasium		
11	14	3	$3^{\text{ième}}$	9
			Lycée	
12	15	4	$2^{\text{ième}}$	10
		(Ober-) Gymnasium		*Oberstufe*
13	16	5	première	11
14	17	6	terminale	12
		Matura	*Baccalauréat*	*Abitur*

219 Es existiert zusätzlich die „gymnasiale Langform G9".

220 Nach meist zwei Jahren „Kindergarten" in der Deutschschweiz und in Deutschland und zwei oder drei Jahren „école maternelle" in Frankreich.

221 Es existiert zusätzlich die Alternative von drei Jahren „Sekundarschule".

Danksagungen von Maximilian

Mein Dank gilt zuvorderst Herrn Prof. Camillo De Lellis, meinem Mentor, der mich seit einem Jahr mit hohem wissenschaftlichem Anspruch und grossen didaktischem Geschick unterrichtet. Ein Sechser im Lotto ist nichts dagegen.

Auf meinem nicht immer ganz einfachen Weg durch das Schweizer Schulsystem fand ich vielfältige Unterstützung, ohne die ich nicht dahin gekommen wäre, wo ich mich jetzt zu meinem Glück befinde:

- In der Primarschule Meierskappel durch die Rektorin der Schule, Frau Andrea Chavez-Blatter, meinen Klassenlehrer in der letzten Klasse, Herrn Yves Karrer, und den Chef des kantonalen schulpsychologischen Dienstes, Herrn Peter Sonderegger,
- im Gymnasium Immensee durch die Rektoren der Schule, Herrn Aldo Magno und Herrn Dr. Christoph Schmitt, und durch den für die Unterstufe zuständigen Prorektor, Herrn José Mubi,
- durch die Oberstufenlehrerin der Mathematik, Frau Bettina Bieri, die mir all das bis hin zur Mathe-Matura zutraute, was ich mit ihrer Ermutigung erreichen konnte,
- an der Universität Zürich durch den jetzigen Rektor der Universität, Herrn Prof. Michael Hengartner, und durch den Direktor des Instituts für Mathematik, Herrn Prof. Thomas Kappeler.

Auch ausserhalb des Schulsystems waren es nicht nur meine Eltern, die mir unter die Arme griffen. Besonders nenne möchte ich

- meine Mitschülerin Mahinarangi Salzmann, die sich dankenswerter Weise bereit fand, mit mir als vier Jahre jüngerem ein Team zu bilden, was sich in der Folge als ein Winning Team erwies,

- Frau Dr. Annette Heinbokel, die meinen Werdegang wissenschaftlich wie freundschaftlich begleitete, und
- Frau Aline Lehmann, die für die Publikation dieses Buches im Rahmen des Verlages FAVRE verantwortlich war und das periodisch wiederkehrende Chaos zu ordnen verstand.

Maximilian
Meierskappel, April 2014

INHALTSVERZEICHNIS

Thomas Drisch
Nachwort – Ein kommentierender Erfahrungsbericht

1. Maximilians Weg durch die Primarschule
    1.1 Die Akzelerationsfrage
    1.2 Exkurs zur Akzeleration
    1.3 Die integrative Förderung
    1.4 Akzeleration und soziale Integration
2. Die ersten beiden Gymnasialjahre
    2.1 Der Übertritt ins Gymnasium
    2.2 Erste Erfahrungen am Gymnasium
    2.3 Die Matura
3. Maximilians Kritik an der Inflation des Faktenwissens
    3.1 Das „bulimische Lernen" – Zensur, Klausur, Korrektur
    3.2 Maximilians erste Rebellion
    3.3 Bildung auf Augenhöhe
    3.4 Maximilians zweite Rebellion
    3.5 *„Alphabet"*
4. Maximilians Erfahrungen mit dem Institut für Mathematik der Universität Zürich
    4.1 Ablehnung Maximilians durch die ETH
    4.2 Eine prinzipielle Frage
    4.3 Das Förderprogramm des Instituts für Mathematik: die Sicht der Eltern
    4.4 Das Medienecho
    4.5 Der Förderkurs mit Camillo de Lellis
    4.5 Diplomero

Ellen Winner
Kinder voll Leidenschaft
HochBegabungen verstehen
Kinder voll Leidenschaft entwickeln früh eine Domäne. Sie lernen leicht und schnell. *Kinder voll Leidenschaft* halten sich konsequent an ihr eigenes Drehbuch. Sie verfolgen hartnäckig ihre eigenen Vorstellungen und lernen in eigener Regie. Sie erfinden eigene Regeln und neue Problemlösungen. *Kinder voll Leidenschaft* kennzeichnet eine wütende Wißbegierde. Sie erleben *Flow*, sie erleben Glück und bringen hervorragende Leistungen.
2007, 200 S., 19,90 €, br., ISBN-DE 978-3-8258-0446-6, ISBN-AT 978-3-7000-0679-4, ISBN-CH 978-3-03735-162-8

LIT Verlag Berlin – Münster – Wien – Zürich – London
Auslieferung Deutschland / Österreich / Schweiz: siehe Impressumsseite

Thomas Ehrmann
Was wird aus unseren Kindern oder Wie wichtig ist ‚Bildung'?
Viele Eltern haben große Karrierewünsche für ihre Kinder. Wie ihre Kinder sind sie in Statuswettbewerben & werden bewertet & evaluiert. Das Büchlein beschäftigt sich mit diesen Problemen. Es stellt die Haupt-Chancen &- Risiken eines Studiums vor & zeichnet aktuelle Arbeitsmarktentwicklungen der Digitalisierung nach, die auf arbeitssparenden Fortschritt zielen. Für die Karriereprobleme von Kindern werden *keine* heroischen Lösungsvorschläge präsentiert. Da man dem Statuswettbewerb nicht entkommt, werden an Beispielen kleine Fluchten als Strategien zur Abmilderung des Statuswettbewerbs erläutert. Prof. Dr. Thomas Ehrmann lehrt seit 2000 Wirtschaftswissenschaften an der Universität Münster.
2016, 128 S., 19,90 €, br., ISBN 978 3-643-13166-9